数字经济

从数字到智慧的升级路径

严 谨/著

九州出版社

JIUZHOUPRESS

图书在版编目（CIP）数据

数字经济：从数字到智慧的升级路径 / 严谨著. --
北京：九州出版社，2021.5
ISBN 978-7-5225-0182-6

Ⅰ．①数… Ⅱ．①严… Ⅲ．①信息经济－研究－中国
Ⅳ．①F492

中国版本图书馆CIP数据核字(2021)第116758号

数字经济：从数字到智慧的升级路径

作　　者	严谨　著
责任编辑	赵恒丹
出版发行	九州出版社
地　　址	北京市西城区阜外大街甲 35 号 (100037)
发行电话	(010) 68992190/3/5/6
网　　址	www.jiuzhoupress.com
印　　刷	武汉市洪林印务有限公司
开　　本	787 毫米 ×1092 毫米　16 开
印　　张	16.75
字　　数	266 千字
版　　次	2021 年 7 月第 1 版
印　　次	2021 年 7 月第 1 次印刷
书　　号	ISBN 978-7-5225-0182-6
定　　价	88.00 元

序 言

数字浪潮,席卷全球;智慧风云,奋跃叱咤。

由于科技革命和产业变革,智慧经济蓬勃发展,深刻改变着人类生产生活方式,对各国经济社会发展、全球治理体系、人类文明进程影响深远。据《全球数字化报告》,每 11 秒就有 1 位网络新人接入互联网。2020 年,全球上网人数已经超过 45 亿,占全球人口的近 60%,而社交媒体用户已突破 38 亿大关,形成盛况空前的数字化狂欢。最新趋势表明,数字与智能已经成为全世界人们日常生活不可或缺的一部分。全年人均在线时间可能超过 100 天,每天人均在线 6 小时 43 分钟。如果每天用 8 小时睡眠,则意味着人均清醒时间中超过 40% 是在网上度过的。未来,数字和智能技术将改变一切,使我们的社会和生活更加丰富。你能想象未来的样子吗?世界经济论坛全球议程委员会发布的关于未来的软件和社会研究报告显示,到 2025 年,很多新型技术都会达到新的变革临界点,进而渗透到衣食住行。曾经有专业机构依此预测了未来的世界状态:2021 年,首款机械药剂师将登场,成为智慧医疗新的里程碑事件;2022 年,将有一万亿个传感器接入因特网,会让人们更好地感知周围环境;2022 年,世界上 10% 的人会穿着联网的衣服,以及汽车、电器等日常用品都将如此;2022 年,世界第一台 3D 打印汽车将面世，生产效率远超原来的生产流程；2023 年政府会用大数据技术代替人口普查工作；2023 年地球上 80% 的人将会有在线数字化身份；2024 年世界第一例 3D 打印肝脏移植手术出现；2025 年，首款植入式手机上市，它不仅可以精准监测健康状况，而且可以通过脑电波或者信号进行沟通；2026 年无人驾驶汽车将占美国汽车保有量的 10%；2026 年第一位机器人董事将会出现。

智能驱动，一日千里，神州大地，万马奔腾。

据中国互联网络信息中心（CNNIC）发布的第 43 次《中国互联网络发展状况统计报告》：2019 年，我国网民规模超过 8.29 亿，全年新增网民超过 5653 万，互联网普及率超过 59.6%；手机网民规模超过 8.17 亿，手机上网已成为网民最常用的上网渠道之一；个人互联网应用保持良好发展势头，网约专车或快车用户规模增速最高，年增长率超过 40.9%；在线教育取得较快发展，用户规模年增长率超过 29.7%；网络购物用户规模超过 6.10 亿，占网民整体比例超过 73.6%；网络支付用户规模超过 6 亿；社交电商等新玩法增添新活力。另据阿里云研究中心发布的《2019 数字化趋势报告》：数字化、智能化的应用领域正从互联网行业向政府、金融、零售、农业、工业、交通、物流、医疗健康等行业深入，在未来 3—5 年数字化程度有望达到 70%—80%。这种数字化、智能化转型具体带来哪些变化？办证、审批一次都不用跑，在机器人与 AI 技术助力下，7×24 小时在线办公成为可能；智能工厂大面积兴起，AI、IoT、云计算、区块链等技术真实收集用户需求，商品在生产之前就知道它的顾客是谁；线上线下无差别体验，消费者打开手机就能发现附近有什么店铺、有什么品牌、有哪些潮流新款；政企 IT 架构中台化，打破不同业务部门之间的烟囱式 IT 架构，实现"一切业务数据化"；地产商从卖楼变为卖服务，自动呼叫、私人医生、私人厨师将成为智能社区标配；居住的小区会认识你是谁，刷脸通行、刷脸取快递、刷脸购物逐渐普及；你知道餐桌上的肉来自哪里，在区块链技术的支持下，农产品可实现质量安全追溯；农民手上的烂苹果会减少，人工智能、大数据等技术不仅能及时了解市场需求，还能通过水肥灌溉、疾病预警等人工智能决策手段，种植出最受欢迎的农产品。

顺时而动,顺势而为,淑质英才,远见卓识。

据检索,当前关于数字化、智能化、智慧化的论文较多,但系统性的论著较少。本书的作者是一名互联网行业的"前线战士"和数字化建设的"一线工人"。他历时十年,查阅文献资料7000万字,足迹遍布大江南北,运用调查法、文献研究法、定量分析法、定性分析法、个案研究法、经验总结法和探索性研究法,去粗取精、去伪存真、由此及彼、由表及里地进行研究,力求认识事物的本质,揭示其内在规律;力求通过对实践活动中的具体情况进行归纳与分析,使之系统化、理论化,上升为经验;力求利用已知的信息,探索、创造出新颖而独特的成果。通过以上研究方法的综合运用,已取得了一些阶段性成果,形成了《数字政府》《数字经济》《智慧社会》等信息化系列专著。从写作风格来看,该系列专著理论体系严密,表达形式生动。从作品内容来看,立足专业而又通俗易懂,立足当前而又放眼未来,立足国内而又面向世界。从专业性看,无论是文字还是图表,都力求精确,体现了一个高级工程师的职业水准。从可读性来看,无论是"区块链"还是"事件流",无论是"机器学习"还是"智能空间",这些深奥难懂的专用技术力求解说得生动有趣、通俗易懂,体现出以读者为中心的写作理念。从现实性来看,无论是广东经验还是浙江案例,都面对现实,力求客观。从前瞻性来看,无论是数字应用的革新,还是智慧社会的演进,都有清醒的认识和预判。当然,由于时间和专业背景的局限,论著中涉及深层次技术问题的研究不够深入,希望继续努力。

总之,十年磨一剑,今朝出锋芒。作者的系列论著研究的论题属于当今热点话题,事关全球新一轮发展环境较量,事关世界各国经济发展的质量和速度,事关政府治理模式的全面变革,事关普天之下每个人的"幸福指数"。该论著的问世,必将对人们的学习、工作和生活产生积极而深远的影响。可谓:功在当代,利在千秋。

是为序。

夏珺

2020 年 12 月 20 日于国务院

前　言

　　数字化已成全球热潮。它事关全球新一轮发展环境较量，事关世界各国经济发展的质量和速度，事关政府治理模式的全面变革，事关普天之下每个人的"幸福指数"，其意义重大，影响深远。

　　据检索，当前关于数字化、智能化的论文较多，但系统性的论著较少。本人作为互联网行业的"前线战士"，作为数字化建设的"一线工人"，历时十年，运用以下研究方法，对数字化、智能化进行了系统研究。一是调查法。有目的、有计划、有系统地搜集各地信息化建设的现状或历史材料，综合运用观察、谈话、问卷、个案研究、测验等科学方式，对美国、英国、新加坡，以及国内的广东、浙江等省市进行有计划、周密、系统的了解，并对调查搜集到的大量资料进行分析、综合、比较、归纳，尽量寻找规律性的知识。二是文献研究法。根据"智慧中国"这一课题，大量收集、查阅相关文献。多年来，查阅文献资料7000万字以上，媒体形式包括报刊、书籍、网络等等，从而比较系统、正确地掌握国际国内的数字化、智能化全貌。三是定量分析法。在关于数字人才、数字技术、数字化指数等方面的研究中，努力通过定量分析法使研究对象的进一步精确化，以便更加科学地把握本质，预测发展趋势。四是定性分析法。运用归纳和演绎、分析与综

合以及抽象与概括等方法,对获得的各种材料进行思维加工,从而去粗取精、去伪存真、由此及彼、由表及里,认识其本质、揭示其内在规律。五是个案研究法。在国际上,把美国、新加坡等数字化、智能化前列的国家作为特定对象;在国内,把广东作为特定对象,加以调查分析,弄清其特点及其形成过程。六是经验总结法。本人十几年来一直与政府及政府各部门打交道,尤其是近10多年来一直从事互联网工作,通过对实践活动中的具体情况进行归纳与分析,使之系统化、理论化,上升为经验。七是探索性研究法。本人努力尝试用已知的信息,探索、创造新知识,产生出新颖而独特的成果或产品。

通过以上研究方法的综合运用,取得了一些阶段性、突破性成果,形成了《数字政府》《数字经济》《智慧社会》等信息化系列专著。

在研究写作的过程中,本人力求做到,理论体系严密、完整;表达形式简洁、生动。常常用以下三点警示自己并努力贯穿研究写作的始终。一是立足专业而又通俗易懂。二是立足当前而又放眼未来。三是立足国内而又面向世界。从专业性看,无论是文字还是图表,力求准确。从可读性来看,无论是"区块链"还是"事件流",无论是"机器学习"还是"智能空间",这些深奥难懂的专用技术力求解说得生动有趣、通俗易懂,体现以读者为中心的写作理念。从现实性来看,无论是广东经验还是浙江案例,论著都能面对现实,力求客观,不讳功过,不避是非。从前瞻性来看,无论是数字技术的提升还是数字应用的革新,无论是智慧政府的管理还是智慧社会的演进,努力保持清醒的认识和预判。从微观角度看,无论是政府网站还是政务网站,无论是政务微信还是政务微博,努力进行较深入的剖析。从中观角度看,无论是我国的数字人才分布还是智能技术应用,无论是智慧工业还是数字农业,力求有比较深入的了解,努力追求研究的广度和深度。从宏观角度看,无论是美国还是英国,无论是国内还是国外,力图进行客观介绍,努力展现这些学科深厚的背景和宽广的视野。以上这些,由于水平有限,虽不能及,心向往之。

受时间、精力和专业的局限性,以及大数据、物联网、人工智能等新技术发展的不确定性影响,本书在涉及数字化、智能化的深层次技术研究仍显不足和浅显,以后将继续努力。

目　录

内容摘要

数字经济一词首次出现是在美国学者唐·泰普斯科特（Don Tapscott）于1996 年所著的《数字经济：网络智能时代的前景与风险》中。经过 20 多年的发展，数字经济在全球经济发展中变得越来越重要。2017 年，数字经济首次写入中国两会的政府工作报告，此后几乎所有省份都在政府工作任务中明确表示要大力发展数字经济。2016 年杭州峰会《G20 数字经济发展与合作倡议》给出的定义是："数字经济是指以使用数字化的知识和信息作为关键生产要素、以现代信息网络作为重要载体、以信息通信技术的有效使用作为效率提升和经济结构优化的重要推动力的一系列经济活动。"为便于理解和记忆，本人用一句简洁的话来解释它——数字经济就是各种信息技术全面渗透融合到所有产业，形成的一种结构更优、效率更高的新型经济形态。

数字经济有哪些特殊规律？一是梅特卡夫定律，由计算机网络先驱罗伯特·梅特卡夫 (Metcalfe) 提出，其核心是，网络价值以用户数量的平方的速度增长，信息资源越消费越增长。为方便记忆，本人将它简化为：V（value）=N（Node）的平方。二是摩尔定律，由英特尔 (Intel) 名誉董事长戈登·摩尔（Gordon Moore）提出，核心就是"211"，大约每两年时间，计算机的性能会提高一倍，价格却下降一半。三是达维多定律,由英特尔公司副总裁威廉·H. 达维多 (William H Davidow) 提出。本人将达维多定律的核心总结为"151",第一个开发出新产品的企业,能够自动获得 50% 的市场份额;为了保持领先优势,企业必须第一个淘汰自己的现有产品。此外,本书还介绍了科斯定律。

数字经济的"两翼"是产业数字化、数字产业化。随着数字技术的不断发展和广泛使用,带来整个经济环境和经济活动的根本变化。这种变化代表着经济新的生命力,代表着信息技术给人类生活带来的新福祉,同时也代表着人类文明不可逆转的前进潮流。在这一历史潮流之下,任何产业都将数字化。同时,数字又会产业化,形成一个全新的业态。

农业如何数字化? 数字农业应该是农业产业链的各个环节与各种数字技术的融合发展,形成的一种新型、高效的农业形态。根据《中共中央 国务院关于抓好"三农"领域重点工作确保如期实现全面小康的意见》《数字乡村发展战略纲要》和《2020 年数字乡村发展工作要点》的要求,中央网信办、农业农村部、国家发展改革委、工业和信息化部、科技部、市场监管总局、国务院扶贫办于 2020年 7 月开始进行国家数字乡村试点工作。

工业如何数字化? 数字工业应该工业经济的数字化、网络化、智能化,形成一种新的工业形态。有人宣称,数字技术在工业中的运用,正如瓦特发明蒸汽机一样,将引发全球又一次工业革命,开创"制造业数字化"时代。这种数字化的主要内容包括: 设计数字化、制造装备数字化、生产过程数字化、管理数字化和企业数字化,以及原材料供应与产品销售的数字化。为了固本培元,我国制定了《中国制造 2025》,提出"三步走"的制造强国战略目标。

什么是服务业数字化? 它是指,互联网、大数据、人工智能等数字技术的发展,推动服务业线下场景线上化、服务业数字化转型的过程。服务业数字化的重要意义体现在以下三大变革上:一是大幅提升服务效率;二是推动服务方式变革;三是拓展生产可能性边界。

各行各业的数字化,推动了数字产业的规模化,进而形成第四产业(数字产业)。当前,我国信息技术"三大支柱"突破三万亿;5G 蕴含千万亿级市场;大数据产业规模快速逼近万亿大关;人工智能产业规模 2023 年将超两千亿;云计算产业规模已超千亿；物联网产业规模即将实现两千亿。

　　数字经济的高级形态是智能经济，它是以大数据、人工智能等新一代信息技术为核心驱动力的数字经济新形态。当前，我国需要加强统筹布局和顶层设计，以技能、平台、应用为三大着力点推动人工智能突破发展，抢占全球科技制高点。技能层面，要以骨干企业为创新主体，联合高校、科研院所等智力资源，着力突破一批重大共性关键技能。平台层面，要依托统一平台实现智力、数据、技能和计算资源的高效对接，促进产学研用结合创新。应用层面，要联合共性技能研发和平台建设实际，优先推动在服务机器人、无人驾驶、信息平安等领域示范应用。

　　数字经济，风起云涌。世界各国数字经济建设发展情况是怎样的呢？根据牛津经济研究院起草发布的《数码社会指数 2019》，全球数字经济排名前十的国家是：新加坡、美国、中国、丹麦、英国、荷兰、挪威、芬兰、爱沙尼亚、德国。新加坡：欲建世界首个"智慧国"；美国：形成产业聚集区；英国：数字经济成最大产业；日本：明确推出"数字新政"。全球数字经济发展情况给我们的启示：将数字经济上升到国家战略，加快形成经济发展新动能；提高全民数字素养，使数字经济的"红利"惠及大众；用好"一带一路"等的发展机遇，强化数字经济国际合作。

数字经济

第 一 章

什么是数字经济

数字经济这个名词出现于 20 世纪 90 年代,首次出现是在美国学者唐·泰普斯科特(Don Tapscott)于 1996 年所著的《数字经济:网络智能时代的前景与风险》中。1998 年,美国商务部发布的《新兴数字经济》报告,首次由官方正式提出数字经济的概念。经过 20 多年的发展,数字经济在全球经济发展中变得越来越重要。2017 年,数字经济首次写入中国两会的政府工作报告,明确提出"促进数字经济加快成长";此后,连续三年,数字经济都写入了政府工作报告,此后几乎所有省份都在政府工作任务中明确表示,要大力发展数字化和数字经济。

数字 经济

为了生动地解说什么是数字经济，我们先看一下数字时代的农业变革。

北大荒是众人熟知的地方，旧指中国黑龙江省北部在三江平原、黑龙江沿河平原及嫩江流域广大荒芜地区。中国二十世纪五十年代进行大规模开垦，揭开了移民开发这片荒原的序幕。经过几代人几十年的共同努力，这里已拥有一百多个大型农牧场、两千多个企业、三千多万亩耕地、近两百万居民。就这样，北大荒成了黑龙江垦区的代名词。

如果说，过去的移民开发，使"北大荒"变成了"北大仓"，那么，今天的数字技术，使这片"农垦区"变成了"示范区"。

2019 年 5 月，无人驾驶履拖打浆平地机、插秧机、喷雾机，在北大荒红卫农场的水田里上演了一场无人驾驶春耕"总动员"。这年金秋，嫩江农场一块 1500 亩的红高粱地里，63 台收割机、灭茬机、整地机三排齐进，勾勒出一艘农业航母行驶在红色海洋的壮美画面。在北大荒，一项项数字技术的应用使传统农业与数字农业完美结合，推动了垦区经济社会发生质量变革、效率变革、动力变革。而伴随着数字农业发展起来的新兴产业则助力北大荒这艘农业航母扬帆远航。早在 2002 年，黑龙江省农垦总局在友谊农场五分场二队引进 CASE 整套精准农业机械设备，从此，"3S"技术开始在垦区得到广泛应用。2012 年，建三江管理局建立了国家首批农业物联网应用示范项目——七星农场农业物联网综合服务信息平台，以管控数据化开启了北大荒数字农业新模式。截至 2019 年底，垦区数据信息化管理平台覆盖耕地面积 2558 万亩、种植户 25 万人。叶龄管理、精量播种、变量施肥、航化作业、作物农情监测等数字技术在北大荒得到全面推广应用。在八五二农场第四管理区农机管理中心，停放着 600 马力整地拖拉机和配套的 13 铧犁电脑操控卫星导航设备。这套机具不仅实现了无人驾驶，还能 24 小时不间断作业，千米误差仅 2 厘米，一台机具能保证管理区 10 多万亩旱田全部播种在高产期。

根据北大荒集团红兴隆分公司（管理局）农业发展部向媒体发布的数据，2019 年，管理局共引进无人驾驶插秧机 13 台，水稻 100% 实现智能催芽、100% 使用匀播技术，应用施肥监测系统比重为 80%，年应用数字化作业面积达 1200 余万亩次。物联网集成应用在垦区覆盖耕地面积已达 2100 余万亩、种植户 22 万余户。依托物联网技术采集数据信息，通过视频监控系统，使生产者和消费者能够实时查看作物的生长情况。

近年来，北大荒农业股份有限公司及其下属 15 家农业分公司实施了农业物联网项目，大部分基地已建成农业环境监控、病虫害在线监控、农田作业视频监控、农技在线服务和农机智能管理系统。连"区块链"这样的技术名词，在垦区农民口中成为热词。因为，在这里，通过区块链技术实现信息存储，确保农产品质量可追溯，溯源信息真实可靠、不可篡改。区块链技术已在垦区若干农场应用，覆盖水田近 30 万亩、2000 余户。近三年，垦区每年打造"互联网＋农业"高标准示范基地 20 余个，积极探索以物联网为基础的智能化农业，精准监测地温、气温、墒情、土壤养分等作物生产环境指标，并通过智能化监测工具和信息采集传输装备，实现信息自动采集、分析汇总、远程诊断。

北大荒的农业数字化不仅体现在农业生产方面，还体现在农业服务方面。

北大荒长水河农场是一个拥有 36 万余亩耕地的中型农场。2018 年 12 月 24 日，这个农场成立了数字农服办公室。据介绍，农场建立和完善了线上土地承包系统，第二年已为 6600 多农户采集了电子信息，签订电子土地承包合同 1200 多份，收缴土地承包费 1 亿余元。在七星农场，他们于 2019 年建成了包含 200 个监测点、20 个小型气象站、20 套地下水位监测装置的耕地监测网络，拥有 6 套浸种催芽智能设备、8 套育秧大棚信息智能采集和控制设备、50 套机车监测装置、灌溉机井自动控制系统，实现了生产过程智能化。数字农服还依托 AI（人工智能）、大数据、云计算等信息化技术，对农业生产数据进行收集、整理、计算、分析，并提供全面、准确、协同、高效的农业智能化解决方案。2019 年夏天，虫情测报仪通过光传感器诱灭草地贪夜蛾在北大荒股份宝泉岭分公司双峰山管理区得到有效利用。为有效防控草地贪夜蛾，这个分公司设置 13 个监测点，设有 1 台（套）虫情测报仪、4 台（套）太阳能频振式杀虫灯、36 个草地贪夜蛾性诱捕器，为虫情的智能化、远程化实时监测提供技术支持。

数字技术不仅在生产、服务环节得到广泛运用，还进一步延伸到销售环节。这里广泛使用电子商务平台，在这个平台上，可以在线完成农业订单、金融贷款、农资买卖、无人机植保、农机共享、农业保险、线上教育培训等定制化服务。2020 年，垦区计划上线农机购置补贴手机 App，购机者可通过 App 自主填写申请，了解办理进度、资金使用情况、补贴产品详情和产销企业关系。同时，垦区还将上线农机免耕播种检测系统，进一步规范农田精准作业。

至此，我们对数字经济有了形象、具体的认识。下面，我们再进行理论探讨。

1.1 不同视角下的数字经济

数字经济这个名词出现于 20 世纪 90 年代，首次出现是在美国学者唐·泰普斯科特（Don Tapscott）于 1996 年所著的《数字经济：网络智能时代的前景与风险》中。1998 年，美国商务部发布的《新兴数字经济》报告，首次由官方正式提出数字经济的概念。经过 20 多年的发展，数字经济在全球经济发展中变得越来越重要。2017 年，数字经济首次写入中国两会的政府工作报告，明确提出"促进数字经济加快成长"；此后，连续三年，数字经济都写入了政府工作报告，此后几乎所有省份都在政府工作任务中明确表示，要大力发展数字化和数字经济。

由于审视、理解、研究的角度不同、侧重不同，对数字经济的看法存在差异。全球学术界并没有一个统一的定义。在中国，有下面几种最为典型的理解。

1.1.1 "系统说"

阿里巴巴集团董事局主席马云在 2018 年"数字中国建设峰会"上表示，从大的宏观背景来看,"数字经济"已经被写入政府工作报告,中国正处于经济结构转型升级和世界新一轮技术革命的交汇时期,以互联网技术为基础、数字技术为代表的新业态跃上发展舞台,电子商务、移动支付、共享单车、手机叫车以及"互联网 +"各行各业的供给侧改革……都预示着"数字经济"的高速和蓬勃。

他认为,数字经济是指一个数字化的经济系统,传统的实业经济越来越多地信息化、互联网化、技术化地表现出来。在这个系统中,各类数字技术被广泛使用,进而带来整个经济环境和经济活动的根本变化。"数字经济是一个信息和商务活动都数字化的全新的社会政治和经济系统。企业、消费者和政府之间通过网络进行的交易、数据挖掘迅速增长"。

基于此,他认为,经济的背后,必然是法治。经济行为,涉及的是有限资源的分配,若没有法制的保证,最后必然演变成少数先进入者迅速坐大,从而借助自己的资源优势抢占更多资源,成为新时代的"地主阶级",劫掠后来者,欺压弱势的消费者——结果必然导致缺乏公平、公正,影响整个社会的稳定。所以,基于社会公平、公正、稳定的目的,任何新技术革命进入到经济领域内,都会有相关法律介入,比如,当年电力普及后,有"电力法",通信业发达后,出现"通讯信息法"。而现在,数字技术广泛渗透经济后,更需要"数字经济法",其目的,首先是监管、规范,其后,更是促进各产业有序发展。所以,他倡议中国制定"数字经济法"。这部法的作用,一是满足监管需求。二是让产业有序发展。软银创始人孙正义曾提出,数字经济体系下"数字资产"的概念,可以理解,既然涉及经济行为,那必然涉及资产的产生、资产的所有、资产的交易等,需要法定的保护。比如,余额宝上获得的资产、收益,买到的游戏点卡、比特币的数字货币资产,其本质都是数字化的,需要受到更好的保护;在网上买东西、社交等产生的许多数据都是个人的资产,互联网公司可以怎么用它们,必须要有明确的法条保护,仅仅依靠一部《网络安全法》和人们的自觉是不够的。

从另一方面看,产业是一个国家经济的灵魂,若产业不能有序发展,就会出现两种情况:要么一放就乱,野蛮生长;要么一管就死,失去创新的力量。比如,银联铺设刷卡器,花了七八年才搞定不到百万商家,而支付宝、微信支付只用二三年就覆盖了数百万商家,让人们更少使用现金,更为国家调控货币的流量、流向,提供了重要的线索支持。那么,腾讯、蚂蚁金服是否应该"去金融化"?如何对其加强监管?需要法律判定。

1.1.2 "形态说"

苏宁董事长张近东在2020年"两会"上提出,数字经济是农业经济、工业经济之后的一种新的经济社会发展形态。农业经济的基础要素是土地,工业经济的基础要素是机器,而数字经济的基础要素就是大数据。大数据作为一种基础性和战略性资源,是提升民众生活品质、国家治理能力的"富矿"。国家高度重视的"新基建"战略布局中,大数据中心的建立,也是希望助力牢固信息化"地基"建设,推动数据要素参与到更多价值的创造和分配,保障高质量的社会发展。

他指出,网络零售有更低的运营成本和更高的运行效率,对一个零售企业来说,库存周转天数和账期是衡量一个企业运行效率的最重要的2个指标,网络零售商在这2个指标上的表现远远高于线下零售店。网络零售有线下实体店难以比拟的优势,如海量的货柜,不受物理空间的限制等。数字化品类发展,经历从标准化商品到非标准化产品的发展路径。早期网络零售多数是以标准化商品起步,如图书、酒水,但是非标准化商品、个性化商品有很大的机会,如生鲜电商,标准化很低,流通的损耗很大,同时生鲜是一个高频的消费,有非常好的发展前景。

他指出,目前,我国大数据管理尚无针对公共数据管理规范的诸多现实痛点。例如:多个政务部门、行业企业之间数据标准不统一,数据接口错综复杂,导致公共数据共享开放仍未深入展开,涉及公共服务、城市管理信息的共享,更是难以实现。再如,我国大数据信息的社会化共享水平还有待提高,共享开放管理尚未形成闭环,政企、行业和民众之间,信息公开仍有很多壁垒,阻碍了社会服务效率的提升和数据经济的深化发展。进一步推动大数据信息社会化共享,是发展高效便捷的社会生活,把握更多数字经济发展机遇的关键举措。

鉴于上述问题和痛点,苏宁董事长张近东在"两会"上建议:从以下几方面推动公共数据的社会化共享:一是成立数据治理委员会,推动大数据共享体系建设；二是建立"公共数据社会化共享"管理平台；三是完善技术和管理规范，保障数据共享的安全可控。四是界定明确的数据共享属性和共享权益，实现数据确权流通；五是建立公共数据社会化共享的通识教育。

1.1.3 "工具说"

我国经济学家宋清辉认为，数字经济对整体产业的发展有着推动作用，但是，我们也不能过于迷信数字经济。毕竟，数字是一种工具，而不是一种实体，就如钞票能够购买产品，但钞票本身并不具备价值一样。我们在互联网上所看到的一切，无论视频、图片、文字、声音，其源代码都是数字，并非实际的商品。实体产业没有做好，数字经济也会是空谈。

他说，网络经济、移动经济、共享经济，再到现在的数字经济，虽然不是新鲜词汇，其"经济"的内涵却是越来越丰富。数字经济之所以能够改变传统经济模式，主要原因是提升了用户的体验，即用户通过更少的操作步骤就可以达到传统经济的效果，甚至能够获得更为优质的服务。譬如支付这一环节，传统模式是买方支付钞票，卖方需要对钞票进行核验，并还需要向买方提供找零，买方也需要对钞票的真伪进行核验。现在，简单扫码就可以完成支付、收款，流程方便、安全、不容易出错。我国数字经济的发展是全面化的，主要表现在为人们的工作、学习、娱乐、生活等提供了诸多便利，为企业提升了生产、运营、制造、销售效率，渗入到这个社会当前的生活习惯当中。

他认为，数字经济的本质是信息化，即数字经济是一种媒介，其本身并不会对制造业、实体经济产生影响。人们之所以认为数字经济的影响大，更多跳过了决策者在其中的决策作用，将注意力关注到数字经济的快速、准确、便捷之上。数字经济在当前发挥的作用，一是加快了数据信息的传输，令地球上不同地理位置的人们可以进行接近于"面对面"的交流；二是增强了对海量信息的分析，例如商业中的大数据可以令投放更为精准，虽然不是绝对精准；三是协助决策，通过一系列算法计算出各种接近要求或符合要求的条件，便于决策者更快决策。

他赞同，数字经济的快速成长，为实体产业、制造业的方向、战略提供了科学性的决策、减少中间环节、增加透明度，并在一定程度上减少了信息不对称的情况。因此，数字经济在各产业发展中扮演的角色为服务者，其单独存在之时并不会产生经济效应，在市场有需求的时候能够成为各产业发展的催化剂。在数字经济的实践过程中，人们的生活习惯发生了改变，企业的经营方式也在发生改变，销售人员通过互联网可以获得更多的订单，购物者通过互联网可以节省排队时间直接订货，工程师可以通过软件遥控另一个城市的设备。这些方面，不仅提升了各产业的效率，更是通过数字经济消除了地域差异，激发了更多的社会生产力。腾讯研究院及工信部电子科学技术情报研究所联合发布的《数字白皮书》指出，"数字经济"中的"数字"根据数字化程度的不同，可以分为三个阶段：信息数字化、业务数字化、数字转型。其中，数字转型是数字化发展的新阶段，指数字化不仅能扩展新的经济发展空间，促进经济可持续发展，而且能推动传统产业转型升级，促进整个社会转型发展。

他指出，当前网络购物的成熟，是因为物流这一实体产业的成熟，而物流的成熟又在于公路、轨道、航空等交通设施的持续完善、升级，使得产品能快速翻山越岭甚至穿越到地球的另一端，人们享受到网络购物的便捷，不应该只是互联网的便捷，更多的还是物流以及相关实体配套的便捷。若没有相关配套，人们网络购买的产品需要 10 天甚至更长时间才能到达手中，再方便、再人性化、再场景化的电子购物平台，都难以吸引到消费者。无论数字经济多发达，其本身是一种服务工具。数字经济再强悍，春运期间买票难的问题也得不到缓解，能起到缓解作用的是交通运力提升；数字经济再精准，在医生护士数量有限、仪器设备数量有限的情况下，看病难的问题依然存在，能解决问题的方法是开设医院、培养医疗人才和制造更多的设备。在没有数字经济的几千年里，人类的衣食住行依然可以得到满足。百年或是千年之后，就如同人类文明发展的过程中淘汰掉的各种服务工具，数字经济也终将会被淘汰，只有实体产业还将继续。所以，用好数字经济这一工具，而不是完全依赖。

1.1.4 "变革说"

2016 年 9 月 4 日—5 日在中国杭州召开的 G20 峰会，通过了《G20 数字经济发展与合作倡议》。当时，在主题丰富、流光溢彩的峰会上，这份协议并未引起特别多的关注。然而，在会后，诸多专家以 G20 杭州峰会为标志，将 2016 年作为数字经济元年，而且断定，未来十年，最大的"风口"就是数字经济。

与此同时，耶鲁大学教授陈志武发表过一篇文章——《为什么中国人的收入差距在恶化》，在这篇文章里，他认为收入差距的扩大是一种全球现象，而这种现象的根源并不是因为现代资本家比以前"道德沦丧"，不是因为现代企业家更加贪婪，而是现代技术和规模化商业模式所致。他说，传统农业的投入和产出是线性关系，制造业有所提高，有规模经济的优势，但每件产品仍然需要部件、配件和人工的投入，而互联网行业，投入与产出之间没有任何关系，因为虚拟经济的边际成本几乎为零，生产一个亿的虚拟产品跟生产一千个，很多时候没有差别。这就能解释我们这几年看到的现象，所谓"风口上的猪都能飞起来"，互联网企业成了风口，大量资金堆积，产出也令人侧目。而在过去几年，坦白说，只要是靠近了这个行业的阶层，几乎都拿到了远超社会平均工资的收入，这是所谓收入差距拉大的原因之一。

为此，许多政治家和经济学家倡导"用数字经济促进产业变革"，用数字技术促使实体经济、制造业（或者说传统行业）发生嬗变。今天，随着数字技术的完善，这一嬗变正在发生。

例如，江苏的著名光伏制造业企业协鑫光伏。这家企业在改进过程中使用一种叫作"ET 工业大脑"的人工智能技术，这个技术让光伏生产线上的机器拥有智能大脑，所谓智能大脑其实就是通过准确搜集数据，分析产品线上的上千个参数，由此可以优化光伏切片的生产工艺。一年里，这家光伏生产商提高了1% 的良品率，增加了上亿利润。再如，浙江中策橡胶是目前国内最大的轮胎制造企业。轮胎制造的最大问题是生产端是否能够合成优质混炼胶。中策橡胶每天从全球采购千吨量级的橡胶块，不同胶源产地、加工厂、批次，换句话说，每个橡胶原料都有出身，这些出身的数据非常驳杂，通过 ET 工业大脑的人工智能算法就可以匹配最优合成方案，稳定混炼胶的性能。据报道，这家公司的混炼胶在引入人工智能算法后合格率提升了3% 到 5%。再如，在医疗诊断领域出现了机器人医生，即一种叫医疗大脑的人工智能在医学影像、药效挖掘、新药研发、虚拟助理等方面帮助医生工作,数据显示,人类医生的平均诊断正确率只有60%到70%,但智能医生的准确率高达85%。

越来越多案例证明,国家从战略层面提出的数字经济与产业变革并非一时兴起,数字技术不只能够在我们熟悉的服务业领域发挥作用,未来很有可能会全面进入传统产业。

然而,有经济专家提醒,数字经济和互联网经济并不完全等同。数字经济是更大的概念,互联网经济只是数字经济的子集。概括来讲,数字经济其实就是整个经济系统的数字化,包括信息数字化、商务活动数字化、生产销售数字化,这些数字化的技术下产生的商品和服务都是数字经济。数字经济有两个重要分指数,一个是智慧民生指数,一个是产业指数。简单说,目前为止,中国互联网技术也好,数字技术也好,对智慧民生,也就是服务业这一块做得比较好,包括政务、餐饮住宿、旅游、交通,也就是我们平常使用最多的那些。但数字技术对传统制造业的改造和提升却仍然处在非常低级的阶段。

1.2 不同历史时期的概念更迭

也许是由于社会发展太快,各种经济名词层出不穷,让我们晕头转向。这里把物质经济、信息经济、知识经济、网络经济、数字经济的发展脉络梳理一下。

1.2.1 从物质经济到信息经济

美国企业家保罗·霍肯在《未来的经济》一书中以相对"物质经济"的概念而提出"信息经济"。霍肯认为,每件产品,每次劳务,都包含物质和信息两种成分。在传统的"物质经济"中,就整个社会而言,物质成分大于信息成分的产品和劳务占主导地位。而在"信息经济"中,信息成分大于物质成分的产品和劳务将占主导地位。未来的趋势将是物质经济向信息经济过渡,产品中物质同信息的比例正在发生变化,并将进一步变化。未来的经济繁荣就取决于这种变化。

信息经济是指基于信息技术的互联网向经济、社会、生活各领域渗透形成的、以信息产业为主导、以信息产品生产和信息服务为主体的新经济模式。信息经济最重要的成分是服务，随着云计算、物联网、3D 技术的进步，信息产品也越来越融入信息服务之中。

信息经济又称资讯经济，IT 经济。作为信息革命在经济领域的伟大成果的信息经济，是通过产业信息化和信息产业化两个相互联系和彼此促进的途径不断发展起来的。所谓信息经济，是以现代信息技术等高科技为物质基础，信息产业起主导作用的、基于信息、知识、智力的一种新型经济。工信部电信研究院2015 年 9 月底发布的《2015 中国信息经济研究报告》显示，2014 年，我国信息经济总量达到 16.2 万亿元，占 GDP 比重为 26.1%，较 2002 年增加了 15.8 个百分点。

如果说，在工业经济中，钢铁、汽车、石油化工、轻纺工业、能源、交通运输、电话通信等传统产业部门，扮演着重要的角色，那么，在信息经济中，居重要地位的则是芯片、集成电路、电脑的硬件和软件、光纤光缆、卫星通信和移动通信、数据传输、信息网络与信息服务、新材料、新能源、生物工程、环境保护、航天与海洋等新兴产业部门，同时，科技、教育、文化、艺术等部门通过产业化而变得越来越重要。这种信息经济的发展，不仅不会否定农业经济、工业经济、服务经济的存在，相反会促进这三种经济的素质通过信息化后大为提升，并导致不可触摸的信息型经济取代可以触摸的物质型经济而在整个经济中居于主导地位。

1973 年，美国哈佛大学的社会学家丹尼尔·贝尔在《后工业社会的来临》一书中发展了"信息经济"的概念。贝尔认为发达国家已经从前工业社会发展到工业社会，最终到达后工业社会阶段。在新的社会阶段，经济活动的基本战略资源，工具，劳动环境，文化观念都有一系列的变化。

1977 年，美国斯坦福大学博士马克·波拉特（M.V.Porat）在美国商务部资助下完成了 9 卷巨著《信息经济：定义与测量》。波拉特在马克卢普研究成果的基础上，进行了更深入的研究。

1.2.2 从信息经济到知识经济

信息经济既具有与其他经济一样的特征，也具有一系列它所特有的结构特征。随着信息技术的进一步发展，尤其是微电子技术的迅速发展的广泛应用，世界信息经济的结构发生引人注目的变化。主要体现在以下方面：一是信息经济的企业结构是知识和技术密集型的。传统的企业结构都是劳动密集型或资本密集型的，而新兴信息企业结构都是知识和技术密集型的，不但投资少，效率高，最终还将把人类从繁重的体力劳动中解放出来，使其得到全面发展。二是信息经济的劳动力结构是智力劳动型的。企业结构的状况决定着劳动力结构的状况，由于新兴信息经济的企业结构是知识和技术密集型的，而以科学家，工程技术人员，软件编制人员等脑力劳动者为主的劳动力结构也必然发生根本变化，传统体力劳动者将经过再教育成为新的脑力劳动者。三是信息经济的产业结构是低耗高效型的。这些以新兴科学知识和高技术为基础的尖端信息产业群，具有高效率，高增长，高效益和低污染，低能耗，低消耗的新特点。在传统产业日益衰落的过程中，专业化，小型化的新兴产业却在迅速发展。这种产业结构及其技术结构的变化，将会使劳动生产率获得极大增长。四是信息经济的体制结构是小型化和分散化的。小型分散化的水平网络式的管理体制将代替集中，庞大而又互相牵制的传统金字塔型的体制结构，小公司，小工厂等横向组织将代替大公司，大工厂等纵向组织。信息经济的体制结构小型化和分散化，绝不意味着生产社会化程度的降低，而恰恰相反，通过信息化，生产在更广泛，更深入的程度上社会化了。五是信息经济的消费结构将是多样化的。传统工业生产是大规模的集中性生产，产品单一，规范化，虽然成套生产，但是品种少，规模单调，不能及时满足多种多样的社会需要。由于信息经济的生产机动灵活，分散化，它所提供的消耗品将是更加丰富多彩，更符合人们的实际生活需要。六是信息经济的能源结构是再生型的。传统经济的能源结构是非再生型的，如煤炭，石油等，消耗一点，就少一点，不能再生，而且浪费大，效率低，污染严重。信息经济的能源结构主要是再生型的，如太阳能，生物能，海洋能等，它们不仅可以再生，取之不尽，用之不竭，而且有用，干净，效率高。

正因为以上特点的形成和显著，知识经济的概念应运而生。

知识经济最早是由联合国研究机构在 1990 年提出来的。1996 年，经济合作与发展组织在国际组织文件中首次正式使用了"以知识为基础的经济"这个概念,其内涵为:知识经济是以现代科学技术为基础,建立在知识和信息的生产、存储、使用和消费之上的经济。知识经济之所以在西方国家提出,是基于创新成为经济发展最短缺的因素,而其他经济要素相对而言是充分的。知识经济是一种基于最新科技和人类知识精华的经济形态。它是在工业经济和信息经济基础上发展起来的,是以知识的生产、传播、转让和使用为其主要活动的。在知识经济时代,一个最典型和最基本的特征是知识作为生产要素的地位空前提高,知识会广泛地渗透到一切经济部门中去,而且知识本身也成为一种更加市场化的产品。

对于信息经济与知识经济的联系,我们可以得出这样的结论:二者是紧密相连、不可分割的。知识经济脱胎于信息经济,信息经济提出在前,知识经济提出在后。一方面,知识经济被人们提出和认识,反映了当今世界发达国家对于后工业社会或信息社会快速发展进程的普遍接受和认可。另一方面,要发展知识经济没有高度发达的信息经济作为基础是不行的。因为信息经济的发展和壮大是知识经济产生与发展的前提条件,知识经济的建立和发展离不开信息科学技术,也就是离不开以它为基础的信息经济。

对于信息经济与知识经济的区别,也不难看出有以下几点:(1)信息经济主要是以信息科学技术为基础的经济,而知识经济是以整个科学技术为基础的经济。(2)信息经济与知识经济都是知识密集型的经济,但后者中知识所含的内容更加广泛,不仅包括信息业,而且包括现代工业、现代农业和现代服务业。(3)信息、知识、信息经济、知识经济等相关概念还存在层次上的差异性。在我国落后地区,工业经济和农业经济等物质生产经济仍居主导地位,信息经济尚不充分、不发达。在这种情况下,用数字经济、知识经济的观点来促进经济发展是必要的,但还不能完全用它们来代替信息经济。

1.2.3 从知识经济到网络经济

众所周知,知识经济是以电脑、卫星通信、光缆通信和数码技术等为标志的现代信息技术和全球信息网络"爆炸性"发展的必然结果。在知识经济条件下,现实经济运行主要表现为信息化和全球化两大趋势。这两种趋势的出现无不与信息技术和信息网络的发展密切相关。

现代信息技术的发展,大大提高了人们处理信息的能力和利用信息的效率,加速了科技开发与创新的步伐,加快了科技成果向现实生产力转化的速度,从而使知识在经济增长中的贡献程度空前提高;全球信息网络的出现和发展,进一步加快了信息在全球范围内的传递和扩散,使传统的国家、民族界限变得日益模糊,使整个世界变成了一个小小的"地球村",从而使世界经济发展呈现出明显的全球化趋势。因此,知识经济实质上是一种以现代信息技术为核心的全球网络经济。

网络经济是建立在国民经济信息化基础之上,各类企业利用信息和网络技术整合各式各样的信息资源,并依托企业内部和外部的信息网络进行动态的商务活动,研发、制造、销售和管理活动所产生的经济。它建立在信息流、物流和资金流的基础之上,依靠网络实现经济。网络经济改变了企业的传统经营模式、经营理念。

网络经济有两个基本要素:经济行为主体的"集"和经济链的"集"。网络经济与其说是由经济行为主体构成,还不如说是由经济行为主体之间的特殊经济联系组成。经济行为主体以及他们之间的联系链可以是同质的,也可以是异质的。换言之,经济行为主体以及他们之间的联系链可以是同行业的,也可以是不同行业的。对网络经济可以从狭义和广义两个方面来理解。狭义而言,网络经济主要是指以信息和计算机网络为核心的信息和通信技术的产业群体。广义而言,网络经济主要是指电信、电力、能源、交通运输等网状运行行业构成的产业群体。网络经济学者认为,网络经济已经成为规模经济或范围经济,其经济运作往往涉及一个国家的范围,甚至跨越国界,把几个国家或一个巨大的区域联结在一起。

总之,网络经济,一种建立在计算机网络(特别是 Internet)基础之上,以现代信息技术为核心的新的经济形态。它不仅是指以计算机为核心的信息技术产业的兴起和快速增长,也包括以现代计算机技术为基础的整个高新技术产业的崛起和迅猛发展,更包括由于高新技术的推广和运用所引起的传统产业、传统经济部门的深刻的革命性变化和飞跃性发展。因此,不能把网络经济理解为一种独立于传统经济之外、与传统经济完全对立的纯粹的"虚拟"经济，经济的虚拟性源于网络的虚拟性。它实际上是一种在传统经济基础上产生的、经过以计算机为核心的现代信息技术提升的高级经济发展形态。

近年来，随着移动互联网、物联网、云计算、大数据、人工智能等新一代信息技术的出现，数字经济呼之欲出。

1.3 数字经济的概念

尽管在全及至全球范围内，人们对数字经济的理解不尽相同，但也形成诸多共识。目前得到广泛认可的还是2016年杭州峰会上的《G20数字经济发展与合作倡议》中给出的定义：

"数字经济是指以使用数字化的知识和信息作为关键生产要素、以现代信息网络作为重要载体、以信息通信技术的有效使用作为效率提升和经济结构优化的重要推动力的一系列经济活动。"为理解这个定义，有几个重点内容要进行解析：（1）关键生产要素：数字化的知识+信息；（2）重要载体：现代信息网络；（3）核心推动力：信息通信技术；（4）目标使命：提升效率、优化经济结构去推动一系列经济活动。从大的方面来讲，数字经济的构成主要包括：数字产业化和产业数字化两部分。数字产业化：也称为数字经济基础部分，即信息产业，具体业态包括电子信息制造业、信息通信业、软件服务业等。产业数字化：也称为数字经济融合部分，包括传统产业由于应用数字技术所带来的生产数量和生产效率提升，其新增产出构成数字经济的重要组成部分。

除此之外，人们比较一致地认为，数字经济作为经济学概念的数字经济是人类通过大数据（数字化的知识与信息）的识别—选择—过滤—存储—使用，引导、实现资源的快速优化配置与再生、实现经济高质量发展的经济形态。数字经济，作为一个内涵比较宽泛的概念，凡是直接或间接利用数据来引导资源发挥作用，推动生产力发展的经济形态都可以纳入其范畴。在技术层面，包括大数据、云计算、物联网、区块链、人工智能、5G 通信等新兴技术。在应用层面，"新零售""新制造"等都是其典型代表。

现阶段，数字化的技术、商品与服务不仅在向传统产业进行多方向、多层面与多链条的加速渗透，即产业数字化；而且在推动诸如互联网数据中心（Internet Data Center, IDC）建设与服务等数字产业链和产业集群的不断发展壮大，即数字产业化。我国重点推进建设的 5G 网络、数据中心、工业互联网等新型基础设施，本质上就是围绕科技新产业的数字经济基础设施，数字经济已成为驱动我国经济实现又好又快增长的新引擎，数字经济所催生出的各种新业态，也将成为我国经济新的重要增长点。数字经济的发展给包括竞争战略、组织结构和文化在内的管理实践带来了巨大的冲击。随着先进的网络技术被应用于实践，我们原来的关于时间和空间的观念受到了真正的挑战。企业组织正在努力想办法整合与顾客、供应商、合作伙伴在数据、信息系统、工作流程和工作实务等方面的业务，而他们又都有各自不同的标准、协议、传统、需要、激励和工作流程。

为便于理解和记忆，本人尝试用简洁通俗的语言来定义数字经济：数字经济就是各种信息技术全面渗透融合到所有产业的各种要素，形成的一种结构更优、效率更高的新型经济形态。应该说明的是，本论著所指的数字经济是广义的，包括智能经济（或智慧经济）。数字经济的发展包括三个阶段：经济形态的信息化、数据化、智能化。

1.3.1 中国数字经济总体现状

据中国信通院发布《中国数字经济发展白皮书（2020）》报告显示：中国数字经济增加值规模已由 2005 年的 2.6 万亿元，扩张到 2019 年的 35.8 万亿元，数字经济占 GDP 比重已提升到 36.2%，在国民经济中的地位进一步凸显。中商产业研究院预测，2020 年我国数字经济增加值规模将突破 40 万亿元大关。

研究表明，我国数字产业化稳步发展，基础进一步夯实。从规模上看，2019年数字产业化增加值达 7.1 万亿元，同比增长 11.1%。从结构上看，数字产业结构持续软化，软件业和互联网行业占比持续提升。产业数字化深入推进，由单点应用向连续协同演进，数据集成、平台赋能成为推动产业数字化发展的关键。

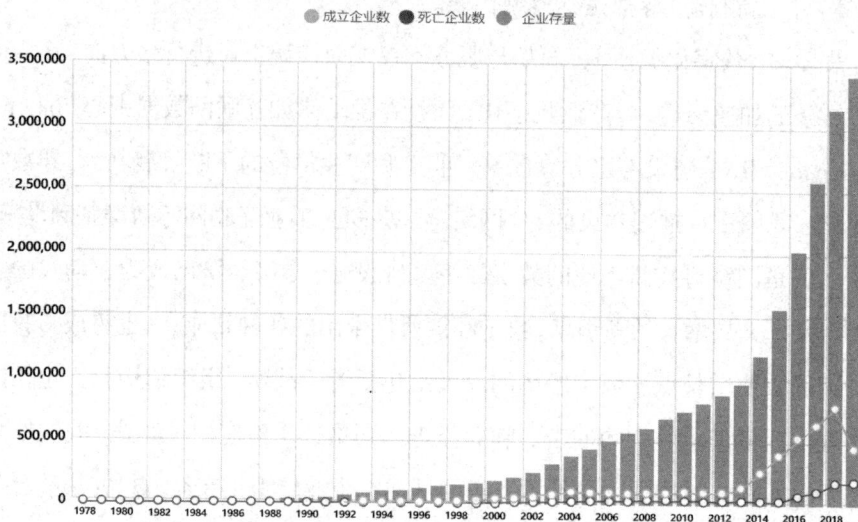

1978—2019年全国数字经济产业企业时间分布情况（截止2019年6月）

1-1：数字经济发展年度柱状图

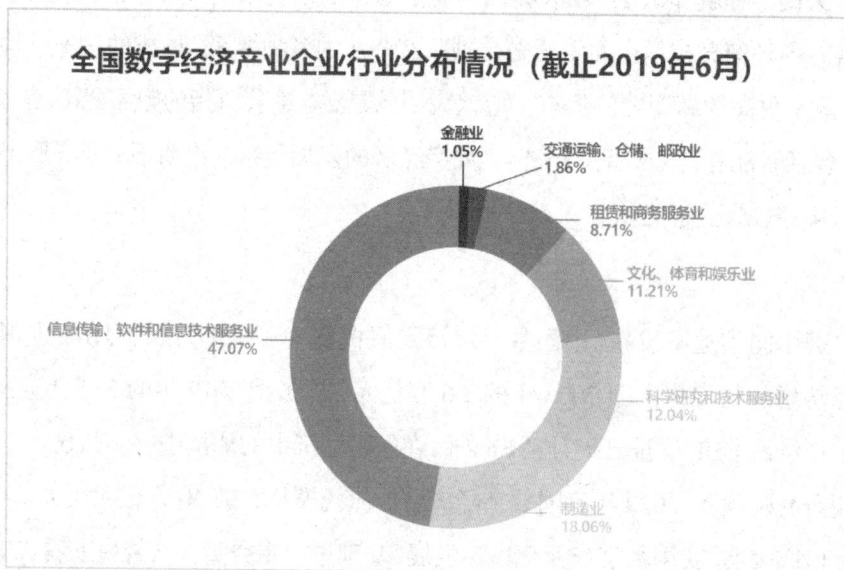

全国数字经济产业企业行业分布情况（截止2019年6月）

金融业
1.05%

交通运输、仓储、邮政业
1.86%

租赁和商务服务业
8.71%

文化、体育和娱乐业
11.21%

信息传输、软件和信息技术服务业
47.07%

科学研究和技术服务业
12.04%

制造业
18.06%

1-2：数字经济行业分布图

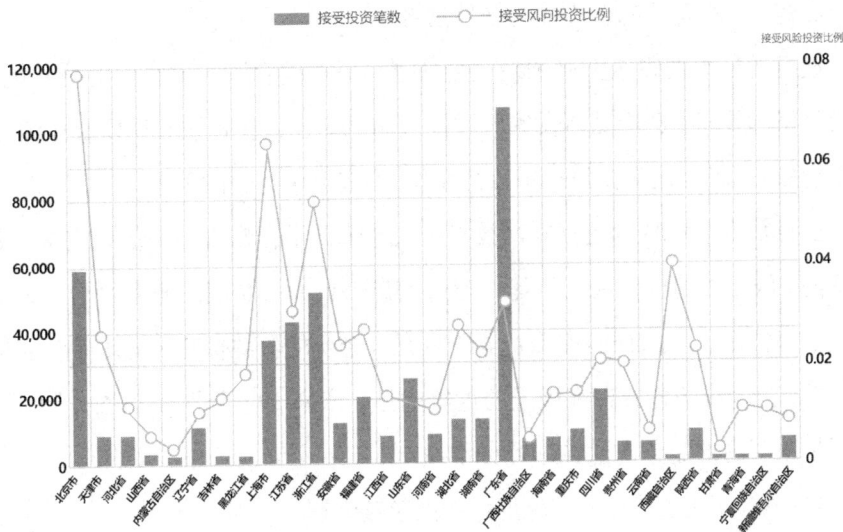

全国数字经济产业企业接受股权投资情况（截止2019年6月）

1-3：数字企业股票投资分布图

据中商产业研究院整理的数据，2019 年我国产业数字化增加值约为 28.8 万亿元，占 GDP 比重为 29.0%。其中，服务业、工业、农业数字经济渗透率分别为 37.8%、19.5% 和 8.2%。数字化治理能力提升，数字政府建设加速推进政府治理从低效到高效、从被动到主动、从粗放到精准、从程序化反馈到快速灵活反应转变，新型智慧城市已经进入以人为本、成效导向、统筹集约、协同创新的新发展阶段。

1.3.2 数字经济发展趋势

就目前的数字经济现状与已经出现的端倪，专家们提出，数字经济发展呈现以下趋势。

趋势一：速度成为关键竞争要素。

随着消费者的需求不断变化和竞争对手不断出现，产品与服务的更新周期越来越快。这要求企业以最快的速度对市场做出反应、以最快的速度制定新的战略并加以实施、以最快的速度对战略进行调整。

迅速反应和迅速调整都要求企业建设自身的"数字神经"平台，未来几年中,百分之七十的中国企业将建设自己的信息共享平台。

趋势二:跨企业的合作成为必然选择。

速度的压力使得企业必须通过合作进行资源整合和发挥自己的核心优势。规模经济的要求、新产品研发等巨额投入的风险也迫使企业必须以合作的方式来分担成本,甚至是与竞争对手进行合作,形成合作竞争的关系。

信息技术手段特别是互联网技术极大地降低了合作沟通的信息成本,使得广泛的、低成本的合作成为可能。通过信息平台而不是组织整合平台,伙伴间形成了虚拟企业。这样的虚拟企业既具有大企业的资源优势,又具有小企业的灵活性,为合作的各方带来极大的竞争优势。未来中国企业百分之六十的网络应用是用于内部业务和伙伴的业务沟通。

趋势三:行业断层、价值链重构和供应链管理。

在信息技术的快速发展的冲击之下,许多行业出现了大的断层,产业的游戏规则在变化、新的对手来自四面八方、新的供应商随时产生。这种断层既对行业中的现存者提出了挑战,又为新生者提供了机会,各个行业都不同程度地存在行业重新洗牌的机会。许多中间环节面临消除的危险,他们被迫提供新的、更大的价值;许多企业进入价值链的其他环节(上游或下游);制造业向服务业转型或在价值链中重新定位(如从品牌制造商转为 OEM 制造商)等;供应链。中国金融(招商银行和平安保险)和家电行业(海尔及美的)已经开始了行动。

企业主动或被动地利用数字化手段以对应价值链重构:或重新抓住自己的客户;或重组优化自己的供应商队伍。

趋势四:大规模量身定制成为可能。

传统经济中,商品或服务的多样性(richness)与到达的范围(reach)是一对矛盾。大众化的商品总是千篇一律,而量身定制的商品只有少数人能够享用。

但数字技术的发展改变了这一切。企业现在能够以极低的成本收集、分析不同客户的资料和需求,通过灵活、柔性的生产系统分别定制。国外汽车和服装行业提供了许多成功的例子。大规模量身定制生产方式将给每个客户带来个性化的产品和服务,同时要求企业具备极高的敏捷反应能力。

1.3.3 数字经济发展优势

20世纪90年代以来,美国抓住了数字革命的机遇,创造了10多年的经济繁荣。欧洲、日本等地区和国家,也紧紧追随着美国,积极推进数字革命,产生了巨大的成效。对于发展中国家来说,数字革命更是"千载难逢"的良机。在数字时代中,发展中国家可以充分利用数字经济中的后发性优势,缩小与发达国家的数字鸿沟。印度就是利用数字经济的后发性优势,使其信息技术在世界范围内具有强大竞争力,从而推动本国经济快速发展的典型案例。

边际报酬递增的后发性优势。数字经济的特征表明,在知识的创新阶段,知识应用的范围越广泛,涉及的客户越多,就能创造越多的价值。在知识的普及阶段和模仿阶段,由于时效性问题,知识在发达国家的边际报酬下降。在发展中国家却能维持很高的边际报酬。因为对于发展中国家来说,这些知识仍然是最新的、最具时间价值的。信息技术进入21世纪以来正处于普及和模仿阶段,向发展中国家扩散符合发达国家的最高利益,这可以大大提高发展中国家的信息化速度。

工业化方面的后发性优势。西方国家经历了漫长的工业化过程之后,才进入信息化发展阶段。21世纪以后,向发展中国家转移制造业生产,已成为很多发达国家提升产业结构、重点发展数字经济主导产业的重大战略举措。对于发展中国家来说。这会带来三重利益:

一是发展中国家可以充分利用发达国家的工业化成就。包括技术上成就和制度上的成就,大大缩短工业化进程,加速本国的经济发展;二是发展中国家可以将工业化与信息化结合起来,以信息化和高科技促进工业化发展,彻底改造传统产业,重塑自己的比较优势与竞争优势;三是发展中国家可以通过大规模利用信息技术,在全社会范围内降低生产成本和交易成本,加速培育市场关系,逐步形成强大的物流、资金流和信息流,推动市场经济走向繁荣。

客户资源方面的后发性优势。一些发展中国家人口众多、经济增长迅速,有着丰富的客户资源,其市场潜力远非发达国家所能比拟,这就形成了发展中国家第一层次的网络比较优势。如果考虑到发展趋势,几乎所有的发展中国家都是一个有待开发的市场。发展中国家丰富的客户资源与发达国家丰富的知识、网络资源相结合，将会大大推动世界经济的发展。发展中国家市场潜力的强大吸引力，会促使发达国家的技术、资本源源不断地流入，促使发展中国家的产业结构、技术水平和人力资源都出现根本性的变化，从而缩小数字鸿沟，提高发展中国家的收入水平和生产力水平。

知识能力方面的后发性优势。一些发展中国家大力推进教育和科学技术，使得知识要素的禀赋在增加，尤其是获取知识、传递知识和运用知识的能力提高得格外迅速，这就形成了发展中国家第二层次的网络比较优势，使之在国际分工中占据了一个比较有利的地位，带动本国的数字经济出现跨越式的发展。例如，印度软件业的"离岸开发"，已经成为带动全国经济转型的重要手段。

1.3.4 数字经济发展机遇

在2020年4月全球化智库（CCG）线上研讨会上，中国电子商务协会金融培训中心主任、著名企业家翟山鹰提出，实现中国数字经济发展和新基建的建设，首先就必须让国内广大企业家先认识到，企业实现数字化转型，最核心的就是要转变企业数字化的管理和运营方式。唯有企业核心管理者真正认可数字化，并清晰地意识到数字化转型在未来可能带给企业的潜在价值，才有可能将注意力以及资源投入到企业的数字化转型之中，只有大部分国内企业都实现了数字化转型，中国新基建和数字经济的发展才能取得最终的胜利。他认为，随着疫情的不断蔓延，世界经济的衰退期可能会非常长，而这正是我们的机遇期。在此期间，我们应该更多关注数字经济。数字经济的核心是通过将一切商业元素数字化、信息化的方式（从思维到技术，再到应用全部数字化），改变原有社会生产方式和商业模式，提高企业商业活动（包括企业内部）的运行效率，并尽可能让数字生产力能和传统的生产关系形成和谐共存的"关系"，进而整体提升经济活动对人类社会的综合价值。

数字经济很美好，做起来却一点都不简单，如果大家真的希望跟随数字经济时代获得超级红利，就要认认真真、踏踏实实地努力学习、坚定实践。对于数字经济时代的掘金捷径，大家可以关注BOC商科证书，学习企业运营的九大必备模块，高效筛选企业需要的人才，提升企业运营效率。

数字经济

第二章

数字经济的特殊规律

经济规律具有客观性，并不等于人们在经济规律面前是消极的，无能为力的。相反，人们是可以认识和利用经济规律，并用来为整个社会谋利益的。如果把经济规律偶像化，让自己去做经济规律的奴隶，是十分错误的。恩格斯说："社会力量完全像自然力一样，在我们还没有认识和考虑到它们的时候，起着盲目的、强制的和破坏的作用。但是，一旦我们认识了它们，理解了它们的活动、方向和影响，那么，要使它们愈来愈服从我们的意志并利用它们来达到我们的目的，这就完全取决于我们了。"

数字 经济

在谈及经济规律之前，我们暂且先来看一组关于雷电的新闻。

据中国网刊载的《盘点全世界惨遭雷击的建筑和事件》一文：1973年夏季的一个午后，浓云密布，狂风骤起。在河南省林县南部的罗锤村，一个球状闪电自天而降。在村东头，一棵合抱粗的钻天杨被拦腰击断。继而，它又破墙钻进牲口房，随着一声爆炸，一头驴子当场死亡。关于这种球状雷电也出现在美国一个叫龙尼昂威尔的小城，一位主妇从市场回到家，打开电冰箱一看，发现放着烤鸭等熟食品，可是她清楚记得，这些东西放进去时是生的。"上帝啊，出奇事啦！"女人吓得惊叫起来。经过科学家的研究才明白，这是球状闪电开的玩笑，这种闪电钻到了冰箱里，刹那间把冰箱变成了电炉。1980年夏季的一天，印度一位患白内障而双目失明的老人正在家里坐着。突然，一个巨大的闷雷在阴云密布的空中炸响，他立即被击倒在地，碰掉了几颗牙，脑子震动了几秒钟。第二天，他一觉醒来，惊喜地发现自己又重见光明了。科学家认为，患者处在雷击的磁场内，磁场使眼球中的不溶性蛋白质变成了可溶性蛋白质，消除了白内障。

这三件事说明，对任何事物，当我们没有掌握规律时，觉得它们是可怕的。倘若我们能掌握它的规律并利用它，则可趋利避害。我们对经济规律的把握更是如此。所以马克思说："这里的区别正像雷电中的电的破坏力同电报机和弧光灯的被驯服的电之间的区别一样，正像火灾同供人使用的火之间的区别一样。当人们按照今天的生产力终于被认识了的本性来对待这种生产力的时候，社会的生产无政府状态就让位于按照全社会和每个成员的需要对生产进行的社会的有计划的调节"。(《马克思恩格斯全集》第20卷，第304页)

经济规律具有客观性，并不等于人们在经济规律面前是消极的，无能为力的。相反，人们是可以认识和利用经济规律，并用来为整个社会谋利益的。如果把经济规律偶像化，让自己去做经济规律的奴隶，是十分错误的。恩格斯说："社会力量完全像自然力一样，在我们还没有认识和考虑到它们的时候，起着盲目的、强制的和破坏的作用。但是，一旦我们认识了它们，理解了它们的活动、方向和影响，那么，要使它们愈来愈服从我们的意志并利用它们来达到我们的目的，这就完全取决于我们了。"

经济现象形形色色、错综复杂，反映经济现象的本质联系的经济规律也是多种多样的。经济规律按照其发生作用的历史时期的长短，可分为四类：①在一切社会经济形态中起作用的共有经济规律，它表现各个社会经济形态发展过程中经济现象的某些共同的本质联系。例如，生产关系一定要适合生产力状况的规律，就是随着人类社会的产生和发展而产生和发展的。它体现着生产力和生产关系发展变化之间的本质联系，存在于人类社会发展的各个时期。在一切社会经济形态中，共有经济规律的存在，说明各个社会经济形态有着互相联系的一面。②在几个社会经济形态中起作用的共有经济规律，它表现几个社会经济形态中存在的某种经济现象的共同的本质联系。例如价值规律。③在某一社会形态中起作用的特有经济规律，它表现某一特定社会经济形态发展过程中经济现象的某种特殊的本质联系。如竞争和生产无政府状态规律是没有垄断和政府干预的市场经济的经济规律之一，而有计划按比例发展规律则是有政府宏观调控的经济社会的经济现象之一。④在某一社会形态的一定阶段起作用的特有经济规律，例如，按要素贡献分配是市场经济社会即市场经济的经济规律，按需分配是低效率的或乌托邦式的经济社会的经济现象。

在数字经济中，既有普遍性的经济规律在起作用，更有特殊性的经济规律在起作用。这里，我们重点介绍数字经济的特殊经济规律。因为，在建设"数字中国"应当遵循这些规律，借由这些规律，可以促进我国经济发展。在数字经济时代，我们必须记住美国著名电脑文化专家尼葛洛庞帝的话，"计算不再只和计算机有关，它决定我们的生存"。

2.1 梅特卡夫定律

2.1.1 网络的价值等于结点数的平方

梅特卡夫定律，也有人把它叫梅特卡夫法则，是一种网络技术发展规律。梅特卡夫定律是3Com公司的创始人，计算机网络先驱罗伯特·梅特卡夫提出的。梅特卡夫（Metcalfe）法则：是指网络价值以用户数量的平方的速度增长。

假如一个网络中有n个人，那么网络对于每个人的价值与网络中其他人的数量成正比。如果一个网络对网络中每个人价值是1元，那么规模为10倍的网络的总价值等于10的平方，即100元，而不是10元；规模为100倍的网络的总价值就等于100的平方，即10000元，而不是100元。网络规模增长10倍，其价值就增长100倍。

20世纪90年代以来，互联网不仅呈现了这种超乎寻常的指数增长趋势，而且爆炸性地向经济和社会各个领域进行广泛的渗透和扩张。计算机网络的数目越多，它对经济和社会的影响就越大。换句话说就是，计算机网络的价值等于其结点数目的平方。梅特卡夫法则揭示了互联网的价值随着用户数量的增长而呈算术级数增长或二次方程式的增长的规则。

为了方便人们记忆和理解，本人对梅特卡夫定律简化为：V（value）=N（Node）的平方。

2.1.2 使用者越多价值越大

中国人常说，僧多粥少，狼多肉少。其中蕴含的意思是，在物资一定的前提下，分享者越多，每位个体所得越少，因此，"僧"或"狼"越少越好。传统思维中，如果用一台车为例，随着使用的增加，它的价值越来越低。而梅特卡夫定律却完全相反。梅特卡夫定律背后的理论，亦即所谓网络的外部性效果（Network Externalty）：使用者愈多对原来的使用者而言，不仅其效果不会减少，反而其效用会愈大。大体而言，梅特卡夫定律揭示了信息化企业的成长秘籍，当它以网络外部性的乘数效果加以联结，终于造就一个规模可与实体世界相媲美，充满了无数商机及成长潜力惊人的全球化电子商务市场。梅特卡夫定律不仅对网络的通信价值有效,对业务价值同样有效。

如果只有一部电话,那么这部电话实际上就没有任何经济价值,如果有两部电话,根据梅特卡夫法则,电话网络的经济价值等于电话数量的平方,也就是从 0 上升到 2 的平方,即等于 4,如果再增加一部电话,那么,这个电话网络的经济价值就上升到 3 的平方,即等于 9,也就是说,一个网络的经济价值是按照指数级上升的,而不是按照算术级上升的。再譬如,手机短信业务的价值与手机短信使用者的平方成正比。E-mail 的价值,互联网的价值,与使用互联网的用户数的平方成正比。

值得注意的是,这里"网络"的概念可以并不仅限于计算机网络和通信网络,我们可以把它推广到经济网络、社会网络来看它的普遍意义。人与人的交际圈也有这样的特性,交往越广泛,交际圈越大,交际圈越密切,该交际圈带来的价值就越大。

一个新的产品,新的服务,只有少数人在使用时,这种产品和服务产生的价值不会爆炸性地增长,当用户数达到一定量时,其价值就会跳跃式提升,即显示出其价值是指数级增长的特性。

2.1.3 信息资源越消费越增长

梅特卡夫定律提出,网络的价值与联网的用户数的平方成正比。所以网络上联网的计算机越多,每台电脑的价值就越大。新技术只有在有许多人使用它时才会变得有价值。使用网络的人越多,这些产品才变得越有价值,因而越能吸引更多的人来使用,最终提高整个网络的总价值。一部电话没有任何价值,几部电话的价值也非常有限,成千上万部电话组成的通信网络才把通信技术的价值极大化了。当一项技术已建立必要的用户规模,它的价值将会呈爆炸性增长。一项技术多快才能达到必要的用户规模,这取决于用户进入网络的代价,代价越低,达到必要用户规模的速度也越快。有趣的是,一旦形成必要用户规模,新技术开发者在理论上可以提高对用户的价格,因为这项技术的应用价值比以前增加了。进而衍生为某项商业产品的价值随使用人数而增加的定律。

在传统的观念里,几乎任何资源都会伴随着消费而减少。如同一个饼,吃

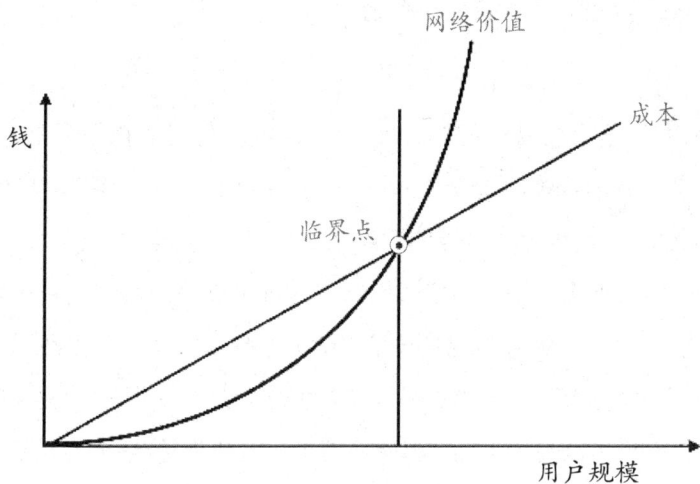

2-1：梅特卡夫定律

一口就会少一口，直到最后消失。信息资源的奇特性不仅在于它是可以被无损耗地消费的（类似一部古书从古到今都在"被消费"，但不可能"被消费掉"），而且信息的消费过程可能同时就是信息的生产过程，它所包含的知识或感受在消费者那里催生出更多的知识和感受，消费它的人越多，它所包含的资源总量就越大。互联网的威力不仅在于它能使信息的消费者数量增加到最大限度（全人类），更在于它是一种传播与反馈同时进行的交互性媒介（这是它与报纸，收音机和电视最不一样的地方）。所以梅特卡夫断定，随着上网人数的增长，网上资源将呈几何级数增长。

梅特卡夫法则是基于每一个新上网的用户都因为别人的联网而获得了更多的信息交流机会。指出了网络具有极强的外部性和正反馈性：联网的用户越多，网络的价值越大，联网的需求也就越大。这样，我们可以看出梅特卡夫定律指出了从总体上看消费方面存在效用递增——即需求创造了新的需求。

2.2 摩尔定律

摩尔定律被称为计算机第一定律，由英特尔（Intel）名誉董事长戈登·摩尔

（Gordon Moore）经过长期观察发现得之。

2.2.1 摩尔定律的最初原型

戈顿·摩尔是大名鼎鼎的芯片制造厂商 Intel 公司的创始人之一。从 20 世纪 50 年代开始，半导体制造工业高速发展，导致了"摩尔定律"的出台。

早在 1959 年，美国著名半导体厂商仙童公司首先推出了平面型晶体管，紧接着于 1961 年又推出了平面型集成电路。这种平面型制造工艺是在研磨得很平的硅片上，采用一种所谓"光刻"技术来形成半导体电路的元器件，如二极管、三极管、电阻和电容等。只要"光刻"的精度不断提高，元器件的密度也会相应提高，从而具有极大的发展潜力。因此平面工艺被认为是"整个半导体工业键"，也是摩尔定律问世的技术基础。

1965 年 4 月 19 日，时任仙童半导体公司研究开发实验室主任的摩尔应邀为《电子学》杂志 35 周年专刊写了一篇观察评论报告，题目是《让集成电路填满更多的元件》。摩尔应这家杂志的要求对未来十年间半导体元件工业的发展趋势作出预言。据他推算，到 1975 年，在面积仅为四分之一平方英寸的单块硅芯

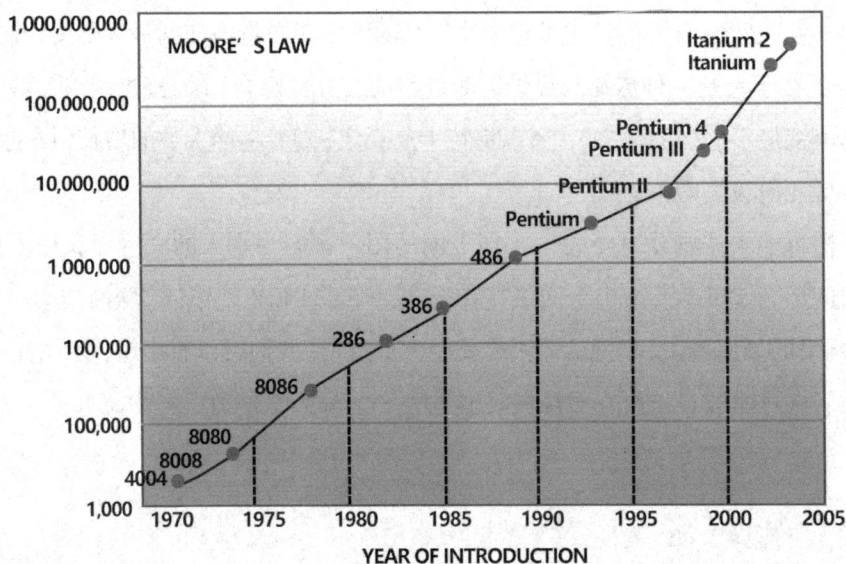

2-2：摩尔定律

片上，将有可能密集 65000 个元件。他是根据器件的复杂性（电路密度提高而价格降低）和时间之间的线性关系作出这一推断的，他的原话是这样说的："最低元件价格下的理杂性每年大约增加一倍。可以确信，短期内这一增长率会继续保持。即便不是有所加快的话。而在更长时期内的增长率应是略有波动，尽管没有充分的理由来证明，这一增长率至少在未来十年内几乎维持为一个常数。"这就是后来被人称为"摩尔定律"的最初原型。

2.2.2 摩尔定律的修改

1975 年；摩尔在国际电信联盟 IEEE 的学术年会上提交了一篇论文，根据当时的实际情况，对"密度每年回一番"的增长率进行了重新审定和修正。按照摩尔本人 1997 年 9 月接受《科学的美国人》一名编辑采访时的说法，他当年是把"每年翻一番"改为"每两年翻一番"，并声明他没有说过"每 18 个月翻一番"。

然而，据网上有的媒体透露，就在摩尔本人的论文发表后不久，有人将其预言修改成"半导体集成电路的密度或容量每 18 个月翻一番，或每三年增长 4 倍"，有人甚至列出了如下的数学公式：（每芯片的电路增长倍数）=2（年份 – （1975）/1.5。这一说法后来成为许多人的"共识"，流传至今。摩尔本人的声音，无论是最初的"每一年翻一番"还是后来修正的"每两年翻一番"反而被淹没了，如今已鲜有人知。

为此，有人认为，目前广为流传的"摩尔定律"并非出自摩尔本人的原话或原文，可以算作是集体智慧的结晶，凝聚了其他人的创造。

2.2.3 摩尔定律的验证

到底摩尔定律准不准呢？让我们先来看几个具体的数据。1975 年，在一种新出现的电荷前荷器件存储器芯片中，的的确确含有将近 65000 个元件，与十年前摩尔的预言的确惊人的一致！另据 Intel 公司公布的统计结果，单个芯片上的晶体管数目，从 1971 年 4004 处理器上的 2300 个，增长到 1997 年 Pentium II 处理器上的 750 万个，26 年内增加了 3200 倍。我们不妨对此进行一个简单的验证：如果按摩尔本人"每两年翻一番"的预测，26 年中应包括 13 个翻番周期，每经过一个周期，芯片上集成的元件数应提高 2n 倍（$0 \leqslant n \leqslant$（12），因此到第

13个周期即26年后元件数应提高了212 = 4096倍,作为一种发展趋势的预测,这与实际的增长倍数3200倍可以算是相当接近了。如果以其他人所说的18个月为翻番周期,则二者相去甚远。可见从长远来看,还是摩尔本人的说法更加接近实际。

另外也有人从个人计算机(即PC)的三大要素——微处理器芯片、半导体存储器和系统软件来考察摩尔定律的正确性。微处理器方面,从1979年的8086和8088,到1982年的80286,1985年的80386,1989年的80486,1993年的Pentium,1996年的PentiumPro,1997年的PentiumII,功能越来越强,价格越来越低,每一次更新换代都是摩尔定律的直接结果。与此同时PC机的内存储器容量由最早的480k扩大到8M,16M,与摩尔定律更为吻合。系统软件方面,早期的计算机由于存储容量的限制,系统软件的规模和功能受到很大限制,随着内存容量按照摩尔定律的速度呈指数增长,系统软件不再局限于狭小的空间,其所包含的程序代码的行数也剧增:Basic的源代码在1975年只有4000行,20年后发展到大约50万行。微软的文字处理软件Word,1982年的第一版含有27000行代码,20年后增加到大约200万行。有人将其发展速度绘制一条曲线后发现,软件的规模和复杂性的增长速度甚至超过了摩尔定律。系统软件的发展反过来又提高了对处理器和存储芯片的需求,从而刺激了集成电路的更快发展。

需要特别指出的是,摩尔定律并非数学、物理定律,而是对发展趋势的一种分析预测,因此,无论是它的文字表述还是定量计算,都应当容许一定的宽裕度。从这个意义上看,摩尔的预言实在是相当准确而又难能可贵的了,所以才会得到业界人士的公认,并产生巨大的反响。

2.2.4 摩尔定律的核心

1965年,戈登·摩尔(Gordon Moore)准备《关于计算机存储器发展趋势的报告》,当他整理一份观察资料并开始绘制数据时,发现了一个惊人的趋势。每个新芯片大体上包含其前任两倍的容量,每个芯片的产生都是在前一个芯片产生后的18—24个月内。如果这个趋势继续的话,计算能力相对于时间周期将呈指数式的上升。Moore 的观察资料,就是现在所谓的 Moore 定律,所阐述的趋势一直延续至今,且仍不同寻常地准确。人们还发现这不光适用于对存储器芯片的描述,也精确地说明了处理机能力和磁盘驱动器存储容量的发展。该定律成为许多工业对于性能预测的基础。在摩尔定律提出后的 26 年的时间里,芯片上的晶体管数量增加了 3200 多倍,从推出的第一款 4004 的 2300 个增加到奔腾 II 处理器的 750 万个。

由于高纯硅的独特性,集成度越高,晶体管的价格越便宜,这样也就引出了摩尔定律的经济学效益,在 20 世纪 60 年代初,一个晶体管要 10 美元左右,但随着晶体管越来越小,直小到一根头发丝上可以放 1000 个晶体管时,每个晶体管的价格只有千分之一美分。据有关统计,按运算 10 万次乘法的价格算,IBM704 电脑为 1 美元,IBM709 降到 20 美分,而 60 年代中期 IBM 耗资 50 亿研制的 IBM360 系统电脑已变为 3.5 美分。

后来人们对它进行归纳,主要有以下三种"版本":

A. 集成电路芯片上所集成的电路的数目,每隔 18 个月就翻一番。

B. 微处理器的性能每隔 18 个月提高一倍,而价格下降一半。

C. 用一个美元所能买到的电脑性能,每隔 18 个月翻两番。

以上几种说法中,以第一种说法最为普遍,第二、三两种说法涉及价格因素,其实质是一样的。三种说法虽然各有千秋,但在一点上是共同的,即"翻番"的周期都是 18 个月,至于"翻一番"(或两番)的是"集成电路芯片上所集成的电路的数目",是整个"计算机的性能",还是"一个美元所能买到的性能"就见仁见智了。

综观各种说法和不同的版本,其实万变不离其宗。为了方便人们表达和记忆,本人认为,摩尔定律的核心就是"211",大约每两年时间,计算机的性能会提高一倍,价格却下降一半。

2.2.5 摩尔定律的变种

由于摩尔定律快速闻名于世,许多人竞相仿效它的表达方式,从而派生、繁衍出多种版本的"摩尔定律",其中如:

摩尔第二定律：摩尔定律提出 30 年来，集成电路芯片的性能的确得到了大幅度的提高；但另一方面，Intel 高层人士开始注意到芯片生产厂的成本也在相应提高。1995 年，Intel 董事会主席罗伯特·诺伊斯预见到摩尔定律将受到经济因素的制约。同年，摩尔在《经济学家》杂志上撰文写道："现在令我感到最为担心的是成本的增加，……这是另一条指数曲线。"他的这一说法被人称为摩尔第二定律。

新摩尔定律：近年来，国内 IT 专业媒体上又出现了"新摩尔定律"的提法，则指的是我国 Internet 联网主机数和上网用户人数的递增速度，大约每半年就翻一番！而且专家们预言，这一趋势在未来若干年内仍将保持下去。

2.2.6 摩尔定律的局限

摩尔定律问世至今已近 40 年了。人们不无惊奇地看到半导体芯片制造工艺水平以一种令人目眩的速度提高。目前，Intel 的微处理器达芯片 Pentium 4 的主频已高 2G（即 12000M），2011 年则要推出含有 10 亿个晶体管、每秒可执行 1000 亿条指令的芯片。人们不禁要问：这种令人难以置信的发展速度会无止境地持续下去吗？不需要复杂的逻辑推理就可以知道：芯片上元件的几何尺寸总不可能无限制地缩小下去，这就意味着，总有一天，芯片单位面积上可集成的元件数量会达到极限。问题只是这一极限是多少，以及何时达到这一极限。业界已有专家预计，芯片性能的增长速度将在今后几年趋缓。一般认为，摩尔定律能再适用 10 年左右。其制约的因素一是技术，二是经济。

如果从技术的角度看，随着硅片上线路密度的增加，其复杂性和差错率也将呈指数增长，同时也使全面而彻底的芯片测试几乎成为不可能。一旦芯片上线条的宽度达到纳米数量级时，相当于只有几个分子的大小，这种情况下材料的物理、化学性能将发生质的变化，致使采用现行工艺的半导体器件不能正常工作，摩尔定律也就要走到它的尽头了。

如果从经济的角度看，正如上述摩尔第二定律所述，目前是 20 亿—30 亿美元建一座芯片厂，线条尺寸缩小到 0.1 微米时将猛增至 100 亿美元，比一座核电站投资还大。由于花不起这笔钱，迫使越来越多的公司退出了芯片行业。看来摩尔定律要再维持十年的寿命,也决非易事。

然而,也有人从不同的角度来看问题。美国一家名叫 CyberCash 公司的总裁兼 CEO 丹·林启说,"摩尔定律是关于人类创造力的定律,而不是物理学定律"。持类似观点的人也认为,摩尔定律实际上是关于人类信念的定律,当人们相信某件事情一定能做到时,就会努力去实现它。摩尔当初提出他的观察报告时,他实际上是给了人们一种信念,使大家相信他预言的发展趋势一定会持续。

2.3 达维多定律

达维多定律是以曾任职于英特尔公司高级行销主管和副总裁威廉·H.达维多(William H Davidow)的名字命名的。达维多(Davidow,(1992)认为,一家企业要在市场中总是占据主导地位,那么就要做到第一个开发出新一代产品,第一个淘汰自己现有的产品。

2.3.1 达维多定律的核心

任何企业在本产业中必须第一个淘汰自己的产品。一家企业如果要在市场上占据主导地位,就必须第一个开发出新一代产品。如果被动地以第二或者第三家企业将新产品推进市场,那么获得的利益远不如第一家企业作为冒险者获得的利益,因为市场的第一代产品能够自动获得 50% 的市场份额。尽管可能当时的产品还不尽完善。比如英特尔公司的微处理器并不总是性能最好、速度最快的,但是英特尔公司始终是新一代产品的开发者和倡导者。英特尔公司在1995 年为了避开 IBM 公司的 PowerPC RISC 系列产品的挑战,曾经故意缩短当时极其成功的 486 处理器的技术生命。1995 年 4 月 26 日,许多新闻媒体都报道了英特尔公司牺牲 486,支撑奔腾 586 的战略。"这一决定反映了英特尔公司的一个长期战略,即运用达维多定律的方法,要比竞争对手抢先一步生产出速度更快、体积更小的微处理器……然后通过一边消减旧芯片的供应,一边降低新芯片的价格,使得电脑制造商和电脑用户不得不听其摆布。英特尔公司通过使用这种战略，把许多竞争对手远远抛在了后面，因为这些竞争对手在此时生产出的产品尚未能达到英特尔公司制定的新标准"。

达维多定律告诉我们：只有不断创造新产品，及时淘汰老产品，使成功的新产品尽快进入市场，才能形成新的市场和产品标准，从而掌握制定游戏规则的权利。要做到这一点，其前提是要在技术上永远领先。企业只能依靠创新所带来的短期优势来获得高额的"创新"利润，而不是试图维持原有的技术或产品优势，才能获得更大发展。

为了以最简便的语言理解和记忆达维多定律，本人将达维多定律的核心思想总结为"151"，第一个开发出新产品的企业，能够自动获得50%的市场份额；为了保持领先优势，企业必须第一个淘汰自己的现有产品。

2-3：不断迭代升级示意图

2.3.2 太阳微系统公司的"自我淘汰"

美国的太阳微系统公司（SUN）也是一家以不断淘汰自己产品和不断创新取胜的公司。它以企业的运作速度为核心成功地确立了自己的整个竞争战略。

自从 1982 年创立以来，公司通过一系列的火速创新以及雷厉风行的企业运作机制逐渐发展壮大。目前，该公司的年销售额已达 50 亿美元。在高性能工程工作站这一生产领域，产品的换代周期一般是 3—5 年，而太阳微系统为自己订下了他人难以企及的目标：每 12 个月使它的工作站的性能提高一倍。公司在年度报告中公开向自己的员工及竞争对手提出了这个挑战。太阳微系统公司时刻准备淘汰旧产品，推出自己的新产品，并以其产品价格、性能上的优势打乱竞争对手的阵脚。他们的理论是：与其让别人迫使你的产品淘汰，还不如自己淘汰自己的产品。太阳微系统公司是首先尝到了"自我淘汰"的甜头的企业之一。在一个速度竞争异常激烈的行业，淘汰自己的产品是不可避免的。而这种法则的优势是可以审时度势，在竞争中占据主动。

在"自吃幼崽"规则盛行的硅谷，太阳微系统公司绝不是唯一一家认识到只有不断淘汰自己的产品才能获得长远发展的公司。相比之下，太阳微系统公司的与众不同之处是它将认识付诸实践的能力。而这种能力，反过来也是由企业竞争战略的核心认识所决定的：在计算机这一发展节奏快、学科交叉的高科技领域，没有人能在所有相关的技术方面都占尽优势。所以，太阳微系统公司只把精力放在自己最具优势的项目上——为高性能工作平台设计软、硬件——而把其他的工作干净利落地转让给那些专业厂家，他们往往能在某些方面做得更加出色。太阳微系统公司自己几乎不生产任何东西，集成电路板、驱动器、记忆储存芯片、键盘等等都是从外部供货商手中买来的，甚至各部件的组装也承包给别人。这种把精力集中在少数关键项目上的法则所产生的效果之一就是极大地提高了企业的生产能力。太阳微系统公司的 13000 名员工，平均每个员工创造 30 万美元的销售额，这一指标是 IBM 公司的两倍。正是这种核心竞争战略，使得太阳微系统公司能集中自己的大多数精力在新产品的开发上，大大加强了自己的竞争力。

为了加快自己淘汰旧产品的速度，太阳微系统公司采用了另一条与众不同的法则：一开发出新技术就马上转让给别人，以激励自己不断创新。考虑到竞争对手将很快掌握自己的最新技术，太阳微系统将以更大的动力、更快的速度创新以确保自己的优势地位。

2.3.3 海尔彩电创造"想不到"的产品

海尔为我们提供了在传统行业家电市场上,优势企业通过不断创新而保持自己优势地位的案例。海尔彩电从创立之日起,就创造了许多让人"想不到"的产品:

A. 拉幕式彩电,海尔称之为"晶视 2000"。这种彩电开机时,精彩的好戏从屏幕中间徐徐拉开,关机时,如戏台落幕,从两侧向中间合拢关闭,让电视开关具有舞台的艺术性。它的最大好处还在于:开机软启动,避免了图像的闪烁对人眼的伤害;关机零闪烁,避免了强光束对屏幕中心的冲击,可以延长显像管寿命近一倍,所以又有人称其为"长寿彩电"。这种彩电问世后,令一向以工业设计和数字技术居国际一流而自豪的德国人也赞叹不已。

B. 可以升级的彩电,海尔称之为"全媒体、全数字"彩电。过去的彩电都是将电视机的功能固定在一块线路板上,而海尔令人意想不到的采用了与计算机相同的模块化设计,不但可以使各个功能模块实现交互式双向信息交流,而且还可以随着技术的更新发展和人们的需求来更换模块,使其功能站在潮流的最前头。

C. 家庭影院彩电,海尔称之为"AV 战神"。这一款彩电首次实现了真正的AV 立体声系统,营造出可与专业音响媲美的全空间多维环绕立体效果,刚一出场,在北京、武汉等地日销量就达数百台。等等。

在一个市场细分的年代,"想不到"的产品其实也就是个性化的产品。在千变万化的市场需求中,不同的人群有不同的需求,瞄准这种千差万别的需求是海尔人创新的方向。正是因为把握了这个方向,海尔才保持了自己的持续领先地位。

2.3.4 微软公司的"版本升级法则"

关于达维多定律,我们还能从微软公司的 Windows 战略中窥视出其轨迹。微软公司和其他软件开发公司采取了类似的战略,他们不是一次向消费者提供尽善尽美的产品,而是逐步改进产品使其身升级换代。管理学家把这种战略称为"版本升级法则"(versioning)。比如,windows95 本身就不是一个成熟的产品,而微软公司竭力推荐，在完成大批量生产之后，又推出了 windows97 和其他后继版本。

为了在软件行业取得领导地位，微软公司奉行所谓的"开拓并适应不断演变的大规模市场"的战略。科索马罗（Michael A. Cusumano）和塞尔比（Richard W. Selby）在《微软的秘密》（*Microsoft Secrets*）一书中归纳如下：

A. 尽早进入不断演变的大规模市场，或以能够成为行业标准的"好"产品促进新市场的形成。

B. 不断改进新产品，定期淘汰旧产品。

C. 推动大批量销售，签订专有供货合同，以保证公司产品成为或继续成为行业标准。

D. 充分发挥作为新产品和关联产品的标准供应商的优势。

E. 整合、拓宽并简化产品以进入新的大规模市场。

2.3.5 达维多定律的启示

达维多定律给我们的深刻启示是：要保持领先，就必须时刻否定并超越自己。

具有一种强烈的忧患意识和时不我待的紧迫感和危机感，及时把握创新的机会是一个成功企业应必备的条件。这些企业时刻都有一种危机意识：与其让别人迫使自己的产品被淘汰，不如自己淘汰自己的产品，通过主动适应市场的变化而获得市场的主导权。

因此，每个企业都试图成为该行业的领袖，正如 AT & T 的 WorldNet 副总裁埃维斯林所说："我们试图在这个市场中唱主角，如果有人想吞噬我们的收益，那我们将把他们吞噬掉。"其结果必然是，企业都利用达维多定律有意识地淘汰产品，企业的出路只有两个，不是迅速发展，就是破产倒闭。

正如查尔斯·汉普登—特纳和阿尔方斯·特龙佩纳斯在《国际竞争力——创造财富的价值体系》一书中指出：坦诚面对自己潜意识的信念，会使我们进一步了解自己的优缺点以及内在的特点，同时也更能了解竞争者的强弱之处。为了抢占主导地位，创造财富，他们给出了 7 种增值过程，而第一个就是制定规则和发现例外。也就是说,如果一个企业试图在某个领域占有一席之地,那么,它首先要做的事情就是:掌握行业标准,制定游戏规则。

在市场中,企业如何获得主导地位呢?天上是不会掉下来馅饼的。要想成为一方霸主,必须有霸主的气魄和素质。知识经济时代的霸主,与以往的霸主不可同日而语。农业经济社会是以土地和劳动力为基础,"劳动是财富之父,土地是财富之母"。工业经济时代是以大量自然资源和矿藏原料的冶炼、加工和制造为基础,以大量消耗原材料和能源为特征。而知识经济时代,一切都以知识为基础,所有财富的核心都是知识,所有经济行为都依赖于知识的存在。随着社会生产力中的智力成分正在变成社会经济领域发展的决定性因素,劳动力成本的作用越来越低,对产业主体的素质要求越来越高,白领比例不断上升,蓝领比例不断下降,并且白领人数远远超过蓝领人数。最近30年来,美国企业生产一直呈上升趋势,始终保持全球领先,其工人人数占劳动人口的比例却呈递减趋势,由过去的33%降低到17%,据估计2010年工人人数将只有12%,2020年进一步降低到2%。

2.3.6 关于达维多定律的思考

达维多定律告诉我们,商场如战场。要想制胜,必须善于夺先机之时,赢先机之利,方能制先机之胜。

A. 以新胜敌。新产品,能够主导市场。同理,新装备(包括新手段和新战法等),亦能主导战场。新,是战斗力的重要增长点,是获取作战优势的重要砝码,只有保持"新"的地位,才能拥有"新"的优势。因此,必须善于将理论的创新、武器装备的创造与发明指向敌方的盲区和软肋,才能陷敌于被动境地。否则总是盲从于别人,人用矛我亦用矛,人用盾我亦用盾,无新之对策,无新之战法,就必然会陷于被动了。

B. 以奇制敌。奇,也是"新",是类别的新。商场上,没有新的产品,但有新的类别,也就有了一定的份额。战场亦有同理。战争实践反复证明,当战场上出现奇招妙术之时,往往可陷敌于不利境地。现代作战是体系与体系的对抗,这种对抗并非是简单的兵对兵,将对将,针尖对麦芒,还必须根据综合力量和作战资源等，你打你的、我打我的，否则技术落后一方就永远摆脱不了被动局面。所以，也必须实施非对称作战，设法以奇术奇器制敌。战争中一切行动都是或多或少以出敌不意为基础的，哥德尔定理告诉我们：任何形式逻辑的公理系统，如果长期不改变前提，总是在一个限定范围内思维，由于解决问题的手段有限，最终都可能导致走向"常规"的误区。而人们一旦被思维的惯性和依附性所束缚，遇到新问题时往往会在常规的理论体系里寻找答案，并势必在较低的思维层次上徘徊。其实对于战争而言，规则本来就是多余的。如果说有规则的话，那么它唯一的规则就是不局限于任何规则。赢得主动，赢得胜利，既不能局限于以往战争的成规和模式上，更不能按照敌方设计的规则行事。所以与强敌作战时，并不一定去追求什么"精确"对"精确"、"远程"对"远程"，而点敌"死穴"、打其"七寸"或软肋均可谓重要的取胜之道。故研究胜敌之策、制敌之器，不断创造新"类别"也决非难事了。

C. 以异制胜。异，也是"新"，也是视觉上的新。市场上，一个异样的产品，会备受青睐。战场上，一个异类的"东西"也会令对手瞠目。如果说在新技术上未能胜敌，那么就必须在未来战场预测基础上善于求变用异。未来学家尼古拉斯·尼葛洛庞帝说得好："预见的最好方法就是创造未来。"如今，大量的高新科技被广泛应用于军事领域，然而重要的一点，并不一定要把武器装备做得最好，而是应与众不同。强者如此，弱者更应如此。经济实力未胜；科技水平不济，那就不要与人比宝，而应在求"异"上发力：谋异招，制异术，你有你的"回马枪"，我有我的"撒手锏"。

大体而言，先进总是要战胜落后的。但先进是相对的、辩证的，这便是新的思维的逻辑起点。正如恩格斯所教诲的："每个在战史上因采用新的办法而创造了新纪元的伟大将领，不是新的物质手段的发明者，便是在以正确的方法运用他以前所发明的新手段的第一人。"所以，"在军事学术上不能利用旧的手段去达到新的结果。只有创造新的、更有威力的手段，才能达到新的、更伟大的结果"。

2.4 科斯定律

在专家学者们关于数字经济的讨论中,一般只提到前面的三大定律。本人之所以要在这里再介绍科斯定律,是因为,这个定律是涉及交易费用的。网络的出现从多方面降低了交易费用,当交易费用为零或接近零,企业的性质和规模发生根本性的变化。

2.4.1 科斯定律的产生

科斯定律,也叫科斯定理,它因来源于科斯而得名。罗纳德·哈里·科斯(Ronald H. Coase),1910年生于伦敦,1931年取得伦敦经济学院商学学士学位。1932年,科斯来到美国,研究产业的纵向一体化和横向一体化问题,目的是发现产业为什么以不同方式组织起来。通过对美国许多企业的调查,他形成了一个新的概念叫"交易费用",而且运用这个概念对企业为何存在及企业的规模应该有多大作出解释。他的这一理论在50年后获得诺贝尔奖。

据专家们研究,科斯本人从未将定理写成文字,而其他人如果试图将科斯定理写成文字,则无法避免表达偏差。关于科斯定理,比较流行的说法是:只要财产权是明确的,并且交易成本为零或者很小,那么,无论在开始时将财产权赋予谁,市场均衡的最终结果都是有效率的,实现资源配置的帕累托最优。

在许多国家的教学中,老师们给从未涉及过科斯定理的学生上科斯定理课,都亲身感受了科斯定理所引起的惊叹和佩服,但因科斯本人却从未将定理写成文字,而其他人如果试图将科斯定理写成文字,那很有可能都是走了样的,或成了同义反复。被称作科斯定理的命题或命题组,源于一系列案例。科斯像法官一样一直拒绝把他初始论文中的论点加以广泛地推广。正如法官的言论一样,对于他论文中的每一个解释,都有另外一种似乎说得通的看法。我不想得出最终结论,但我愿谈谈几种对科斯定理的传统解释,并用科斯的几个例子之一来加以阐明。经过20多年的争论,传统的解释似乎已经穷尽了科斯定理含义。

2.4.2 科斯定律的视角

自科斯定律产生时起,由于视角的不同,人们对它的理解和侧重不同。主要类别如下：

A. 交换论

微观经济学的一个中心思想是，自由交换往往使资源得到最充分的利用，在这种情况下，资源配置被认为是帕累托（Pareto）有效的。除了资源所有权外，法律还规定了其他许多权利，诸如以某种形式使用其土地的权利、免于骚扰权、意外事故要求赔偿权或合同履行权。可以这样认为，科斯概括的关于资源交换的一些论点适用于关于法定权利交换的种种论点。根据这种看法，科斯定理认为，法定权利的最初分配从效率角度上看是无关紧要的，只要这些权利能自由交换。换句话说就是，由法律所规定的法定权利分配不当，会在市场上通过自由交换得到校正。这种观点认为：保障法律的效率，就是消除对法定权利自由交换的障碍。含糊不清常常损害法定权利，使其难于得到正确估价。此外，法庭也并非总是愿意强制履行法定权利的交易合同。因此，根据"自由交换论"，法律的效力是由明确法定权利并强制履行私人法定权力交换合同而得以保障的。【注释：帕累托最优（Pareto Optimality），也称为帕累托效率（Pareto efficiency），是指资源分配的一种理想状态，假定固有的一群人和可分配的资源，从一种分配状态到另一种状态的变化中，在没有使任何人境况变坏的前提下，使得至少一个人变得更好，这就是帕累托改进或帕累托最优化。帕累托改进是达到帕累托最优的路径和方法，是公平与效率的"理想王国"，由帕累托提出。】

B. 成本论

经济学家们认为，除了交换自由之外，还必须具备一些其他条件，才能使市场有效地配置资源。条件之一是关于交易成本的含糊但不可或缺的概念。狭义上看，交易成本指的是一项交易所需花费的时间和精力。有时这种成本会很高，比如当一项交易涉及处于不同地点的几个交易参与者时。高交易成本会妨碍市场的运行，否则市场是会有效运行的。广义上看，交易成本指的是协商谈判和履行协议所需的各种资源的使用，包括制定谈判策略所需信息的成本，谈判所花的时间，以及防止谈判各方欺骗行为的成本。由于强调了交易成本，科斯定理可以被认为说的是：法定权利的最初分配从效率角度看是无关紧要的，只要交换的交易成本为零。正如物理学中的无摩擦平面，无成本交易只是一种逻辑推理的结果，在现实生活中是不存在的。注意到这一点后，根据科斯定理的交易成本论所引申的政策结论是：要利用法律最大限度地降低交易成本，而不是消除这些成本。根据这种思路，而不是首先追求有效地分配法定权利，立法者更倾向于通过促进这种交易而取得效率。旨在通过鼓励人们达成涉及法定权利交换的私人协议而避免诉讼的法律程序是很多的。

C. 局限论

有学者认为，科斯定理有其局限性或错误之处。首先，它的假设条件太苛刻。只有当交易成本为零，才能出现科斯定理所说的结果。而在现实中，交易成本不可能等于零。其次，即使交易成本为零，现实中也存在西方学者所说的策略性行为。由于存在策略性行为，就不会出现科斯定理所说的那种帕累托理想状态。最后，科斯定理忽视了收入分配的效应。这是最重要的理由。科斯定理企图论证的是：不同产权的分配方式不会影响资源配置效率，即：任何产权分配方式都会导致帕累托最优状态。

有学者提出，科斯定理或许存在谬误。在经济学中，一个证明是从一些普遍接受的行为假设派生的。正如我要说明的，以科斯定理的这三条说明中任何一条来确定科斯定理，都会碰到障碍，这些障碍表明，科斯定理有可能是错误的或仅仅是同义反复。

有人说，虽然交易成本论作为一种粗估法是准确的，但它并不十分符合实际。它有赖于这样的命题：谈判和履行协议的成本为零时，谈判才能取得有效的结果。在实际中，少数人之间的谈判有时以失败而告终，如工会罢工、劫机者杀死人质、房地产经纪人由于价格上不能达成一致意见而蚀本和诉之法庭，等等。本着这种看法，科斯定理的交易成本论犯了方向性错误，即过于乐观地假设：只要谈判无成本，合作就会诞生。

近来有些人试图证明科斯定理，比如确定一些小集团通过谈判达成有效协议所需的条件。对策论的一些新发展连同相关的经验主义研究，使人们有希望最终对这些条件做出科学的阐述。如果具备这些条件，就能通过私下协议纠正法定权利的低效率分配状况。

D. 虚拟论

随着网络的兴起和研究的深入，对科斯定律的认识逐渐形成新的视角，本人将其称为"虚拟论"。

科斯认为交易费用是个极其重要的概念，可以说，他是产生企业的根本原因。企业组织是"价格机制的替代物"，企业的存在是为了节约交易费用，即用费用较低的企业内部交易替代费用较高的市场交易。企业在决定他们做生意的方式和生产什么的时候必须计算交易费用。如果做一笔交易的费用大于交易所带来的利益，那笔交易就不会发生或实现。企业的最优规模由企业内部交易的边际费用等于市场交易的边际费用的那一点决定。事实上，决定建立企业是否有利可图的正是这些费用和那些企业运行必将带来的费用的对比。为了确定企业规模，必须考虑市场成本和不同企业的组织成本，而后才能确定每一个企业生产多少种产品和每一种产品生产多少，也就是企业的规模有多大。

网络的出现正是从多方面降低了交易费用。当交易费用为零时，企业的性质和规模将发生根本的变化。即使在数字革命之前，科技在公司的演进过程中也扮演了核心的角色，通过大量采用先进科技成果，公司大大降低了运作成本，数字科技继续承担了这一任务。但有些不同的是，它在极大地降低了公司运作成本的同时也极大地降低了市场自身的成本。在摩尔定律和梅特卡夫定律共同作用下的新型市场已经形成。而在这个新型市场中交易费用是成指数比例下降的。由此而来的影响是双方向的：几乎所用产品和服务的交易费用大幅度下降，与此同时它在开放市场里下降的速度远胜于在公司里下降的速度。因此完全可以预测：通过降低交易费用可以使市场变得更有效率。如果公司扩展到它的下一笔交易和在公司外完成一样廉价，如果外部世界的成本更加便宜了会怎么样？自然的想法是公司的规模会萎缩。

对于大部分的复杂交易来说，还是需要很多的交易费用。但是，公司性质肯定会发生变化，或者说已经在变化中了。公司的概念从一个由员工和固定资产组成的物理实体逐渐让步给所谓的虚拟组织。在这种组织形式里员工可能是部分时间工作或者是合同工，资产可能被多家组织共同拥有，公司内、外的分野越来越模糊。在过去十年间发生的外包热和很多的公司规模缩减，其本质原因都是对在开放市场中交易成本下降做出的反应。正如公司规模缩减法则所指出的那样,美国劳工部已经预测:未来几年,美国最大的雇主将是"个人"。

2.4.3 科斯定律的现实价值

科斯定理内容有些复杂,比较流行的说法是:只要财产权是明确的,并且交易成本为零或者很小,那么,无论在开始时将财产权赋予谁,市场均衡的最终结果都是有效率的,实现资源配置的帕累托最优。当然,在现实世界中,科斯定理所要求的前提往往是不存在的,财产权的明确是很困难的,交易成本也不可能为零,有时甚至是比较大的。因此,依靠市场机制矫正外部性(指某个人或某个企业的经济活动对其他人或者其他企业造成了影响,但却没有为此付出代价或得到收益)是有一定困难的。但是,科斯定理毕竟提供了一种通过市场机制解决外部性问题的一种新的思路和方法。

有专家说,科斯定理的精华在于发现了交易费用及其与产权安排的关系,提出了交易费用对制度安排的影响,为人们在经济生活中作出关于产权安排的决策提供了有效的方法。根据交易费用理论的观点,市场机制的运行是有成本的,制度的使用是有成本的,制度安排是有成本的,制度安排的变更也是有成本的,一切制度安排的产生及其变更都离不开交易费用的影响。交易费用理论不仅是研究经济学的有效工具,也可以解释其他领域很多经济现象,甚至解释人们日常生活中的许多现象。比如当人们处理一件事情时,如果交易中需要付出的代价(不一定是货币性的)太多,人们可能要考虑采用交易费用较低的替代方法甚至是放弃原有的想法;而当一件事情的结果大致相同或既定时,人们一定会选择付出较小的一种方式。

在信息技术不断发展的今天,离科斯定律中提出的"交易费用为零"的理想状态越来越接近,因而使它更具有现实意义和研究价值。随着网络的不断发展和繁荣,随着信息技术的不断进步和丰富,交易成本早已成倍降低,使很多原来不可能的事情变得可能,使原本人们不愿意经营的项目变得愿意尝试,因此,科斯定律的某些局限性变得越来越小,科学性变得越来越强。

为了方便人们理解和记忆,本人仅从数字经济的角度将科斯定律的核心思想简化、概括为"两大两小"，伴随着信息技术的发展，交易成本不断变小，企业规模（人数）不断变小，企业边界不断扩大，经营效益不断增大。

例如，阿里和腾讯两个企业，由于网络技术的运用，相比传统企业，它们的交易成本大大降低；与对应的产值相比，它们的人数大大减少；企业的经营边界越来越模糊，跨界经营越来越明显；经营的效益却不断提升。

2.4.5 科斯定律的通俗理解

有人开玩笑说，他和一个经济学家一起吃饭。饭桌上，他诉说自己的苦恼："我喜欢上一个姑娘，她非常优秀，还特别好看，可是她已经有男朋友，咋办？"

经济学家说："如果你知道科斯定律，那么就知道，不管这个女孩现在跟谁谈对象，她最后都会跟最匹配她的人在一起的。科斯定律就是，谁最匹配这个资源的，最终总会归谁所有。"

也有人用"钻石的帕累托最优"来解释科斯定律。18世纪的时候，当钻石还是未经琢磨的金刚石，深藏在地球底部的时候，它不属于谁。后来第一批工人把钻石挖出，切磨的时候，钻石是他们拿到的。但最后属于他们了吗？你们谁见过采矿的工人或者小老板脖子和手指挂满了钻石？于是你看到了钻石被打磨成美丽的钻戒项链，摆满了橱窗，最后基本归卡地亚，金伯利，蒂芙尼，戴比尔斯等珠宝品牌所有。从钻石还是一颗深埋在地下、没有名分的土土金刚石，到被矿场工人挖出来，到戴尔比斯们在全世界宣传"钻石恒久远，一颗永留存"，到"白富美"或者她们的丈夫愿意花天价买下，以见证他们的爱情。钻石实现了"帕累托最优"。

只要财产权是明确的，并且交易成本为零或者很小，那么，无论在开始时将财产权赋予谁，市场均衡的最终结果都是有效率的，实现资源配置的帕雷托最优。用简单粗暴总结就是：谁用得最好就归谁。

比如道路的使用效率，最早没车的时候只有行人。有轿子、马车的时候，人们就让一让。后来自行车成为代步工具，大马路上浩浩汤汤的自行车队颇为震撼，但现在道路的主人基本是汽车，自行车道挤到一边去，人行道放在了最边上。这就是交通的科斯定律应用。

　　还有互联网烧钱大战的赢家通吃，基本活下来只有大哥，或者老二，其他老三老四全部被淘汰掉。因为资本热钱会选择最能让他们盈利，有高额回报，效率最高的团队和产品。这是互联网界的科斯定律。

　　再如人才问题。无论你出生在哪个国家，哪个乡下，只要你有一定的技能，那么你对社会就有一定的价值，最终你必定会流向与你匹配的城市，做着与你匹配的岗位和工作，拥有与你相匹配的权利和财富。

数字经济

第三章

数 字 与 产 业

　　2020年6月，国家信息中心信息化和产业发展部与京东数字科技研究院在京联袂发布《携手跨越重塑增长——中国产业数字化报告2020》，该报告首次专业阐释"产业数字化"。报告认为，产业数字化是指在新一代数字科技支撑和引领下，以数据为关键要素，以价值释放为核心，以数据赋能为主线，对产业链上下游的全要素数字化升级、转型和再造的过程。

数字 经济

随着数字技术的不断发展和广泛使用，带来整个经济环境和经济活动的根本变化。这种变化代表着经济新的生命力，代表着信息技术给人类生活带来的新福祉，同时也代表着人类文明不可逆转的前进潮流。

在这一历史潮流之下，顺之者昌，逆之者亡。昌者知其缘何而昌，亡者却不知道谁使其亡。正如马云在互联网大会上的发言："这是一个摧毁你却与你无关的时代；这是一个跨界打劫你，你却无力反击的时代；这是一个你醒来太慢，干脆就不用醒来的时代；这是一个不是对手比你强，而是你根本连对手是谁都不知道的时代。在这个大跨界的时代，告诫你唯有不断学习。"

在这样一个时代，任何产业都将数字化，无一例外。同时，数字又会产业化，形成一个全新的业态。这就是专家学者们总结的"产业数字化、数字产业化"。

3.1 产业数字化

我们对产业这个概念，有不同的理解。通常是指生产物质产品的集合体，包括农业、工业、交通运输业等，一般不包括商业。有时又专指工业，如产业革命。有时泛指一切生产物质产品和提供劳务活动的集合体，包括农业、工业、交通运输业、邮电通讯业、商业饮食服务业、文教卫生业等部门。

产业是指由利益相互联系的、具有不同分工的、由各个相关行业所组成的业态总称，尽管它们的经营方式、经营形态、企业模式和流通环节有所不同，但是，它们的经营对象和经营范围是围绕着共同产品而展开的，并且可以在构成业态的各个行业内部完成各自的循环。

第二次世界大战以后，西方国家大多采用了三次产业分类法。在中国，产业的划分是：第一产业为农业，包括农、林、牧、渔各业；第二产业为工业，包括采掘、制造、自来水、电力、蒸汽、热水、煤气和建筑各业；第三产业比较繁杂，包括流通和服务两部分共 4 个层次：①流通部门，包括交通运输、邮电通讯、商业、饮食、物资供销和仓储等业。②为生产和生活服务的部门，包括金融、保险、地质普查、房地产、公用事业、居民服务、旅游、咨询信息服务和各类技术服务等业。③为提高科学文化水平和居民素质服务的部门，包括教育、文化、广播、电视、科学研究、卫生、体育和社会福利等业。④为社会公共需要服务的部门，包括国家机关、政党机关、社会团体以及军队和警察等。对第三产业的 4 个层次，本书主要论述前两个部分，后两个部分会在关于数字政府与数字社会的论著中进行论述。

3.1.1 产业数字化的内涵与意义

2020 年 6 月，国家信息中心信息化和产业发展部与京东数字科技研究院在京联袂发布《携手跨越重塑增长——中国产业数字化报告 2020》，该报告首次专业阐释"产业数字化"。报告认为，产业数字化是指在新一代数字科技支撑和引领下，以数据为关键要素，以价值释放为核心，以数据赋能为主线，对产业链上下游的全要素数字化升级、转型和再造的过程。

关于产业数字化的内涵主要包括以下五个方面，一是以数字科技变革生产工具；二是以数据资源为关键生产要素；三是以数字内容重构产品结构；四是以信息网络为市场配置纽带；五是以服务平台为产业生态载体；六是以数字善治为发展机制条件。

关于产业数字化的现实意义，主要有以下几点：

（1）从微观来看，数字化助力传统企业蝶变，再造企业质量效率新优势。传统企业迫切需要新的增长机会与发展模式；快速迭代及进阶的数字科技为传统企业转型升级带来新希望；传统产业成为数字科技应用创新的重要场景。

（2）从中观来看，数字化促进产业提质增效，重塑产业分工协作新格局。提升产品生产制造过程的自动化和智能化水平；降低产品研发和制造成本，实现精准化营销、个性化服务；重塑产业流程和决策机制。

（3）从宏观来看，孕育新业态新模式，加速新旧动能转换新引擎。数字科技广泛应用和消费需求变革催生出共享经济、平台经济等新业态新模式；促进形成新一代信息技术、高端装备、机器人等新兴产业，加速数字产业化形成。

当前，企业在产业数字化进程中面临许多问题，一是自身数字转型能力不够导致"不会转"；二是数字化改造成本偏高、而自身资金储备不足造成"不能转"；三是企业数字化人才储备不足致使"不敢转"；四是企业数字化转型战略不清，决策层"不善转"；五是企业多层组织模式不灵，中层领导"不愿转"。

3.1.2 产业数字化的着力点

根据现实情况，要推进产业数字化，重点要在以下几个方面进行努力。

（1）数据要素驱动——数据资源成为现代企业价值创造的生命线及数字科技发力的新引擎，基于数据要素驱动精准触达客户需求、数据要素加速催生全新商业模式。越来越多国家或企业寄希望于通过数字化实现能力提升或弯道超车。

（2）科技平台支撑——平台模式是数字化转型和落地的主要实现方式，在产业数字化进程中发挥着产业要素资源连接器、企业由自转向共转加速器、新型虚拟组织形式孵化器的积极作用，是产业数字化转型的"工具箱"。

（3）品牌价值赋能——品牌价值作为企业的一种隐性资产在终端消费者引流方面有着独特价值作用。通过加速推动品牌价值线上线下转移融合，利用不断更新换代的数字科技让传统产业品牌价值释放新能量、新价值，将品牌价值赋能打造成为产业数字化转型的新"亮点"。

（4）生态融合共生——融合是产业数字化的核心本质，未来产业数字化推进未来将更多依托生态共建形式落地。传统企业与数字科技企业加速跨界融合实现共生共赢，探索构建线上线下融合共生的，以自由流动的数据资源为基础，以数字科技族群为连接，以多元数字科技平台为依托，以共同价值主张为导向的全新产业生态体系。

（5）政府精准施策——政府精准施策是破解当前企业数字化转型能力不足、转型改造成本高、数字化人才储备不足等问题的助推力。政府通过创新数字化发展政策环境为产业数字化营造良好环境；搭建线上线下于一体的新型撮合平台为企业数字化转型提供全天候无忧撮合服务；精准把脉产业数字化转型痛点为企业数字化转型提供精准靶向政策措施。

3.1.3 产业数字化的发展趋势

根据专家们的研究总结，产业数字化呈现以下发展趋势。

（1）数字科技赋能产业数字化转型提档加速。形成数字科技新生态体系驱动产业数字化转型升级加速；数字科技成为传统实体经济与数字化虚拟经济的重要"连接器"，数字化基础较好的传统产业由原来小范围探索阶段步入规模化应用阶段，数字化基础较薄弱的传统产业将利用数字科技重塑产业格局实现弯道超车。

（2）产业价值创造突出终端消费者需求导向。终端消费者正在由商业价值链的 C 端向"C 位"转变，拥有较高数字技能与素养的数字化消费者广泛参与到研发、设计、生产、销售等各个环节并成为连接产业链诸多环节的关键"结点"，在商品生产创新及商业模式变革中的话语权不断增强。

（3）产业组织关系从线性竞争向生态共赢转变。以用户价值为出发点建立合作关系而形成的数字化生态及平台取代企业成为未来产业生产的基本单位；要素资源流动自由化，产业分工精细化、协同化和平台化，最终实现向生态共赢关系的转变。

（4）场景化应用引领产业数字化发展新方向。未来场景化应用将呈现出标志化、深度化等特点。"标志化"场景定制成为产业数字化加速落地的"试验器"；"深度化"场景应用是引领产业数字化发展的"助推器"。

（5）共建共享共生成为产业数字化转型关键。产业数字化转型是一项以"融合共赢"为关键的耐力赛，只有通过共建共享共生构建起广泛联盟、合作共赢的跨界多边融合生态模式，才能真正实现产业数字化成功转型。其中，传统产业是转型的主力基础，以"信息化、SaaS 化、移动化、AI 化"为主要特征的数字化企业服务是转型的技术动力。

3.1.4 产业数字化上升为"国家行动"

2018 年 8 月 23 日，国家主席习近平向首届中国国际智能产业博览会致贺信。习近平指出，我们正处在新一轮科技革命和产业变革蓄势待发的时期，以互联网、大数据、人工智能为代表的新一代信息技术日新月异。促进数字经济和实体经济融合发展，加快新旧发展动能接续转换，打造新产业新业态，是各国面临的共同任务。

习近平强调，中国高度重视创新驱动发展，坚定贯彻新发展理念，加快推进数字产业化、产业数字化，努力推动高质量发展、创造高品质生活。中国愿积极参与数字经济国际合作，同各国携手推动数字经济健康发展，为世界经济增长培育新动力、开辟新空间。

2020 年 4 月，国家发展改革委、中央网信办印发《关于推进"上云用数赋智"行动 培育新经济发展实施方案》的通知。要求各地发展改革、网信部门要高度重视，国家数字经济创新发展试验区要积极行动，大胆探索，结合推进疫情防控和经济社会发展工作，拿出硬招、实招、新招，积极推进传统产业数字化转型，培育以数字经济为代表的新经济发展，及时总结和宣传推广一批好经验好做法；后续，国家发展改革委将进一步联合相关部门，统筹组织实施试点示范、专项工程等工作。

3.2 数字产业化

数字产业是指以信息为加工对象，以数字技术为加工手段，以意识（广义的意识概念）产品为成果的公共产业。

CUDI 国际城市发展研究院院长、学者王超提出：在我们现代社会中以及在研究数字城市过程中，数字化对产业的影响和逐步市场化，其对社会生产的影响，是人类社会生产前期任何一种生产形态都无法比拟。他指出，网络经济产业、通讯产业、卫星产业等都该属于数字产业范畴。根据对"克拉克大分类法"，第一产业为农业；第二产业为工业；第三产业是除第一、二产业外的所有其他产业。而数字产业是所有产业的延伸，将是第四产业。

第四产业是一种新的产业分类法中的一个产业层次，是人类产业经济的第四次分类。这是根据马克思主义关于"生产力决定生产关系"的基本原理以及劳动对象的非物质变化，理论结合实际，进行的一次新的探索。作为第四产业的数字产业涵盖知识信息产业、通讯产业、网络产业、航空卫星产业以及文化产业的部分市场化数字技术应用产业，还包括教育、文化、广电、卫生（疾控）、体育、民政（残疾、福利、慈善）、环保、国防、司法、治安、社会保障、计生、宗教及民族事务等具有社会公共性的数字化管理应用并具有市场特性的产业。

本书所说的数字产业，主要是指信息产业、通讯产业、网络产业、航空卫星产业以及文化产业的部分市场化数字技术应用产业。

3.2.1 数字产业化的含义

二进位数和数字电脑的发明把信息由原始简单的手工记账演算，发展到大量的资讯材料的收集记录、内容的分析发挥、形象图形的推测解读，成为一种复杂的工具及资产。由此而形成的信息，已继能源和自然材料之后成为人类第三大资源，而这种工具及资产因其具有独特的性能，本身技术的范畴及其相应的管理及应用的方式，形成独具一格的产业化的信息资源。

因特网的兴起和发展推动了数字产业化。数据的处理自因特网兴起后，大量的数据从区域网（LAN）拓展到广域网（WAN），再经过网络，把世界大部分的电脑联结起来，而由各种特定需求及不同管理而产生的网络公司、信息服务公司、信息经贸公司与信息技术公司等也因此应运而生，逐渐形成了今天的数字产业化。

数字产业化的内涵十分丰富，主要包括：数字产品制造业、软件和系统集成业、电信运营业、信息服务业等全产业链向规模化发展。

简而言之，数字产业化是指在数字化过程中，将数字产品的制造、开发及服务等发展成为一个规模化的相对独立的行业——数字产业，这一过程称作数字产业化。

3.2.2 数字产业化的意义

信息技术和网络技术的飞速发展为数字产业化进程提供了重要的技术基础,并催生了一个新兴产业,即数字产业。该产业对社会的政治、经济、文化、教育和娱乐等各个方面的发展都产生重要的影响,并将成为未来一个时期最具发展潜力的产业之一。它的重要意义如下:

(1)发达的数字产业将显著提升人们的生活质量。数字产业在信息管理安全、网络家庭银行、交互式家庭采购、网络游戏、交互式数字电视以及交互式远距离学习等各个方面的发展必定为人们提供安全的、富裕的、愉快的和方便的生活。

(2)数字产业成为新的经济增长点和国际竞争的热点。数字产业有着巨大的市场潜力和较快的增长速度,从各项统计数据来看,世界市场上数字产业的增长保持了33%以上的增长率。数字产业具备发展知识经济与数字经济的双重意义,是促进传统产业升级转型为高附加值产业,并提升一个国家的整体产业竞争力的重要的基础。据统计,数字产业对GDP增长具有巨大的带动作用,每1个单位数字产业的直接收入将带来两个单位的媒体及出版业收入的直接贡献,4个单位的IT业收入的直接贡献,7个单位通信业收入的直接贡献。

(3)数字产业是拉动相关产业的引擎。数字产业的广泛应用,必将会引导从信息制造业到信息服务业、从生物技术到新材料再到光机电领域的发展,数字成为技术进步的一种市场推动力量。产品的信息化和数字化为嵌入式信息产品提供了巨大的市场成长空间,从大众消费市场的移动设备、手持终端和信息家电,到产业市场的通信设备、工业自动化设备、智能化仪器仪表,几乎涵盖每一个工业和服务业领域,产品从系统信息内容、支撑信息内容到各种应用信息内容。内容产业具有衍生性,围绕内容创意,可以衍生大量的产品和服务,形成了由内容向服装、玩具、餐饮、旅游、软件以及装潢、音乐、出版市场的辐射,在带动许多产业的发展的同时,也带来了大量的就业机会,信息内容产业的产值将会在整个国民经济中发挥重要的作用。

（4）大力发展数字产业有利于弘扬和保护民族文化。信息时代，文化内容以数字信息和数字通讯技术为载体，并迅速成为一个高速增长的产业，推动了文化内容产业的崛起和发展，引领着当代文化产业发展的新趋势。这种内容产业以创意为动力，将各种"文化资源"与最新数字技术相结合，融会重铸，建立了新的生产和消费方式，产生了新的产业群落，培育出新的消费人群。随着中国信息化程度的不断提高，网络技术和基础设施的逐步加强，网民数量也激增，如果把中华民族优秀文化组织上网，制作成多媒体，把文化内容和精髓渗透到动画、游戏等数字产品中，既符合现代传媒方式，又能够以人们喜闻乐见的方式传播文化。值得深思的问题是，风靡日本并被广泛推向全球的由日本 KOEI 公司开发的游戏《三国志》是取材于中国文化的，为美国迪斯尼公司创造不菲收入的动画《花木兰》同样来自中国的传统文化。因此我们必须加速数字产业的发展，找到自己的文化发展之路，保护民族文化。

（5）数字产业的发展将促进知识的传播和教育的开放，消除数字鸿沟。将数字内容应用在教育上，其运作模式类似于远程教育，能够推动知识的传播。实际应用的一个典型的例子就是"开放式课程计划"（OO PS, Open sou rce Opencou rsew areP ro to type System）。其目的是开放并分享知识与文化，让更多的使用者能够通过不同的学习方式接触到一些宝贵的知识，同时刺激国内高等教育的质变，并促成校际及国家级的 MI 合作计划，在更大更广的范围内营造良好的学习和交流氛围。

（6）数字产业影响现代娱乐方式和内容，而娱乐数字产业将引领数字产业的发展。日本针对年龄约 20 岁左右的年轻人做了一次普查："除了上课外，其他时间都在做什么？"结果发现 80% 的年轻人都在从事四项活动：一是看电视，因为节目越来越好看；二是下载 MP3 听音乐；三是玩游戏；四是流连于"聊天室"或打 Online Game。可见融入信息技术的动画、游戏等已经成为主流娱乐方式，也最容易被广大年轻人接受。由于很多爱看电视、玩线上游戏的年轻人逐渐成为社会消费的主流，而且他们的这些主要娱乐活动好像不花钱或者花费很少，那么整个工业产品的消费会大幅度下降。显然，新的时代，不是以消费工业品为主，而是以消费"数字内容"为主。因此，动画、游戏等娱乐数字产业有巨大的市场需求,是最容易市场化的领域,也是启动数字产业最好的方式。并且,可以预见随着中国经济的不断发展,消费结构在未来几十年里将不断升级,市场对于动画、游戏等娱乐数字产业的需求必将迅速增加。

3.2.3 数字产业化的趋势和前景

数字产业已经成为各大产业中发展最快、最具前景的产业,许多国家如英国、加拿大、日本、韩国、部分欧洲国家、澳大利亚等都由政府出面规划了相关产业发展战略,可见数字产业将呈现爆发增长的趋势,具有广阔的发展前景。

(1)从数字产业的产业结构来看,数字内容产品之间的差别将会逐渐减小,产业融合化趋势越来越明显。基于动画特别是3D、4D的各类互动式数字内容产品将会成为数字内容产品的主流。游戏、动画、数字教育、网络内容、电信增值等产业界限将会越来越模糊。标准的单元式产品将不断被开发出来,数字内容产品将会向模块化、集成化、智能化方向发展。

(2)从数字产业的竞争格局来看,跨国公司日益加快了本地化步伐,这一战略的实施给一直将本地化作为固有核心竞争力的国内企业带来了严峻的挑战。围绕技术、资金、人才、管理等要素的争夺将日益激烈。产业之间的渗透融合更加迅速。在不同的数字产业领域内,产业融合以不同的方式演进,最终将促成整个数字产业结构的合理化,并构架出融合型的产业新体系。

(3)从数字产业的技术发展来看,创新成为数字产业发展的竞争焦点。数字产业的高速发展,正体现了这种产业的高度创新性。数字产业的高度创新需要大量的知识储备和智力投入,依赖于大量高水平的、创造性的人才。中国在"十一五"中长期发展规划已明确将数字产业列为重点发展方向。中国政府正在从信息化建设以及信息资源开发利用的整体出发,根据中国的发展现状,不断完善管理体制,创造发展环境,重视新型创新人才的培养,从而推动数字产业化,扶持数字产业,提升国际竞争力。

3.2.4 中国数字产业化稳步增长

据2020年7月中国信通院发布《中国数字经济发展白皮书(2020)》显示,近年来,我国数字经济规模不断扩张、2019年再上新台阶。中国数字经济增加值规模已由 2005 年的 2.6 万亿元,扩张到 2019 年的 35.8 万亿元,数字经济占 GDP 比重已提升到 36.2%,在国民经济中的地位进一步凸显。

从数字产业化规模来看,近年来,我国数字产业化总体实现稳步增长。数据显示,2019 年,数字产业化增加值规模达 7.1 万亿元,占 GDP 比重 7.2%,同比

2014—2019年中国数字经济总体规模情况（万亿元）

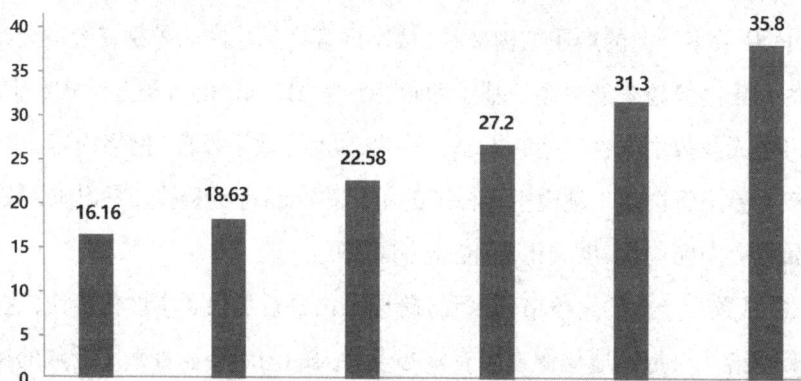

3-1：中国数字经济总体规模

2014—2019年中国数字经济产业化规模情况

■ 数字产业化规模（万亿元）

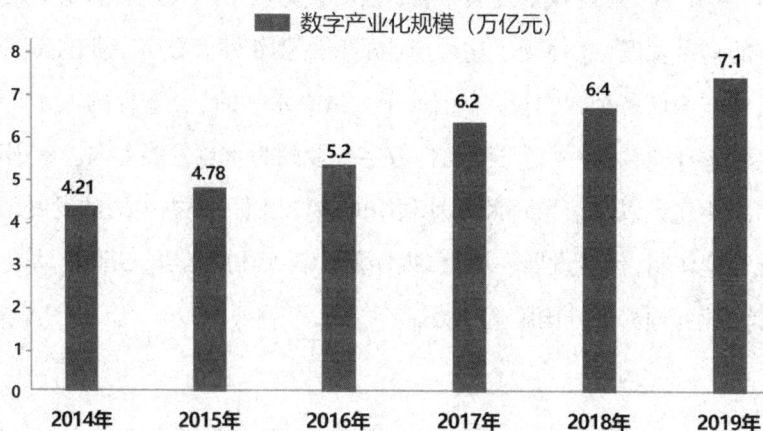

3-2：中国数字产业化规模

数字产业化内部结构

3-3：中国数字产业内部结构

增长 11.1%。从结构上看，数字产业结构持续软化，软件产业和互联网行业占比持续小幅提升，分别较上年增长 2.15 和 0.79 个百分点，电信业、电子信息制造业占比小幅回落。

3.2.5 中国主要数字企业

据 2019 年 10 月福布斯发布的全球数字经济 100 强（Digital（100）榜单。中国 14 家数字企业上榜。该榜单研究了这些企业截至 2019 年 9 月 27 日的销售额、利润、资产以及市值。

榜单显示，苹果位列全球第一，微软全球第二，中国上榜企业数量位列第二。14 家上榜中国企业中，中国移动有限公司排名最高，排名第 8 位。阿里巴巴和腾讯分列第 10 位和第 14 位。

此外，上榜的中国企业还有台积电、鸿海精密、中国电信股份有限公司、中国联合网络通信（香港）股份有限公司、京东、百度、小米集团、中国铁塔股份有限公司、联想控股、联想集团和网易。美国企业有 38 家上榜，数量最多，且在前 10 名中占据了 8 位，其中苹果位居榜首。亚洲方面，日本有 13 家企业上榜，居亚洲次席。

值得注意的是，在上榜的 14 家企业中，有 8 家企业当前或最近的掌舵人同时跻身 2019 福布斯全球亿万富豪榜，包括：马云（阿里巴巴集团）、马化腾（腾讯控股）、张忠谋（台积电）、郭台铭（鸿海精密）、刘强东（京东）、李彦宏（百度）、雷军（小米集团）和丁磊（网易）。

排名	英文名	公司名	国家和地区	分类
8	China MObile LInited	中国移动有限公司	中国香港	电信服务
10	Alibaba Group	阿里巴巴集团	中国大陆	互联网和目录零售
14	Tencent Holdings	腾讯控股	中国大陆	计算机服务
19	Taiwan Semiconductor Manufacturing	台积电	中国台湾	半导体
24	Hon Hai Precision	鸿海精密	中国台湾	电子产品
27	China Telecom	中国电信股份有限公司	中国大陆	电信服务
34	China Unicom	中国联合网络通信（香港）股份有限公司	中国香港	电信服务
44	JD.com	京东	中国大陆	互联网和目录零售
49	Baidu	百度	中国大陆	计算机服务
56	Xiaomi	小米集团	中国大陆	/
71	China Tower Gorp	中国铁塔股份有限公司	中国大陆	/
88	Legend Holdings	联想控股	中国大陆	计算机硬件
89	Lenovo Group	联想集团	中国香港	计算机硬件
90	NetEase	网易	中国大陆	计算机服务

3-4：全球数字企业排名中的中国企业

3.3 数字与产业的深度融合

当前，中国的数字与产业是相互交织、相互拉动、相互促进的关系。下面主要从三个方面进行论述。

3.3.1 数字化渗透到产业的各个角落

伴随着数字技术的推广、运用和普及，数字化已经以加速度渗透到各个产业，已经以席卷之势覆盖到每个产业的各个角落。这一点，从地摊经济的数字化可见一斑。

地摊经济是城市的一种边缘经济，一直是影响市容环境的关键因素，但地摊经济有其独特优势，能在一定程度上缓解就业压力。为此，2020年5月27日，中央文明办明确，在2020年全国文明城市测评指标中不将马路市场、流动商贩列为文明城市测评考核内容。当年6月1日上午，国务院总理李克强在山东烟台考察时表示，地摊经济、小店经济是就业岗位的重要来源，是人间的烟火，和"高大上"一样，是中国的生机。

此后一段时间，全国各地的地摊经济百花齐放。紧接着，令许多人意想不到的情况发生了，那就是，数字化快速渗透到这个不起眼的边缘经济形式当中。人们形象地总结说："摊位还在地上，但经营已经在云上。"利用数字化技术重构"人货场"的新零售，已将地摊经营大部分流程搬到线上。你看到的只是地摊的"形"，其实它的"神"早已是数字化的存在。地摊还是那个地摊，但它的供应、销售以及售后服务等流程都已上云，以数字化的形式运转。

有人说，2020年6月2日是值得纪念的一天，几家电商及零售巨头同时公布了地摊经济计划。微信支付面向平台超5000万小微商家发布"全国小店烟火计划"，在线下线上一体化、福利补贴、商家教育指南、经营保障支持方面输出四大全新数字化政策，助力小微商家。京东发布了"星星之火"地摊经济扶持计划，从保供货、助经营、促就业三方面入手，组织超过500亿的品质货源，为每个小店提供最高10万元无息赊购，全力支持地摊和小店经济。苏宁推出"夜逛合伙人"地摊夜市扶持计划。"当日配"为全国地摊夜市经营者提供1000亿元本地化直供优质货源，全国苏宁家乐福、苏宁小店开放10000个冷柜仓储服务，夜市摊主可申请3公里范围内免费冷链仓储服务；推出20亿元夜市启动资金低息扶持计划，为地摊夜市经营者提供资金支持。

更早的几天，阿里巴巴在5月29日发布了地摊经济扶持计划。将在1688网站推出"地摊批发专区"，提供超过700亿元免息赊购，通过源头好货、数据智能、金融扶持、客户保障四个维度赋能，为超过3000万名"摊主"提供全方位的进货和经营支持。相对于电商平台，专注本地生活的平台对下沉市场的嗅觉更为敏锐。早在 5 月 26 日，美团就已宣布启动"春风行动"百万小店计划，采取线上化运营、优惠贷款、安心消费、供应链服务、针对性培训等六大举措，助力小店活下去并且活得更好。

在巨头的带动下，更多领域平台企业的地摊支持计划正在路上。但不管哪家企业，其计划内容中都涉及数据运营、资金支持、经营保障等数字化运营的相关举措。

融入数字化技术的地摊运营模式，正在成为新趋势。一方面，现在的地摊需要更简单、快捷、低成本的经营方式；另一方面，如今的云计算、大数据等数字化技术足以触达地摊运营。不管大摊位还是小摊位，只要涉及消费互联网，凭借多年积累的经验与持续创新的技术，就是再复杂的消费场景，平台们也能拿出相应的解决方案，对其升级、改造并实现赋能。

所以，各大平台支持地摊经济只是表面，本质上是数字化技术正在改造地摊经营。在供应链方面，摊主已无须再去小商品市场进货，只要在阿里、京东、苏宁等平台下单，很快就能收到你想出摊售卖的商品。在交易与支付方面，以前逛地摊可能都要带一些零钱，现在逛地摊只需带一部手机，几乎清一色都使用微信与支付宝收款。在管理方面，原来面向店铺业务员同样可以服务地摊。

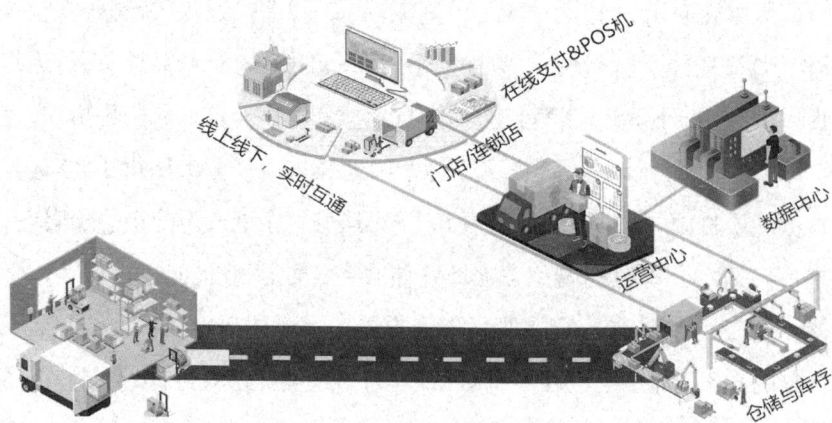

3-5：地摊经济数字化示意图

移动 POS 机依然可以扫码, 每个摊主都可以用店铺管理 App 经营, 记账、库存等的管理, 无须再用纸笔记录。

有专家学者说, 地摊经济 + 私域流量 + 社群经营 + 知识付费 + 网红孵化 + 直播带货, 如果多项组合的模式足够稳定, 体量达到上千摊位与成百社群, 便足以催生一个市值几亿以上的企业。而这一切商业构想都基于数字化驱动。没有没有数字化与地摊经济的融合, 闭环能力就要差很多。

3.3.2 产业化促使数字产品爆发

数字技术和产品不断发展, 进而规模化、产业化, 会反过来拉动数字技术和产品的不断升级和爆发式增长。比如, 京东数字科技致力于以人工智能、大数据、区块链等时代前沿技术为基础, 开发多种产品为企业创造更大的价值。在他们的产品中心, 各类数字产品让人目不暇接。关于金融的, 有数字银行、互联网银行解决方案、移动银行解决方案、开放银行解决方案、智能营销解决方案、银行智能风控解决方案、智慧决策解决方案、银行数据中台解决方案等等; 关于证券的, 有移动证券解决方案、证券数据中台解决方案、投资交易管理解决方案、证券智能风控解决方案、信用分析解决方案、固收智能交易解决方案等等; 关于农业的, 有数字水产解决方案、数字养牛解决方案、数字养猪解决方案、智能四季温室解决方案、循环农业生态聚落解决方案等等; 关于 AI 科技, 有可穿戴 AI 仿生手、挂轨式巡检 AI 机器人、室内运送 AI 机器人、商服 AI 机器人、机房巡检 AI 机器人等等; 关于区块链, 有区块链电子化签署方案, 全流程存证; 关于虚拟数字人, 可以定制人脸识别、人体识别、语音识别、语音合成、人脸门禁、人脸闸机等, 为企业或个人提供更安全、更便捷的科技体验。

这一切, 利益于市场化、规模化、产业化。

正因为如此, 不少专家学者提出, 把数字产业作为第四产业独立出来。原因如下:

首先, 从产业结构合理化的角度来看: 产业结构从来都不是一成不变的, 一次、二次、三次产业的形成与发展正是伴随着经济的发展而逐步被人们认识和确立的。所以我们必须以动态的、发展的观点来研究产业结构问题。产业结构的合理化是一定历史条件和一定经济发展阶段的合理化, 同时又是将产业结构不断推向更高级阶段的合理化。在现代经济生活越来越复杂、经济活动节奏越来越快速的情况下, 试图保持一种永恒不变的产业分类法是不明智的。因而, 我们应该有勇气冲破三次产业分类法的束缚, 将数字产业这样一个新兴产业作为第四产业, 然后在理论的指导下, 从实践上给予高度重视, 制定出正确的产业结构政策, 将已有产业结构推向具有更高经济效益的产业结构。

其次, 从数字产业与传统产业的比较来看: (1)数字产业与第一、二次产业的区别第一、二产业同属于物质资料再生产过程, 而数字产业的性质和特点则超过了物质资料生产总过程的总和, 无论将数字产业归入哪类, 都不符合类属特征。(2)数字产业与其他服务产业的区别虽然从某种意义上说, 数字产业也是一种服务业, 但是毕竟数字产业这种知识性服务与一般的服务还是有许多不同之处的。正是这些不同之处, 奠定了数字产业从服务业分化出来形成一个独立产业的基础。数字产业与其他服务产业的区别主要表现: 第一, 劳动工具不同。服务劳动工具主要是各种有形的工具, 数字劳动使用的主要是大脑及大脑器官的延伸物——数字处理工具。第二, 劳动形式不同。服务劳动主要是体力劳动, 数字劳动主要是脑力劳动。第三, 劳动对象不同。服务劳动对象主要是人和环境, 数字劳动对象主要是各类数字。第四, 劳动产品形态不同。服务劳动产品主要是人的生理性变化与环境变化, 数字劳动产品是依附于各种载体上的数字。第五, 劳动产品的效用不同。服务劳动产品主要用来满足人们的生理需要, 数字劳动产品主要用来满足人们的精神需要。

另外, 我们还可以从产业的市场范围和就业人员的素质来看数字产业与其他服务产业的区别: 从产业的市场范围来看, 数字产品和数字服务在空间上的扩张渗透力极强, 具有全球范围的市场潜力, 而其他服务产业的产品和服务受地域限制比较大。从就业人员素质来看, 数字产业要求素质高、知识面宽的员工, 是智力密集型产业, 而其他服务产业对从业人员的要求不高, 是劳动密集型产业。综上所述, 数字产业确实是与第一、二、三产业不同的独立的第四产业。

3.3.3 产业数字化与数字产业化的交叉融合

习近平总书记强调，要抓住产业数字化、数字产业化赋予的机遇。数字技术就是面向未来的技术，数字经济是未来发展的一大趋势。当前，我们已经进入数字基础设施的集中建设期。网络化、数字化、智能化将成为未来经济发展的重要方向，基于新型数字基础设施，我们需要以未来的技术与理念来思考我们国家的产业升级模式与经济增长模式。

数字化形态将成为人与人、人与物、物与物交互的主要形态，这是我们思考未来产业形态的起点。今天，智能手机的消费互联网成就了"手机上的中国"。数字技术作为"通用目的技术"，对传统物理基础设施改造具有显著的渗透作用；数字技术为传统基础设施赋能，形成未来发展的融合基础设施。不仅如此，3D 打印、智能机器人、AR 眼镜、自动驾驶等即将广泛应用的硬核科技，也会让数字基础设施延伸到整个物理世界，延伸到城市、工厂和农村，推动形成产业数字化与数字产业化的双螺旋。

产业数字化与数字产业化不是两个平行的进程，而是会彼此叠加、相互促进，其中的关键是形成工业互联网。工业互联网的本质是以数据作为驱动，利用数据进行信息交换与传递、利用数据洞察生产与商业的运行规律、利用数据驱动全价值链和全要素的网络化协同，产生新价值、新模式、新业态与新产业。比如，实时把消费者需求传递给生产侧，消费者的反馈成为研发工程师开发下一代产品的重要输入；又如，利用数据、算力、算法与模型，对物理世界发生的行为进行描述、分析、诊断、决策，以最低的试错风险与成本，指导物理世界的生产运营活动；再如，生产企业可以改变售卖产品的单一模式，延伸为管理服务商，为用户带来卓越的服务体验，等等。

产业数字化与数字产业化的大交叉、大融合与大协同，技术、科学、产业、区域经济、社会间的高度交叉与融合，将涌现出更多的新模式、新业态、新现象与新的价值创造方式。产业数字化与数字产业化的双螺旋将呈现出很多新特点：普惠化，工业数字技术的成本将大幅下降，中小制造企业将真正享受到与大企业一样的数字红利；智能化，"数据＋算力＋算法"形成的智能决策将渗透到企业运行的方方面面，对企业管理进行系统性优化；分布化，每一个带有明显产业集群效应的区域，都会自成生态；去边界化，万物互联、万物上云将推动连接的

泛在化,极大拓展新价值网络的边界与规模。

互联网自诞生以来的发展历程说明,连接本身就会创造价值。随着整个社会数字化进程的加快,互联网连接的广度与深度都将大大延展,并将打开巨大的价值创造空间。产业数字化和数字产业化,将为中国经济插上转型升级的翅膀,不断激发高质量发展的新动能。

3.4 数字经济的新特征

正是由于产业数字化与数字产业化的大交叉、大融合与大协同,数字经济在特殊经济规律的作用下,形成以下的新的主要特征。

(1)快捷性。首先,互联网突破了传统的国家、地区界限,被网络连为一体,使整个世界紧密联系起来,把地球变成为一个"村落"。其次,突破了时间的约束,使人们的信息传输、经济往来可以在更小的时间跨度上进行。再次,数字经济是一种速度型经济。现代信息网络可用光速传输信息,数字经济以接近于实时的速度收集、处理和应用信息,节奏大大加快了。

(2)高渗透性。迅速发展的信息技术、网络技术,具有极高的渗透性功能,使得信息服务业迅速地向第一、第二产业扩张,使三大产业之间的界限模糊,出现了第一、第二和第三产业相互融合的趋势。

(3)自我膨胀性。数字经济的价值等于网络节点数的平方,这说明网络产生和带来的效益将随着网络用户的增加而呈指数形式增长。在数字经济中,由于人们的心理反应和行为惯性,在一定条件下,优势或劣势一旦出现并达到一定程度,就会导致不断加剧而自行强化,出现"强者更强,弱者更弱"的"赢家通吃"的垄断局面。

(4)边际效益递增性。主要表现为:一是数字经济边际成本递减;二是数字经济具有累积增值性。

(5)外部经济性。网络的外部性是指,每个用户从使用某产品中得到的效用与用户的总数量有关。用户人数越多,每个用户得到的效用就越高。

（6）可持续性。数字经济在很大程度上能有效杜绝传统工业生产对有形资源、能源的过度消耗,造成环境污染、生态恶化等危害,实现了社会经济的可持续发展

（7）直接性。由于网络的发展,经济组织结构趋向扁平化,处于网络端点的生产者与消费者可直接联系,而降低了传统的中间商层次存在的必要性,从而显著降低了交易成本,提高了经济效益。

数字经济

·第四章·

农业数字化

数字农业是指将遥感、地理信息系统、全球定位系统、计算机技术、通讯和网络技术、自动化技术等高新技术与地理学、农学、生态学、植物生理学、土壤学等基础学科有机地结合起来，实现在农业生产过程中对农作物、土壤从宏观到微观的实时监测，以实现对农作物生长、发育状况、病虫害、水肥状况以及相应的环境进行定期信息获取，生成动态空间信息系统，对农业生产中的现象、过程进行模拟，达到合理利用农业资源，降低生产成本，改善生态环境，提高农作物产品和质量的目的。

数字 经济

中国的农业是如何创始的呢？据《拾遗记》记载：一只鸟儿衔着一枝谷穗飞在天空，掠过神农氏的头顶时谷穗掉在地上，神农氏把它埋在土壤里，后来竟长出一片谷子。于是，他教人砍倒树木，割掉野草，开垦土地，种起了谷子。神农氏从这里得到启发：对诸多草木一样一样地尝，一样一样地试种，最后从中筛选出稻、黍、稷、麦、菽，合称"五谷"，所以后人尊他为"五谷爷"。

如果说，是神农氏创始了农业，那么今天的数字技术将彻底改造农业。

在内蒙古兴安盟，大面积的良田，盛产优质水稻。然而，这里一直是小农模式主导，农民靠天吃饭、自种自收，水稻种植缺乏产业化、规模化和标准化。水稻缺乏品牌，利润微薄，农民只能实现温饱。因此，这里自1988年成为国家级贫困县以来已有30年。2018年9月，阿里巴巴农业团队与内蒙古兴安盟科尔沁右翼中旗政府及当地企业签订合作协议，包销当地4万亩优质水稻，打造全国首个数字农场。在选种方面，基于消费大数据指导，这里不再种植一斤不到2元的普通的国家储备粮，而是发挥地理和气候优势种植每斤4.9元的高端精品粮。在种植方面，引入农业传感器、智能灌溉、植保飞防等农业智能科技，从田间、仓储到加工实现数字化管理，提高生产效率、确保产品品质。农民不用跑到田间地头查看，就知道要不要灌水、要不要除草、要不要进行病虫害防治。在防虫害方面，引入无人机技术，以前一亩地打农药需要半天，现在无人机打农药5—10分钟，成本只要8—10元钱，杜绝漏洒和重复喷洒。在销售方面，由阿里调动全渠道资源对兴安盟大米直供直销，当年通过网络平台售出200多万斤。除此，物流配套、仓储、加工等环节均实现数字化。2019年，内蒙古兴安盟科右中旗正式摘帽脱贫。

至此，我们对传统农业和数字农业都已经有了具体认识。下面，我们将对数字农业进行多角度的理论探讨。

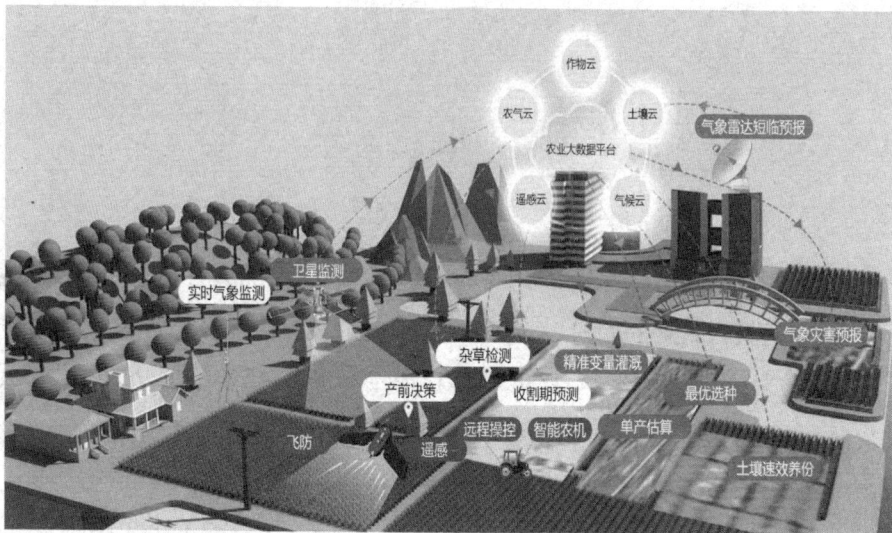

4-1：数字农业示意图

4.1 什么是数字农业

1997 年由美国科学院、工程院两院士正式提出数字农业这一概念。主要是指在地学空间和信息技术支撑下的集约化和信息化的农业技术。

有人把数字农业与互联网农业混为一谈。其实，互联网农业主要解决的农产品销售通路问题，只是数字农业的一个方面。

数字农业是指将遥感、地理信息系统、全球定位系统、计算机技术、通讯和网络技术、自动化技术等高新技术与地理学、农学、生态学、植物生理学、土壤学等基础学科有机地结合起来，实现在农业生产过程中对农作物、土壤从宏观到微观的实时监测，以实现对农作物生长、发育状况、病虫害、水肥状况以及相应的环境进行定期信息获取，生成动态空间信息系统，对农业生产中的现象、过程进行模拟，达到合理利用农业资源，降低生产成本，改善生态环境，提高农作物产品和质量的目的。

为了方便理解和记忆，本人还是用一句话概括数字农业，那就是，农业产业链的各个环节与各种数字技术的融合发展，形成的一种新型、高效的农业形态。传统农业向数字农业的转型发展，就叫农业数字化。农业数字化讲的是过程，数字农业讲的是结果。

数字农业是将信息作为农业生产要素，用现代信息技术对农业对象、环境和全过程进行可视化表达、数字化设计、信息化管理的现代农业。农业数字化使信息技术与农业各个环节实现有效融合，对改造传统农业、转变农业生产方式具有重要意义。

4.2 农业数字化的进程与特点

从全球角度来看，信息技术在农业上的应用发展可分以下几个阶段。

（1）20 世纪五六十年代，农业应用计算机技术的重点在农业数据的科学计算，促进农业科技的定量化；

（2）70 年代，农业应用计算机技术处理农业数据，重点发展农业数据库；

（3）80 年代，以农业知识工程、专家系统的研究为重点；

（4）90 年代，应用网络技术，开展农业信息服务网络的研究与开发；

（5）21 世纪，采用标准化网络新技术，实施三维农业信息服务标准化网络连接新阶段。

当前，发达国家通过计算机网络、遥感技术和地理信息系统技术来获取、处理和传递各类农业信息的应用技术已进入实用化阶段。相对于发达国家，中国数字农业较国外起步较晚，早期发展以政府政策引导和资金支持为主。

作为一种新型的农业形态，我国的数字农业还处于起步阶段。从美国比较成熟的数字农业来看，它呈现出以下主要特点。

（1）高度专业化和规模化

美国农业生产的专业化是多层次的，这主要表现在地区专业化、农场专业化和生产工艺专业化。美国大陆划分为几个主要的作物带，每个作物带中最适合一种作物的生长，如著名的"玉米带""奶牛带"等；绝大多数的农场只生产一种作物，进行大规模种植；而有的农场只生产一种作物的一个品种，或只做一种作物的育种。这样因地制宜、各有所专，达到了专业化与规模化的很好结合，形成了专业化生产、集约化经营、企业化管理现代产业模式。

（2）生产体系十分完善

美国已形成发达的产前、产中、产后紧密衔接的农业生产体系，包括农业生产资料的生产和供应，以及农产品的收获后的储藏、运输、加工和销售等部门。他们分工明确，高效协作，在相关农业法律体系的维护下，农业生产有序而高效。

（3）产学研紧密结合

美国的农业是由私人经营的，但各级政府积极支持农业科学技术的发展，建立了富有特色的"三位一体"的农业教育科研和推广体系，农学院同时承担农业教育、科研和推广三项职能，使教学科研和推广紧密地结合起来，为农业发展提供强大的技术推动力。

4.3 中国数字农业发展里程碑

中国数字农业起步较晚，推进有力。近年来，我国数字农业技术得到快速发展，突破了一批数字农业关键技术，开发一批实用的数字农业技术产品，建立了网络化数字农业技术平台，在农业数字信息标准体系、农业信息采集技术、大比例尺的农业空间信息资源数据库、农作物生长模型、动植物数字化虚拟设计技术、农业问题远程诊断、农业专家系统与决策支持系统、农业远程教育多媒体信息系统、嵌入式手持农业信息技术产品、温室环境智能控制系统、数字化农业宏观监测系统、农业生物信息学方面的研究应用上，取得了重要的阶段性成果、通过不同类型地区应用示范,初步形成了我国数字农业技术框架和数字农业技术体系、应用体系和运行管理体系,促进了我国农业信息化和农业现代化进程。

以下标志性事件,可以看作是中国农业数字化的里程碑。

1990年,国家科技部推出"863"计划,支持计算机研究"农业智能应用系统",包括"鱼病防治、苹果生产管理专家系统"在内的5个专家项目研究平台,研发了200多个实用专家系统,并在全国22个示范区应用。

1998年"七五"期间,国家领导人在中国科学院和中国工程院院士大会上提出了发展"数字中国"的战略。随后,"数字农业""数字城市""数字水利"等的探索与研究在中国全面展开。

2003年国家"863"计划将"大规模现代化农业数字化技术应用研究与开发"列为重大科技专项进行研究,并取得阶段性成果。

从2013年开始,农业部在天津、上海、安徽三省市率先开展了物联网区域试验工程,对采集农业实时数据和物联网应用方面进行了探索。

2015年,随着大数据的战略地位提高,农业大数据也成为新焦点,年底,《农业部关于推进农业农村大数据发展的实施意见》发布,国家为农业+大数据的发展应用指明了方向、重难点。

2017年,农业部正式设立"数字农业"专项,加快中国农业现代化、数字化进程发展。

随着政府对数字农业的支持与引导,中国企业在农业信息采集技术、动植物数字化虚拟设计技术、农业问题远程诊断、嵌入式手持农业信息技术产品、温室环境智能控制系统、数字化农业宏观监测系统等方面的研究应用上,都取得了重要的阶段性成果,通过不同类型地区应用示范,初步形成了中国数字农业技术框架和数字农业技术体系、应用体系和运行管理体系,促进了中国农业信息化和农业现代化进程。

2019年4月20日,《2019全国县域数字农业农村发展水平评价报告》在2019中国农业展望大会上发布。报告显示,2018年全国县域数字农业农村发展总体水平达到33%,其中,农业生产数字化水平达到18.6%。中国农业生产数字化改造虽然快速起步,但和国际发达国家相比,还有很长一段路需要走。

报告从不同的行业分析,中国农作物种植数字化水平为16.2%,设施栽培信息化水平为27.2%,畜禽养殖信息化水平为19.3%,水产养殖信息化水平为15.3%。这些数字技术包括生产环境监测、体征监测、农作物病虫害和动物疫情精准诊断及防控等方面,被率先应用在经济效益较高的行业。

根据华为《联网农场智慧农业市场评估》,到2020年,数字农业的潜在市场规模将由2015年的138亿美元增长至268亿美元,年复合增长率达14.24%。

4.4 中国数字农业发展成效

党的十八大以来,党中央、国务院高度重视数字农业农村建设,作出实施大数据战略和数字乡村战略、大力推进"互联网 +"现代农业等一系列重大部署。各地区、各部门认真贯彻落实,大力推进数字技术在农业农村应用,取得明显成效。

数字技术与农业农村加速融合。产业数字化快速推进,智能感知、智能分析、智能控制等数字技术加快向农业农村渗透,农业农村大数据建设不断深化,市场监测预警体系逐步完善,农产品质量安全追溯、农兽药基础数据、重点农产品市场信息、新型农业经营主体信息直报等平台建成使用,单品种大数据建设全面启动,种业大数据、农技服务大数据建设初见成效。

新产业新业态竞相涌现。农产品电子商务蓬勃发展,2018年全国农产品网络零售额5542亿元,占农产品交易总额的9.8%。基于农产品电商、农业遥感的大数据服务产品不断丰富,数字产业化创新发展。定制农业、创意农业、认养农业、云农场等新业态新模式方兴未艾,乡村分享经济逐步兴起,"互联网 +"农业社会化服务加快推进。2018年农业数字经济占农业增加值的比重达到7.3%。

科技创新能力不断提升。数字农业领域国家工程技术研究中心、农业信息技术和农业遥感学科群、国家智慧农业创新联盟相继建成,智慧农业实验室、数字农业创新中心加快建设,农业物联网、数据科学、人工智能等相关专业在高等院校普遍设立。数字农业标准体系加快建设,农业物联网应用服务、感知数据描述和传感设备基础规范等一批国家和行业标准陆续出台。具有自主知识产权的传感器、无人机、农业机器人等技术研发应用，集成应用卫星遥感、航空遥感、地面物联网的农情信息获取技术日臻成熟，基于北斗自动导航的农机作业监测技术取得重要突破，广泛应用于小麦跨区机收。

设施装备条件明显改善。全国行政村通光纤和通 4G 比例均超过 98%，提前实现国家"十三五"规划纲要目标，贫困村通宽带比例超过 94%。农村每百户有计算机和移动电话分别达到 29.2 台和 246.1 部。农业遥感、导航和通信卫星应用体系初步确立，适合农业观测的高分辨率遥感卫星"高分六号"成功发射。物联网监测设施加速推广，应用于农机深松整地作业面积累计超过 1.5 亿亩。

政策支持体系初步建立。发布"十三五"农业农村信息化发展规划、"互联网+"现代农业三年行动实施方案、农业农村大数据发展实施意见等文件，初步构建了数字农业农村建设的政策体系。实施信息进村入户工程，工程已覆盖 26 个省，全国 1/3 的行政村建立了益农信息社。深入推进数字农业建设试点、农业农村大数据试点、国家物联网应用示范，打造了一批可复制可推广的典型样板。各地结合实际出台了一系列支持政策，积极推动农业生产智能化、网络营销新模式和信息化管理服务。

4.5 中国数字农业的发展机遇与挑战

农业农村数字化是生物体及环境等农业要素、生产经营管理等农业过程及乡村治理的数字化，是一场深刻革命。展望今后一段时期，数字农业农村发展将迎来难得机遇。从国际看，全球新一轮科技革命、产业变革方兴未艾，物联网、智联网、大数据、云计算等新一代信息技术加快应用，深刻改变了生产生活方式，引发经济格局和产业形态深度变革，形成发展数字经济的普遍共识。大数据成为基础性战略资源，新一代人工智能成为创新引擎。世界主要发达国家都将数字农业作为战略重点和优先发展方向，相继出台了"大数据研究和发展计划"、"农业技术战略"和"农业发展4.0框架"等战略，构筑新一轮产业革命新优势。从国内看，党中央、国务院高度重视网络安全和信息化工作，大力推进数字中国建设，实施数字乡村战略，加快5G网络建设进程，为发展数字农业农村提供了有力的政策保障。信息化与新型工业化、城镇化和农业农村现代化同步发展，城乡数字鸿沟加快弥合，数字技术的普惠效应有效释放，为数字农业农村发展提供了强大动力。我国农业进入高质量发展新阶段，乡村振兴战略深入实施，农业农村加快转变发展方式、优化发展结构、转换增长动力，为农业农村生产经营、管理服务数字化提供广阔的空间。

但也应该看到，数字农业农村发展总体滞后，面临诸多挑战。发展基础薄弱，数据资源分散，天空地一体化数据获取能力较弱、覆盖率低，重要农产品全产业链大数据、农业农村基础数据资源体系建设刚刚起步。创新能力不足，关键核心技术研发滞后，农业专用传感器缺乏，农业机器人、智能农机装备适应性较差。与医学等领域相比，农业农村领域数字化研究应用明显滞后。乡村数字化治理水平偏低，与城市相比差距仍然较大。数字产业化滞后，数据整合共享不充分、开发利用不足，数字经济在农业中的占比远低于工业和服务业，成为数字中国建设的突出短板。

综合研判，当前及"十四五"时期是推进农业农村数字化的重要战略机遇期，必须顺应时代趋势、把握发展机遇，加快数字技术推广应用，大力提升数字化生产力，抢占数字农业农村制高点，推动农业高质量发展和乡村全面振兴，让广大农民共享数字经济发展红利。

4.6 中国数字农业发展目标

为加快推进农业农村生产经营精准化、管理服务智能化、乡村治理数字化，农业农村部、中央网络安全和信息化委员会办公室制定了《数字农业农村发展规划（2019—2025年）》（农规发〔2019〕33号）（本章简称《规划》）。规划提出，到2025年,数字农业农村建设取得重要进展,有力支撑数字乡村战略实施。农业农村数据采集体系建立健全,天空地一体化观测网络、农业农村基础数据资源体系、农业农村云平台基本建成。数字技术与农业产业体系、生产体系、经营体系加快融合,农业生产经营数字化转型取得明显进展,管理服务数字化水平明显提升,农业数字经济比重大幅提升,乡村数字治理体系日趋完善。数字农业农村发展主要指标(预期性)如下:(1)农业数字经济占农业增加值比重(%)从2018年的7.3%到2025年的15%,年均增速10.8%;(2)农产品网络零售额占农产品总交易额比重(%)从2018年的9.8%到2025年的15%,年均增速5.5%;(3)农村互联网普及率(%)从2018年的38.4%到2025年的70%,年均增速10.5%。

在实现这一目标的过程中,将遵循以下基本原则:

(1)统筹谋划,有序推进。面向现代农业建设主战场,把握数字经济和信息技术发展新趋势,强化顶层设计,因地制宜,重点突破,分步推进,探索中国特色的数字农业农村发展模式。

(2)数据驱动,普惠共享。以资源整合、数据共享为途径,推进数据融合、挖掘与应用,搭建共享平台,实现农业农村数据互联互通、资源共建共享、业务协作协同,催生数字农业农村新产业新模式新业态,让农民群众有更多获得感和幸福感。

(3)创新引领,应用导向。面向农业农村发展重大需求,聚焦数字农业农村"卡脖子"技术,大力推进自主创新、协同攻关,加强试点示范与集成应用,提升农业生产经营智能化和乡村治理现代化水平。

(4)多方参与,合力共建。完善政府引导、市场主导、社会参与的协同推进机制,发挥互联网企业和农业信息化企业的核心带动作用,鼓励农民和新型农业经营主体广泛参与,形成多元主体参与的共建格局。

4.7 构建五大类基础数据资源

《数字农业农村发展规划(2019—2025年)》提出,推进数字农业,必须构建基础数据资源体系。

（1）建设农业自然资源大数据。利用农村土地承包经营权确权登记、永久基本农田划定、高标准农田上图入库、耕地质量调查监测、粮食生产功能区和重要农产品生产保护区划定、设施农用地备案等数据，建设耕地基本信息数据库，形成基本地块权属、面积、空间分布、质量、种植类型等大数据。开展渔业水域空间分布、渔船渔港和渔业航标等调查，形成覆盖内陆水域以及全球重要海域和渔场的渔业水域资源大数据。

（2）建设重要农业种质资源大数据。依托全国统一的国家种业大数据平台，构建国家重要农业种质资源数据库，绘制全国农业种质资源分布底图，推进农作物、畜禽、水产、微生物等种质资源的数字化动态监测、信息化监督管理。开展动植物表型和基因型精准鉴定评价，深度发掘优异种质、优异基因，构建分子指纹图谱库，为品种选育、产业发展、行业监管提供大数据支持。

（3）建设农村集体资产大数据。建立集体资产登记、保管、使用、处置等管理电子台账，推进农村集体资产清产核资信息数字化。采集全国农村集体资产清产核资、产权制度改革、集体经济组织登记赋码、集体资产财务管理等数据，建设全国农村集体资产大数据。推进全国农垦资产管理数字化，加强对国有农业资产占有、使用、收益和处置的监管。

（4）建设农村宅基地大数据。利用第三次全国土地调查、卫星遥感等数据信息，结合房地一体的宅基地使用权确权登记颁证、农村宅基地和农房利用现状调查等资料，构建全国农村宅基地数据库，涵盖宅基地单元、空间分布、面积、权属、限制及利用状况等信息。推进宅基地分配、审批、流转、利用、监管、统计调查等信息化建设，及时完善和更新基础数据。

（5）健全农户和新型农业经营主体大数据。以农村土地承包经营权确权登记数据库为基础，结合农业补贴发放、投入品监管、新型农业经营主体信息直报、家庭农场名录等系统，按照"部级统一部署、农业经营主体一次填报、多级多方共享利用"的方式，完善经营主体身份、就业、生产管理、补贴发放、监管检查、投入品使用、培训营销等多种信息为一体的基础数据，逐步实现农业经营主体全覆盖，生产经营信息动态监测。

4.8 通过"六化"加快生产经营改造

如何加快生产经营数字化改造？《规划》提出六项措施。

（1）种植业信息化。加快发展数字农情，利用卫星遥感、航空遥感、地面物联网等手段，动态监测重要农作物的种植类型、种植面积、土壤墒情、作物长势、灾情虫情，及时发布预警信息，提升种植业生产管理信息化水平。加快建设农业病虫害测报监测网络和数字植保防御体系，实现重大病虫害智能化识别和数字化防控。建设数字田园，推动智能感知、智能分析、智能控制技术与装备在大田种植和设施园艺上的集成应用，建设环境控制、水肥药精准施用、精准种植、农机智能作业与调度监控、智能分等分级决策系统，发展智能"车间农业"，推进种植业生产经营智能管理。

（2）畜牧业智能化。建设数字养殖牧场，推进畜禽圈舍通风温控、空气过滤、环境感知等设备智能化改造，集成应用电子识别、精准上料、畜禽粪污处理等数字化设备，精准监测畜禽养殖投入品和产出品数量，实现畜禽养殖环境智能监控和精准饲喂。加快应用个体体征智能监测技术，加强动物疫病疫情的精准诊断、预警、防控。推进养殖场（屠宰、饲料、兽药企业等）数据直联直报，构建"一场（企）一码、一畜（禽）一标"动态数据库，实现畜牧生产、流通、屠宰各环节信息互联互通。加快建设数字奶业云平台。

（3）渔业智慧化。推进智慧水产养殖，构建基于物联网的水产养殖生产和管理系统，推进水体环境实时监控、饵料精准投喂、病害监测预警、循环水装备控制、网箱自动升降控制、无人机巡航等数字技术装备普及应用，发展数字渔场。以国家级海洋牧场示范区为重点，推进海洋牧场可视化、智能化、信息化系统建设。大力推进北斗导航技术、天通通信卫星在海洋捕捞中的应用，加快数字化通信基站建设，升级改造渔船卫星通信、定位导航、防碰撞等船用终端和数字化捕捞装备。加强远洋渔业数字技术基础研究，提升远洋渔业资源开发利用的信息采集分析能力，推进远洋渔船视频监控的应用。发展渔业船联网，推进渔船智能化航行、作业与控制，建设涵盖渔政执法、渔船进出港报告、电子捕捞日志、渔获物可追溯、渔船动态监控、渔港视频监控的渔港综合管理系统。

（4）种业数字化。加快种业大数据的研发与深度应用，建立信息抓取、多维度分析、智能评价模型，开展涵盖科研、生产、经营等种业全链条的智能数据挖掘和分析，建设智能服务平台。针对商业化动植物育种需求，研发推广动植物表型信息获取技术装备，实现海量表型性状数据高通量获取。加大资源开发鉴定力度，建立健全品种资源基因数据库和表型数据库，为基因深度挖掘提供支撑。结合数字化智能育种辅助平台，挖掘基因组学、蛋白组学、表型组学等数据，制定针对定向目标性状优化育种方案，加快"经验育种"向"精确育种"转变，逐步实现定制设计育种。统筹利用生产经营许可、生产备案和天空地一体化监测手段，加快数字技术在制种基地、种畜禽场区、水产苗种场区、交易市场监管中的应用，提升种业智慧化监管水平。打通数据库横向联结，提供种业数据、技术、服务、政策、法律的"一站式"综合查询和业务办理，优化国家种业大数据平台手机 APP 功能，推进种业服务模式创新。

（5）新业态多元化。鼓励发展众筹农业、定制农业等基于互联网的新业态，创新发展共享农业、云农场等网络经营模式。深化电子商务进农村综合示范，实施"互联网＋"农产品出村进城工程，推动人工智能、大数据赋能农村实体店，全面打通农产品线上线下营销通道。鼓励发展智慧休闲农业平台，完善休闲农业数字地图，引导乡村旅游示范县、美丽休闲乡村（渔村、农庄）等开展在线经营，推广大众参与式评价、数字创意漫游、沉浸式体验等经营新模式。推动跨行业、跨领域数据融合和服务拓展，深度开发和利用农业生产、市场交易、农业投入品等数据资源，推广基于大数据的授信、保险和供应链金融等业务模式，创新供求分析、技术推广、产品营销等服务方式。

（6）质量安全管控全程化。推进农产品生产标准化，制定农产品分类、分等分级等关键标准，推动构建全产业链的农产品信息化标准体系。推进农产品标识化，引导生产经营主体对上市销售的农产品加施质量认证、品名产地、商标品牌等标识。推进农产品可溯化，完善国家农产品质量安全追溯管理信息平台，建立食用农产品合格证制度，推进农产品质量安全信息化监管，建立追溯管理与风险预警、应急召回联动机制。普遍推行农户农资购买卡制度，强化农资经营主体备案和经营台账管理。汇集生产经营数据以及种子（种苗、种畜禽）、农药、肥料、饲料、兽药等监督检查、行政处罚、田间施用等数据,构建以县为单位的投入品监管溯源与数据采集机制。

4.9 建设"五大体系"推进管理服务数字化

为了推进管理服务数字化转型,必须建设以下五大体系。

(1)建立健全农业农村管理决策支持技术体系。依托农业农村基础数据资源体系,构建农业农村大数据平台,利用大数据分析、挖掘和可视化等技术,建立相关知识库、模型库,开发种植业、畜牧兽医、渔业渔政、监督管理、科技教育、资源环境、国际合作、政务管理、统计填报以及农村社会事业等功能模块,为市场预警、政策评估、监管执法、资源管理、舆情分析、乡村治理等决策提供支持服务,推进管理服务线上线下相结合,促进数据融合和业务协同,提高宏观管理的科学性。

(2)健全重要农产品全产业链监测预警体系。加强重要农产品生产和市场监测,强化生产数据实时采集监测,引导鼓励田头市场、批发市场采用电子结算方式开展交易,推进农产品批发市场、商超、电商平台等关键市场交易环节信息实时采集、互联互通,构建交易主体、交易品种、交易量、交易价格一体化的农产品市场交易大数据。建设全球农业数据调查分析系统,开发利用全球农业生产和贸易等数据。完善企业对外农业投资、海外农产品交易等信息采集系统。强化农业信息监测预警,拓展和提升农产品市场价格日度监测、供需形势月度及季度分析、重要农产品供需平衡表、中长期农业展望等信息发布和服务。构建农业农村现代化监测评价体系,开发农业农村经济运行分析系统。建立农业走出去经济运行分析制度,加强农业利用国际市场资源情况的分析。

(3)建设数字农业农村服务体系。深入实施信息进村入户工程,优化提升农村社区网上服务,加快建设益农信息社,完善社会服务管理。完善农业科技信息服务平台,鼓励农业专家在线为农民解决生产难题。引导各类社会主体利用信息网络技术,开展市场信息、农资供应、废弃物资源化利用、农机作业、农产品初加工、农业气象"私人定制"等领域的农业生产性服务,促进公益性服务和经营性服务便民化。汇集农业机械装备拥有量等管理统计和重要农时作业调度数据,加强农机作业安全在线监控和信息服务。加强国际、国内与农业科技创新主体、创新活动和创新产出等密切相关的农业科技创新大数据建设与集成整合,重点推进农业科技文献大数据、农业科学大数据、农业科研管理大数据等的集成治理。建设一批农民创业创新中心,开展农产品、农村工艺品、乡村旅游、民宿餐饮等在线展示和交易撮合,实时采集发布和精准推送农村劳动力就业创业信息。

(4)建立农村人居环境智能监测体系。结合人居环境整治提升行动,开展摸底调查、定期监测,汇聚相关数据资源,建立农村人居环境数据库。建立秸秆、农膜、畜禽粪污等农业废弃物长期定点观测制度,研究推进农村水源地、规模化养殖厂、农村生活垃圾处理点、农业废弃物处理站点远程监测。鼓励发展农村人居环境数据挖掘、商业分析等新型服务。引导农民积极参与农村人居环境网络监督,共同维护绿色生活环境。

(5)建设乡村数字治理体系。推动"互联网+"社区向农村延伸,提高村级综合服务信息化水平,逐步实现信息发布、民情收集、议事协商、公共服务等村级事务网上运行。加快乡村规划管理信息化,推动乡村规划上图入库、在线查询、实时跟踪。推进农村基础设施建设、农村公共服务供给等在线管理。

4.10 强化关键技术装备创新

(1)加强关键共性技术攻关。瞄准农业农村现代化与乡村振兴战略的重大需求,重点攻克高品质、高精度、高可靠、低功耗农业生产环境和动植物生理体征专用传感器,从根本上解决数字农业高通量信息获取难题。突破农业大数据融汇治理技术、农业信息智能分析决策技术、云服务技术、农业知识智能推送和智能回答等新型知识服务技术,构建动植物生长信息获取及生产调控机理模型。突破农机装备专用传感器、农机导航及自动作业、精准作业和农机智能运维管理等关键装备技术,推进农机农艺和信息技术等集成研究与系统示范,实现农机作业信息感知、定量决策、智能控制、精准投入、个性服务。研发农产品质量安全快速分析检测与冷链物流技术，推进品质裂变检测、农产品自动化分级包装线、智能温控系统等应用。

（2）强化战略性前沿性技术超前布局。面向世界科技前沿、国家重大需求和数字农业农村发展重点领域，制定数字农业技术发展路线图，重点突破数字农业农村领域基础技术、通用技术，超前布局前沿技术、颠覆性技术。建立长期任务委托和阶段性任务动态调整相结合的科技创新支持机制，加强农产品柔性加工、人工智能、虚拟现实、大数据认知分析等新技术基础研发和前沿布局，形成一系列数字农业战略技术储备和产品储备。建设支持前沿性技术攻关的学科体系和创新网络，强化产学研协同攻关，构筑支撑高端引领的先发优势。加快推进农业区块链大规模组网、链上链下数据协同等核心技术突破，加强农业区块链标准化研究，推动区块链技术在农业资源监测、质量安全溯源、农村金融保险、透明供应链等方面的创新应用。积极开展5G技术在农业领域的应用研究，建立健全5G引领的智慧农业技术体系。

（3）强化技术集成应用与示范。聚焦重点地区、重点领域、重点品种，开展3S、智能感知、模型模拟、智能控制等技术及软硬件产品的集成应用和示范，熟化推广一批数字农业农村技术模式和典型范例。加强数字农业科技创新数据与平台集成与服务。加强数字农业农村标准体系建设，建立数据标准、数据接入与服务、软硬件接口等标准规范。

（4）加快农业人工智能研发应用。实施农业机器人发展战略，研发适应性强、性价比高、智能决策的新一代农业机器人，加快标准化、产业化发展。开展核心关键技术和产品攻关，重点攻克运动控制、位置感知、机械手控制等关键技术。适应不同作物、不同作业环境，开发嫁接、扦插、移栽、耕地等普适性机器人及专用机器人。以畜牧生产高效自动化为目的，研制放牧、饲喂、挤奶、分级、诊断、搬运等自动作业辅助机器人。研制鱼群跟踪和投喂、疾病诊断等水下养殖机器人。加强无人机智能化集成与应用示范，重点攻克无人机视觉关键技术，推动单机智能化向集群智能化发展，研发人工智能搭载终端，实现实时农林植保、航拍、巡检、测产等功能。

4.11 加强"三大工程设施"建设

（1）国家农业农村大数据中心建设工程。依据《国务院关于印发促进大数据发展行动纲要的通知》关于实施现代农业大数据工程的部署要求，搭建统一开放的国家农业农村大数据中心，实现数据资源共享、智能预警分析，提高农业农村领域管理服务能力和科学决策水平。主要包括：

国家农业农村云平台。围绕增强农业农村大数据和农业农村政务业务系统的计算存储能力，构建覆盖中央、省、市县农业农村部门的国家农业农村云。租赁利用社会公共云基础设施，构建农业农村大数据开放云，汇聚各行业各领域专题数据。整合现有硬件资源，完善信息网络、服务器等设施设备，构建农业农村大数据专有云，存储核心业务数据。按照统一标准进行数据共享交汇、运算分析等，形成跨部门、跨区域、跨行业的农业农村数据汇聚枢纽。

国家农业农村大数据平台。整合农业农村部门数据信息资源，提升集体资产监管、农业种质资源、农村宅基地等行业数据资源管理能力，汇聚农户和新型生产经营主体大数据、农业自然资源大数据、重要农业种质资源大数据、农村集体资产大数据、农村宅基地大数据，构建全国农业农村数据资源"一张图"。建设统一的数据汇聚治理和分析决策平台，实现数据监测预警、决策辅助、展示共享，为农业农村发展提供数据支撑。

国家农业农村政务信息系统。根据国家政务信息化工程建设总体部署，按照"六统一"（用户管理、接入管理、资源管理、授权管理、流程管理、安全审计）要求，健全全球农业数据调查分析、渔港综合管理、农机化管理服务、农田建设综合监测监管、农业农村科研协同创新等数据支撑能力，构建统一的国家农业农村政务信息系统。建立政务信息系统建设标准规范体系、安全保障体系和运维管理体系，促进实现技术融合、数据融合、业务融合，为农业农村运行管理和科学决策提供支撑。

（2）农业农村天空地一体化观测体系建设工程。按照中共中央办公厅、国务院办公厅印发的《关于创新体制机制推进农业绿色发展的意见》关于构建天空地数字农业管理系统的决策部署，建设天空地一体化的农业农村观测网络基

础设施和应用体系,实现对农业生产和农村环境等全领域、全过程、全覆盖的实时动态观测。主要包括:

农业农村天基观测网络建设应用项目。利用国家空间基础设施现有和规划的遥感、导航、通信卫星资源以及各类商业卫星资源,发挥红边多光谱、宽幅高光谱和雷达等技术手段在农业农村观测中的优势,重点建设满足农业农村发展需求的新型遥感卫星及地面应用设施,与在轨运行的遥感卫星进行科学组网,形成农业遥感观测星座,构建农业天基网络,形成常规监测与快速响应的农业遥感观测能力。

农业农村航空观测网络建设应用项目。围绕农业农村高精度调查、突发重大农业自然灾害应急监测等需求,重点建设国家中心和省级分中心组成的农业农村航空监测网络,购置长航时固定翼、高机动多旋翼等先进无人机平台,搭载专用多光谱、高光谱、激光雷达、太赫兹等新型遥感器,开发适合我国农业生产特点和不同地域需求的无人机导航飞控、作业监控、数据快速处理平台,提升区域高精度观测和快速应急响应能力。

农业物联网观测网络建设应用项目。整合利用农业遥感监测地面网点县、农业物联网试验示范区(点)、农业科学观测试验(监测)站(点)、数字农业试点县、现代农业园区中的物联网数据采集设施,强化地面实时观测和数据采集能力,提高分析精度,形成全国统一的农业农村地面物联网数据调查体系。

(3)国家数字农业农村创新工程。依据《数字乡村发展战略纲要》的决策部署,加快推进重要农产品全产业链大数据建设,打造数字农业农村综合服务平台。

国家数字农业农村创新中心建设项目。为提升数字农业农村自主创新能力,围绕关键共性技术攻关、战略性前沿性技术超前布局、技术集成应用与示范、农业人工智能研发应用,建设数字农业集成、数字种植业、数字畜牧业、数字渔业、数字种业、数字农业装备等领域国家创新中心;围绕推进种植业管理信息化、畜牧业智能化、渔业智慧化、种业数字化、质量安全管控全程化,建设水稻、小麦、棉花、马铃薯等大田种植、设施园艺、果园、禽蛋类、生猪、肉牛羊类、奶牛、淡水养殖、近海养殖、海洋牧场、远洋捕捞、作物育种、动物育种、热带作物、质量安全追溯等领域专业分中心。完善专用设施和研发基地,开发技术攻关、装备研发和系统集成创新平台,推动数字技术和农业产业深度融合。

重要农产品全产业链大数据建设项目。为提升生产经营决策科学化水平,引导市场预期,依托技术实力雄厚、处于行业领先和主导地位的机构,建设小麦、水稻、玉米、大豆、棉花、油菜籽、糖料蔗、花生、天然橡胶、苹果、柑橘、蔬菜、马铃薯、茶、肉鸡、禽蛋、生猪、羊、肉牛、奶牛、鱼、虾、蟹、贝及饲料、农资等单品种全产业链大数据,建立生产、加工、储运、销售、消费、贸易等环节的数据清洗挖掘和分析服务模型,健全重要农产品市场和产业损害监测预警体系,开发提供生产情况、市场价格、供需平衡等服务产品。

数字农业试点建设项目。为加强县域重要领域和关键环节数据资源建设,构建综合信息服务体系,全面推进数字技术的综合应用和集成示范,依托县级农业农村部门或其下属企事业单位,选择在数字化水平领先的粮食生产功能区、重要农产品生产保护区、特色农产品优势区、国家农业绿色发展先行区、国家现代农业示范区以及国家现代农业产业园所在县市,建设一批数字农业试点项目,全域推进种植业、畜牧业、渔业和质量安全监管等领域的数字化改造,探索可复制可推广的建设模式。

4.12 中国推进数字农业的保障措施

《数字农业农村发展规划(2019—2025年)》对具体推进数字农业提出了切实可行的保障措施。

(1)加强组织领导。在国家数字乡村建设发展统筹协调机制框架下,农业农村部、中央网信办会同有关部门,统筹推进数字农业农村建设工作,研究重大政策、重大问题和重点工作安排,跟踪和督促规划各项任务落实。建立规划实施和工作推进机制,加强政策衔接和工作协调。各地要结合发展实际,制定规划实施方案,细化政策措施,统筹推进本地区数字农业农村建设。各级农业农村主管部门要将数字化理念融入农业农村工作全过程，加快工作流程数字化改造，构建数字农业农村发展的管理体系。依托农业农村信息化专家咨询委员会，加强数字农业农村建设指导，为科学决策和工程实施提供智力支持。建立农业农村信息化发展水平监测评价机制，开展定期监测。

（2）加大政策支持。各地要加大数字农业农村发展投入力度，探索政府购买服务、政府与社会资本合作、贷款贴息等方式，吸引社会力量广泛参与，引导工商资本、金融资本投入数字农业农村建设。优先安排数字农业农村重大基础设施建设项目用地，对符合条件的数字农业专用设备和农业物联网设备按照相关规定享受补贴。推进农业农村领域"放管服"改革，优化管理服务流程，营造良好发展环境。积极支持和培育壮大农业农村数字产业化主体。

（3）强化数据采集管理。巩固和提升现有监测统计渠道，完善原始数据采集、传输、汇总、管理、应用基础设施，强化数据挖掘、分析、应用能力建设，建立健全农业农村数据采集体系。利用地面观测、传感器、遥感和地理信息技术等，实时采集农业生产环境、生产设施和动植物本体感知数据。开展互联网数据挖掘，采取政府购买服务等方式获取企业和社会数据，推进线下数据、线上数据连通融合。在符合有关法律法规的前提下，积极整合各类农业农村数据资源，依托农业农村大数据平台，实现数据统一管理和在线共享。研究出台数据共享开放政策和管理规范，制定农业农村大数据资源共享开放目录清单，逐步推进各单位之间、涉农部门之间、中央与地方之间数据共建共享。除国家规定的涉密数据外，加快推进农业农村数据资源协同管理和融合，逐步向社会开放共享。

（4）强化科技人才支撑。建立数字农业农村科技创新体系，将数字农业农村科技攻关作为国家重大专项和重点研发计划的支持重点，建立现代农业产业技术体系数字农业农村科技创新团队。协同发挥科研机构、高校、企业等各方作用，培养造就一批数字农业农村领域科技领军人才、工程师和高水平管理团队。加强数字农业农村业务培训，开展数字农业农村领域人才下乡活动，普及数字农业农村相关知识，提高"三农"干部、新型经营主体、高素质农民的数字技术应用和管理水平。建立科学的人才评价激励制度，充分发挥人才积极性、主动性。

4.13 中国数字乡村试点工作

根据《中共中央 国务院关于抓好"三农"领域重点工作确保如期实现全面小康的意见》《数字乡村发展战略纲要》和《2020年数字乡村发展工作要点》的要求,中央网信办、农业农村部、国家发展改革委、工业和信息化部、科技部、市场监管总局、国务院扶贫办于2020年7月印发《关于开展国家数字乡村试点工作的通知》,部署开展国家数字乡村试点工作。

《通知》明确了工作目标,到2021年底,试点地区数字乡村建设取得明显成效,城乡数字鸿沟明显缩小,乡村数字经济快速发展,农业生产智能化、经营网络化水平大幅提高,依托互联网开展的农村创业创新蓬勃发展,乡村数字治理体系基本完善,乡村公共服务体系基本建立,乡村网络文化繁荣发展。通过试点地区在整体规划设计、制度机制创新、技术融合应用、发展环境营造等方面形成一批可复制、可推广的做法经验,为全面推进数字乡村发展奠定良好基础。

《通知》提出,试点内容主要包括七个方面:

(1)开展数字乡村整体规划设计。落实党中央、国务院关于乡村振兴、网络强国、数字中国等决策部署,坚持农业农村优先发展,按照产业兴旺、生态宜居、乡风文明、治理有效、生活富裕的总要求,结合实际、因地制宜地编制县域数字乡村建设规划,做好整体设计,明确建设目标、重点任务工程和实施步骤,完善配套政策措施,统筹推进数字乡村和智慧城市建设,有效发挥信息技术创新的扩散效应、信息和知识的溢出效应、数字技术释放的普惠效应,促进城乡融合发展。

(2)二是完善乡村新一代信息基础设施。加强基础设施共建共享,打造集约高效、绿色智能、安全适用的乡村信息基础设施。加快农村光纤宽带、移动互联网、数字电视网和下一代互联网发展,提升4G网络覆盖水平,探索5G、人工智能、物联网等新型基础设施建设和应用。加快推动农村水利、公路、电力、冷链物流、农业生产加工等传统基础设施的数字化、智能化转型,推进智慧水利、智慧交通、智能电网、智慧农业、智慧物流建设。

(3)探索乡村数字经济新业态。深化制度机制创新,加快农业农村数字化转型步伐,加强技术研发、组织创新和制度供给,推进现代信息技术与农业农村各领域各环节深度融合应用,推动农业生产智能化、经营网络化,提高农业土地产出率、劳动生产率和资源利用率。强化农业农村科技创新供给,推动信息化与农业装备、农机作业服务和农机管理融合应用。推进农业生产环境自动监测、生产过程智能管理,探索农业农村大数据管理应用,积极打造科技农业、精准农业、智慧农业。大力培育一批信息化程度高、示范带动作用强的生产经营组织,培育形成一批叫得响、质量优、特色显的农村电商品牌,因地制宜培育创意农业、认养农业、观光农业、都市农业等新业态。

(4)四是探索乡村数字治理新模式。促进信息化与乡村治理深度融合,补齐乡村治理的信息化短板,提升乡村治理智能化、精细化、专业化水平。提升疫情监测分析预警水平,提高突发公共事件应急处置能力。探索"互联网＋党建"、智慧党建等新模式,探索建设"网上党支部""网上村(居)民委员会",健全党组织领导的自治法治德治相结合的乡村治理体系。推动"互联网＋政务服务"向乡村延伸覆盖,推进涉农服务事项在线办理,促进网上办、指尖办、马上办,提升人民群众满意度。

(5)五是完善"三农"信息服务体系。聚焦农民生产生活实际需求,积极采用适应"三农"特点的信息终端、技术产品、移动互联网应用(App)软件,提升精细化管理和人性化服务水平。推进"互联网＋医疗健康",推动远程医疗延伸到乡镇卫生院、村卫生室。依托信息化推动基本公共服务向农村下沉,协同推进教育、生态环保、文化服务、交通运输、快递物流等各领域信息化,推动智慧广电公共服务建设,深化信息惠民服务。

(6)完善设施资源整合共享机制。加大统筹协调和资源整合力度,打通已有分散建设的涉农信息系统,大力推进县级部门业务资源、空间地理信息、遥感影像数据等涉农政务信息资源共享开放、有效整合。研究制定乡村信息服务资源整合共享规范,充分运用农业农村、科技、商务、交通运输、通信、邮政等部门在农村的已有站点资源,整合利用系统、人员、资金、站址、服务等要素,统筹建设乡村信息服务站点,推广一站多用、一机多用。

(7)探索数字乡村可持续发展机制。抓好网络扶贫行动和数字乡村发展战略的无缝衔接,探索建立与乡村人口知识结构相匹配的数字乡村发展模式。建设新农民新技术创业创新中心，推动产学研用合作。充分调动市场积极性，培育数字乡村发展良好生态，激发乡村自我发展动力和活力。加强基层干部和农民信息素养培训，积极利用多种渠道开展数字乡村专题培训，加快培育造就一支爱农业、懂技术、善经营的高素质农民队伍，支持农民工和返乡大学生运用网络和信息技术开展创业创新。

数字乡村既是乡村振兴的战略方向，也是建设数字农业的重要内容。开展数字乡村试点是深入实施乡村振兴战略的具体行动，是推动农业农村现代化的有力抓手，也是释放数字红利催生乡村发展内生动力的重要举措。要按照实施乡村振兴战略的总体部署，以解放和发展数字化生产力、激发乡村振兴内生动力为主攻方向，以弥合城乡数字鸿沟、促进农业农村经济社会数字化转型为重点，积极探索数字乡村发展新模式，加快推进农业农村现代化建设，促进农业全面升级、农村全面进步、农民全面发展。

国家意在通过数字乡村相关试点示范的经验，带动、推进数字经济、数字农业农村、乡村数字治理的建设和发展，释放数字红利，不断增强广大农民的获得感、幸福感、安全感。充分调动各方力量和广大农民参与数字乡村建设，以信息流带动技术流、资金流、人才流、物资流，激活农村各种要素，加快推动农业农村数字化转型。

数字经济

第五章

工业数字化

在日本,人们喜欢说智能制造;在德国,人们喜欢说工业4.0;在美国,人们喜欢说工业互联网;在中国,人们喜欢谈论中国制造2025;在其他一些国家,有的叫工业数字化转型,有的叫工业信息化等等。这些提法虽在表述上不一样,但其本质上异曲同工,核心都是数字工业。所以,李克强总理在会见瑞士联邦主席施奈德·阿曼时说:"我们可以加强中国制造2025和瑞士工业4.0的对接,助力双方在数字化和工业4.0浪潮中走在前沿,实现更高层次的互利双赢。"

数字 经济

　　为了较好地理解工业数字化或数字工业,我们还是先看一个案例。

　　腾讯云 2019 年 9 月 4 日有一篇文章介绍了广东三雄极光照明有限公司的数字化转型之路。该公司创立于 1991 年,一直致力于研发、生产、推广高品质的绿色节能照明产品,为客户提供全方位的照明解决方案和专业服务。经过 20 载发展,产品涵盖商业、办公、工业、户外、家居等照明领域。在广州、肇庆、重庆等地拥有 5 大生产基地,年生产照明产品上亿套,并于 2017 年成功上市,成为业内领军企业。

　　但随着公司业务的扩展,接单量变大,要克服的挑战也越多。诸如,产品生产成本不降反升,利润空间越来越小;产品种类繁多,管理难度大;供货效率低,订单追踪较难;成本核算精准细度难;内部管理结构臃肿,继续改善优化:无标准化、数据滞后。这些问题严重影响销售市场扩展、制约公司快速发展,持续改善优化、实现高效运营管理成为三雄极光的当务之急。一家名为中翼数制的技术企业在了解三雄极光的需求后,根据三雄极光的实际情况,决定分阶段实施数字化工厂,帮助三雄解决企业所存在的问题。经过沟通,中翼数制在攻克数字系统第一阶段上线难题后,数字系统如今在企业日常运营中已初显成效:通过数字系统实现生产进度全过程追溯跟踪,实时监控生产信息;业务部门可通过 online 数据平台,实时了解客户订单状态;生产指令单管理、物料套料单 / 缺件实时预警;产线每日生产情况的实时动态产量、效率、品质及异常数据看板,总览与分析;生产管理及跨部门管理职能每日真实绩效指标及工资统计;车间状态实时监控,包含生产设备、WIP、环境卫生与员工状态;生产看板管理,实时差异性对比呈现,并在线传输异常信息到各级管理岗位。

通过系统上线后,不仅细化、简化、优化了流程,有效减少异常作业,更让企业各部门对数字化的发展再次加深,提升执行力以及部门间协作能力,内部管理效率得以显著提高。online DPS 上线后,带来了令人欣喜的管理改善:改善前生产效率71% 改善后生产效率上升至目前的 90% 以上;改善前产值8亿左右如今产值达到 11 亿;改善前需要直接员工 600 人改善后只需 460 人,节省140 人;改善后直接成本下降,可直接产生经济效益 600 万 / 年。

online DPS 系统的成功上线与运作,有效降低及控制库存、快速结算生产成本,打下坚实基础,并将此作为长期优化目标,助力三雄企业迈向持续优化的数字发展转型之路。

相信经过持续优化之后,三雄极光的管控效率还会继续提升;同时中翼数制还会为三雄极光进行第二阶段项目改善,实现移动端实时追踪生产数据与实现经营驾驶舱数据建模,可以说,三雄极光已经走上迈向数字转型的进阶之路。

5.1 什么是数字工业

在现实工作中,数字工业一词已经广泛使用并渗透到工业产业的各个类别和各个层面,但在理论上尚未形成统一概念。

在日本,人们喜欢说智能制造;在德国,人们喜欢说工业 4.0;在美国,人们喜欢说工业互联网;在中国,人们喜欢谈论中国制造 2025;在其他一些国家,有的叫工业数字化转型,有的叫工业信息化等等。这些提法虽在表述上不一样,但其本质上异曲同工,核心都是数字工业。所以,李克强总理在会见瑞士联邦主席施奈德 . 阿曼时说:"我们可以加强中国制造 2025 和瑞士工业 4.0 的对接,助力双方在数字化和工业 4.0 浪潮中走在前沿,实现更高层次的互利双赢。"

2020 年 9 月 16 日,2020 国际工业互联网大会暨数字工业系列峰会在国家会展中心上海成功举办。会议期间,诸多业内专家从不同侧面谈到数字工业。大会旨在持续提升工业互联网创新能力,推动工业化与信息化在更广范围、更深程度、更高水平上实现融合发展,加快工业互联网"新基建"建设,全面提升赋能实体经济能级。国内外工业互联网领域权威的联盟机构和行业龙头企业的特邀嘉宾从"数智"重塑"智造"——数字时代下制造业企业的转型"工业品数字化新时代 新智能供需协同""工业机器人互联之路""智构·工业互联新世界"、"工业互联网的三张网和三个趋势""工业物联打通工业数字化之路"等多个角度进行了话题分享。

紧接着,全球最大的财经资讯公司彭博社于 25 日发布了《全球工业数字化排名》,该报告显示,自 2019 年 7 月以来,全球已有 21 个国家启动了国家人工智能战略,有 14 个国家启动了数字化制造计划。在全球工业数字化排名中,韩国、新加坡和德国荣登前三。工业数字化发展领先的国家/地区主要来自亚洲和欧洲,分别占榜单前十的四个名额。韩国排名第一,主要是受到国家人工智能战略及其"新政"复苏计划等政策发展的推动,该计划将数字化和绿色技术列为国家首要任务。除排名前三的国家外,排在前十的国家/地区还有英国、中国、日本、美国、法国、加拿大和瑞典。报告称,数字化已成为政府政策的重要支柱。政府数字战略旨在提高工业竞争力,并增强人工智能(AI)和物联网(IoT)等关键技术的能力。制造业竞争力仍然是全球工业数字政策的重点。许多政府也在通过政策和激励措施将其电力,采矿,农业和石油部门数字化。沙特阿拉伯的国家战略要求采用数字技术,以帮助该国建立新的物流业,帮助实现石油和天然气以外的多元化发展。德国强调了数字技术对于实现其发展电动汽车电池产业的目标的重要性。

综观国内外关于工业数字化的各种理论和实践,本人认为,数字工业就是工业经济的数字化、网络化、智能化,最后形成一种新的工业形态。数字工业形成过程中的变革,叫工业数字化。工业数字化将充分发挥工业互联网对实体经济效能的引领带动作用,通过广泛融入、综合应用各种信息技术,赋能员工生产效率、创新客户交互方式、构建敏捷高效工厂、打造韧性供应链、助力科技制造创新,推动制造业进行数字化转型,增强自身的创新力、竞争力。

有人宣称,数字技术在工业中的运用,正如瓦特发明蒸汽机一样,将引发全球又一次工业革命,开创"制造业数字化"时代。这种数字化的主要内容包括:

设计数字化、制造装备数字化、生产过程数字化、管理数字化和企业数字化，以及原材料供应与产品销售的数字化。

5.2 智能制造系统

智能制造一词提出较早、行动较早并取得显著成效的是日本。1990年4月，日本提出"智能制造系统IMS"国际合作研究计划。许多发达国家如美国、欧洲共同体、加拿大、澳大利亚等参加了该项计划。该计划共计划投资10亿美元，对100个项目实施前期科研计划。

2015年9月10日，中国工业和信息化部公布了2015年智能制造试点示范项目名单，全国范围内遴选出的46个智能制造试点示范项目进入该名单，其涉及了38个行业、21个地区。工信部在2015年启动实施"智能制造试点示范专项行动"，主要是直接切入制造活动的关键环节，充分调动企业的积极性，注重试点示范项目的成长性，通过点上突破，形成有效的经验与模式，在制造业各个领域加以推广与应用。

5.2.1 智能制造系统释义

智能制造系统（Intelligent Manufacturing System——IMS）是一种由智能机器和人类专家共同组成的人机一体化系统，它突出了在制造诸环节中，以一种高度柔性与集成的方式，借助计算机模拟的人类专家的智能活动，进行分析、判断、推理、构思和决策，取代或延伸制造环境中人的部分脑力劳动，同时，收集、存储、完善、共享、继承和发展人类专家的制造智能。由于这种制造模式，突出了知识在制造活动中的价值地位，而知识经济又是继工业经济后的主体经济形式，所以智能制造就成为影响未来经济发展过程的制造业的重要生产模式。智能制造系统是智能技术集成应用的环境，也是智能制造模式展现的载体。

一般而言，制造系统在概念上认为是一个复杂的相互关联的子系统的整体集成，从制造系统的功能角度，可将智能制造系统细分为设计、计划、生产和系统活动四个子系统。在设计子系统中，智能制定突出了产品的概念设计过程中消费需求的影响；功能设计关注了产品可制造性、可装配性和可维护及保障性。另外，模拟测试也广泛应用智能技术。在计划子系统中，数据库构造将从简单信息型发展到知识密集型。在排序和制造资源计划管理中，模糊推理等多类的专家系统将集成应用；智能制造的生产系统将是自治或半自治系统。在监测生产过程、生产状态获取和故障诊断、检验装配中，将广泛应用智能技术；从系统活动角度，神经网络技术在系统控制中已开始应用，同时应用分布技术和多元代理技术、全能技术，并采用开放式系统结构，使系统活动并行，解决系统集成。

由此可见，IMS 理念建立在自组织、分布自治和社会生态学机理上，目的是通过设备柔性和计算机人工智能控制，自动地完成设计、加工、控制管理过程，旨在解决适应高度变化环境的制造的有效性。

5.2.2 智能制造系统的五个特征

智能制造和传统的制造相比，智能制造系统具有以下五个特征：

（1）自律能力。即搜集与理解环境信息和自身的信息，并进行分析判断和规划自身行为的能力。具有自律能力的设备称为"智能机器"，"智能机器"在一定程度上表现出独立性、自主性和个性，甚至相互间还能协调运作与竞争。强有力的知识库和基于知识的模型是自律能力的基础。

（2）人机一体。IMS 不单纯是"人工智能"系统，而是人机一体化智能系统，是一种混合智能。基于人工智能的智能机器只能进行机械式的推理、预测、判断，它只能具有逻辑思维（专家系统），最多做到形象思维（神经网络），完全做不到灵感（顿悟）思维，只有人类专家才真正同时具备以上三种思维能力。因此，想以人工智能全面取代制造过程中人类专家的智能，独立承担起分析、判断、决策等任务是不现实的。人机一体化一方面突出人在制造系统中的核心地位，同时在智能机器的配合下，更好地发挥出人的潜能，使人机之间表现出一种平等共事、相互"理解"、相互协作的关系，使二者在不同的层次上各显其能，相辅相成。因此，在智能制造系统中，高素质、高智能的人将发挥更好的作用，机器智能和人的智能将真正地集成在一起，互相配合，相得益彰。

（3）虚拟现实技术。这是实现虚拟制造的支持技术，也是实现高水平人机一体化的关键技术之一。虚拟现实技术是以计算机为基础，融信号处理、动画技术、智能推理、预测、仿真和多媒体技术为一体；借助各种音像和传感装置，虚拟展示现实生活中的各种过程、物件等，因而也能拟实制造过程和未来的产品，从感官和视觉上使人获得完全如同真实的感受。但其特点是可以按照人们的意愿任意变化，这种人机结合的新一代智能界面，是智能制造的一个显著特征。

（4）自组织与超柔性。智能制造系统中的各组成单元能够依据工作任务的需要，自行组成一种最佳结构，其柔性不仅表现在运行方式上，而且表现在结构形式上，所以称这种柔性为超柔性，如同一群人类专家组成的群体，具有生物特征。

（5）学习与自我维护能力。智能制造系统能够在实践中不断地充实知识库，具有自学习功能。同时，在运行过程中自行故障诊断，并具备对故障自行排除、自行维护的能力。这种特征使智能制造系统能够自我优化并适应各种复杂的环境。

5.2.3 智能制造系统的主要技术

智能制造系统的主要技术有以下九种：

（1）新型传感技术。高传感灵敏度、精度、可靠性和环境适应性的传感技术，采用新原理、新材料、新工艺的传感技术（如量子测量、纳米聚合物传感、光纤传感等），微弱传感信号提取与处理技术。

（2）模块化、嵌入式控制系统设计技术。不同结构的模块化硬件设计技术，微内核操作系统和开放式系统软件技术、组态语言和人机界面技术，以及实现统一数据格式、统一编程环境的工程软件平台技术。

（3）先进控制与优化技术。工业过程多层次性能评估技术、基于海量数据的建模技术、大规模高性能多目标优化技术，大型复杂装备系统仿真技术，高阶导数连续运动规划、电子传动等精密运动控制技术。

（4）系统协同技术。大型制造工程项目复杂自动化系统整体方案设计技术以及安装调试技术，统一操作界面和工程工具的设计技术，统一事件序列和报警处理技术,一体化资产管理技术。

（5）故障诊断与健康维护技术。在线或远程状态监测与故障诊断、自愈合调控与损伤智能识别以及健康维护技术,重大装备的寿命测试和剩余寿命预测技术,可靠性与寿命评估技术。

（6）高可靠实时通信网络技术。嵌入式互联网技术,高可靠无线通信网络构建技术,工业通信网络信息安全技术和异构通信网络间信息无缝交换技术。

（7）功能安全技术。智能装备硬件、软件的功能安全分析、设计、验证技术及方法,建立功能安全验证的测试平台,研究自动化控制系统整体功能安全评估技术。

（8）特种工艺与精密制造技术。多维精密加工工艺,精密成型工艺,焊接、粘接、烧结等特殊连接工艺,微机电系统（MEMS）技术,精确可控热处理技术,精密锻造技术等。

（9）识别技术。低成本、低功耗 RFID 芯片设计制造技术,超高频和微波天线设计技术,低温热压封装技术,超高频 RFID 核心模块设计制造技术,基于深度三位图像识别技术,物体缺陷识别技术。

5.2.4 智能制造系统的核心

尽管智能制造比较复杂,究其核心,是智能机器。所谓的智能机器也就是智能机器人,它给人的最深刻的印象是一个独特的进行自我控制的"活物"。其实,这个自控"活物"的主要器官并没有像真正人那样微妙而复杂。智能机器人具备形形色色的内部信息传感器和外部信息传感器,如视觉、听觉、触觉、嗅觉。除具有感受器外,它还有效应器,作为作用于周围环境的手段。这就是筋肉,或称自整步电动机,它们使手、脚、长鼻子、触角等动起来。由此也可知,智能机器人至少要具备三个要素:感觉要素,运动要素和思考要素。智能机器人是一个多种高新技术的集成体,它融合了机械、电子、传感器、计算机硬件、软件、人工智能等许多学科的知识,涉及当今许多前沿领域的技术。机器人已进入智能时代,不少发达国家都将智能机器人作为未来技术发展的制高点。美国、日本和德国目前在智能机器人研究领域占有明显优势。近年来,中国大力研发智能机器人，并取得了可喜的成就。

科学技术向来是把"双刃剑"，智能机器人技术在发挥其积极作用的同时也会给人们带来社会和伦理问题。因此有人担忧：智能机器人将来是否会在智能上超越人类，以至对就业造成影响，甚或威胁人类的生命财产？其实，这方面的担心完全没有必要。智能机器人并非无所不能，它的智商目前只相当于 4 岁的儿童，它的"常识"比正常成年人就差得更远了。中国知名学者周海中教授早在1990 年发表的《论机器人》一文中就指出：机器人在工作强度、运算速度和记忆功能方面可以超越人类，但在意识、推理等方面不可能超越人类。日本机器人专家广濑茂男教授最近也指出：即使智能机器人将来具有常识，并能进行自我复制，也不可能带来大范围的失业，更不可能对人类造成威胁。只有正确看待和使用智能机器人，才能使其更好地服务人类、造福人类。

5.2.5 智能制造的发展轨迹

随着工业产品性能的完善化及其结构的复杂化、精细化，以及功能的多样化，促使产品所包含的设计信息和工艺信息量猛增，随之生产线和生产设备内部的信息流量增加，制造过程和管理工作的信息量也必然剧增，因而促使制造技术发展的热点与前沿，转向了提高制造系统对于爆炸性增长的制造信息处理的能力、效率及规模上。先进的制造设备离开了信息的输入就无法运转，柔性制造系统（FMS）一旦被切断信息来源就会立刻停止工作。专家认为，制造系统正在由原先的能量驱动型转变为信息驱动型，这就要求制造系统不但要具备柔性，而且还要表现出智能，否则是难以处理如此大量而复杂的信息工作量的。其次，瞬息万变的市场需求和激烈竞争的复杂环境，也要求制造系统表现出更高的灵活、敏捷和智能。因此，智能制造越来越受到人们高度的重视。纵览全球，虽然总体而言智能制造尚处于概念和实验阶段，但各国政府均将此列入国家发展计划，大力推动实施。1992 年美国执行新技术政策，大力支持被总统称之的关键重大技术（Critical Techniloty），其包括信息技术和新的制造工艺，智能制造技术自在其中，美国政府希望借助此举改造传统工业并启动新产业。

加拿大制定的 1994—1998 年发展战略计划，认为未来知识密集型产业是驱动全球经济和加拿大经济发展的基础，认为发展和应用智能系统至关重要，并将具体研究项目选择为智能计算机、人机界面、机械传感器、机器人控制、新装置、动态环境下系统集成。

欧洲联盟的信息技术相关研究有 ESPRIT 项目，该项目大力资助有市场潜力的信息技术。1994 年又启动了新的 R&D 项目，选择了 39 项核心技术，其中三项（信息技术、分子生物学和先进制造技术）中均突出了智能制造的位置。

中国在 20 世纪 80 年代末也将"智能模拟"列入国家科技发展规划的主要课题，已在专家系统、模式识别、机器人、汉语机器理解方面取得了一批成果。国家科技部正式提出了"工业智能工程"，作为技术创新计划中创新能力建设的重要组成部分，智能制造将是该项工程中的重要内容。

由此可见，智能制造正在世界范围内兴起，它是制造技术发展，特别是制造信息技术发展的必然，是自动化和集成技术向纵深发展的结果

智能装备面向传统产业改造提升和战略性新兴产业发展需求，重点包括智能仪器仪表与控制系统、关键零部件及通用部件、智能专用装备等。它能实现各种制造过程自动化、智能化、精益化、绿色化，带动装备制造业整体技术水平的提升。

在"十二五"期间，我国对智能装备研发的财政支持力度将继续增大，智能装备产业发展重点将明确，"十二五"期间，国内智能装备的重点工作是要突破新型传感器与仪器仪表等核心关键技术，推进国民经济重点领域的发展和升级。

2016 年 1 月 10 日，工信部副部长冯飞表示，智能制造是中国制造 2025 最重要的方面，我们称为突破口、主战场。

5.2.6 中国智能制造呈现五个特点

2015 年 5 月 19 日，国务院印发《中国制造 2025》，明确了智能制造是建设制造强国的主攻方向。3 月 9 日，工信部发布了《关于开展 2015 年智能制造试点示范专项行动的通知》，从流程制造、离散制造、智能装备等六个方面分类实施试点示范，以促进工业转型升级，加快制造强国建设进程。3 月 31 日，工信部

发布《关于继续开展互联网与工业融合创新试点工作的通知》，提出继续在互联网与工业融合创新领域开展试点示范工作，培育互联网创新模式，为推动互联网与工业融合创新提供重要支撑。同时，各地密集出台智能制造配套措施。天津、云南、青岛等省市制定智能制造试点示范实施方案。

通过一系列的措施，中国智能制造呈现五个特点：

（1）"互联网＋制造业"成为新热点。互联网与各行各业融合创新步伐不断加快，其产生的化学反应和放大效应不断变革研发设计、生产制造和营销服务模式，成为制造业转型升级的新引擎。汽车、家电、消费品等行业加快拥抱互联网，众包众设研发模式、大规模个性化定制等"互联网＋"与制造业融合创新应用模式不断涌现。

（2）跨境电商平台成为新卖点。制造企业纷纷应用跨境电商承接海外订单、扩大出口、构建自主品牌、提升销售服务能力。沈阳装备制造企业利用国内最大的跨境电商平台大龙网，实现装备制造产品对外价值链的转型升级。依托生产线、机器、产品、工人等高度互联的智能工厂，广东易事特电源股份有限公司与拉美地区知名 B2B 电商平台 Mercantile 合作，开拓面向海外企业客户的跨境电商贸易新通路，以期实现电源和新能源产品对智利、墨西哥等拉美国家的业务拓展。

（3）云制造生态体系成为新视点。以云设计、云生产、云管理、云试验、云分析、云服务等为核心的云端制生态体系加速形成。在公共集成云端制服务平台方面，佛山市家居行业正式推出云制造公共服务平台。航天科工集团以丰富的制造资源和能力云池为依托，推出集产业互联网平台、开放创业平台和生产性服务业平台为一体的综合性服务平台——航天云网。在专业细分云端制服务平台方面，国内首个工业 SaaS 云——北京"云链"工业 SaaS 云平台正式上线。

（4）O2O 业务模式成为新亮点。多行业加快 O2O 布局，一大批制造企业通过 O2O 整合线上线下资源，创新商业模式，探索个性化定制、按需制造等新型生产方式。

（5）金融众筹商业模式成为新支点。2015 年上半年，金融众筹商业模式以其普惠金融、直连消费者的特性，为制造业企业构建并行融合产品研发、资金获取与价值挖掘的创业创新孵化生态环境。广大创业者通过在金融众筹平台与潜在用户进行双向互动,实现产品设计随用户反馈进行及时调整,以提高市场匹配率。金融众筹凭借其低融资门槛、灵活融资方式、快速迭代创新的平台定位,推动中小创业企业以低成本、高效率方式快速累积创业资本。金融众筹平台日渐成为创业创新项目的孵化器,带动大众创业、万众创新。

5.3 工业 4.0

"工业 4.0"研究项目由德国联邦教研部与联邦经济技术部联手资助,在德国工程院、弗劳恩霍夫协会、西门子公司等德国学术界和产业界的建议和推动下形成,并已上升为德国国家级战略。德国联邦政府投入达 2 亿欧元。

德国政府提出"工业 4.0"战略,并在 2013 年 4 月的汉诺威工业博览会上正式推出,其目的是为了提高德国工业的竞争力,在新一轮工业革命中占领先机。该战略已经得到德国科研机构和产业界的广泛认同,弗劳恩霍夫协会将在其下属 6—7 个生产领域的研究所引入工业 4.0 概念,西门子公司已经开始将这一概念引入其工业软件开发和生产控制系统。

工业 4.0 是德国政府提出的一个高科技战略计划。该项目由德国联邦教育局及研究部和联邦经济技术部联合资助,投资预计达 2 亿欧元。旨在提升制造业的智能化水平,建立具有适应性、资源效率及人因工程学的智慧工厂,在商业流程及价值流程中整合客户及商业伙伴。其技术基础是网络实体系统及物联网。

德国所谓的工业四代(Industry4.(0)是指利用物联信息系统(Cyber-PhysicalSystem 简称 CPS)将生产中的供应,制造,销售信息数据化、智慧化,最后达到快速,有效,个人化的产品供应。

工业 4.0 已经进入中德合作新时代,中德双方签署的《中德合作行动纲要》中,有关工业 4.0 合作的内容共有 4 条,第一条就明确提出工业生产的数字化就是"工业 4.0"对于未来中德经济发展具有重大意义。双方认为,两国政府应为企业参与该进程提供政策支持。

5.3.1 "工业 4.0" 的主要内涵

"工业 4.0" 概念包含了由集中式控制向分散式增强型控制的基本模式转变，目标是建立一个高度灵活的个性化和数字化的产品与服务的生产模式。在这种模式中，传统的行业界限将消失，并会产生各种新的活动领域和合作形式。创造新价值的过程正在发生改变，产业链分工将被重组。

德国学术界和产业界认为，"工业 4.0" 概念即是以智能制造为主导的第四次工业革命，或革命性的生产方法。该战略旨在通过充分利用信息通信技术和网络空间虚拟系统——信息物理系统（Cyber-Physical System）相结合的手段，将制造业向智能化转型。

5-1：工业 4.0 示意图

"工业 4.0" 项目主要分为三大主题：一是 "智能工厂"，重点研究智能化生产系统及过程，以及网络化分布式生产设施的实现；二是 "智能生产"，主要涉及整个企业的生产物流管理、人机互动以及 3D 技术在工业生产过程中的应用等。该计划将特别注重吸引中小企业参与，力图使中小企业成为新一代智能化生产技术的使用者和受益者，同时也成为先进工业生产技术的创造者和供应者；三是"智能物流"，主要通过互联网、物联网、物流网，整合物流资源，充分发挥现有物流资源供应方的效率，而需求方，则能够快速获得服务匹配，得到物流支持。

5.3.2 工业4.0中的产业数字化

德国制造业是世界上最具竞争力的制造业之一，在全球制造装备领域拥有领头羊的地位。这在很大程度上源于德国专注于创新工业科技产品的科研和开发，以及对复杂工业过程的管理。德国拥有强大的设备和车间制造工业，在世界信息技术领域拥有很高的能力水平，在嵌入式系统和自动化工程方面也有很专业的技术，这些因素共同奠定了德国在制造工程工业上的领军地位。德国的主要目的是，通过工业4.0战略的实施，将使德国成为新一代工业生产技术（即信息物理系统）的供应国和主导市场，会使德国在继续保持国内制造业发展的前提下再次提升它的全球竞争力。

工业4.0有一个关键点，就是"原材料（物质）""信息"。具体来讲，就是工厂内采购来的原材料，被"贴上"一个标签：这是给A客户生产的XX产品，XX项工艺中的原材料。准确来说，是智能工厂中使用了含有信息的"原材料"，实现了"原材料（物质）""信息"，制造业终将成为信息产业的一部分，所以工业4.0将成为最后一次工业革命。

商业模式对制造业来说至关重要。那么，在工业4.0时代，未来制造业的商业模式是什么？就是以解决顾客问题为主。所以说，未来制造企业将不仅仅进行硬件的销售，而是通过提供售后服务和其他后续服务，来获取更多的附加价值，这就是软性制造。而带有"信息"功能的系统成为硬件产品新的核心，意味着个性化需求、批量定制制造将成为潮流。制造业的企业家们要在制造过程中尽可能多的增加产品附加价值，拓展更多、更丰富的服务，提出更好、更完善的解决方案，满足消费者的个性化需求，走软性制造＋个性化定制道路。

5.3.3 工业4.0的发展现状

工业自动化是德国得以启动工业4.0的重要前提之一，主要是在机械制造和电气工程领域。目前在德国和国际制造业中广泛采用的"嵌入式系统"，正是将机械或电气部件完全嵌入到受控器件内部，是一种特定应用设计的专用计算机系统。数据显示，这种"嵌入式系统"每年获得的市场效益高达 200 亿欧元，而这个数字到 2020 年提升至 400 亿欧元。

有专家预计，不断推广的工业 4.0 将为德国的西门子、ABB、通快（Trumpf）等机械和电气设备生产商，以及菲尼克斯电气（Phoenix Contact）、浩亭（Harting）以及魏德米勒（Weidmuller）等中小企业带来大量订单。

德国联邦贸易与投资署专家 Jerome Hull 在接受记者专访时表示，工业 4.0 是运用智能去创建更灵活的生产程序、支持制造业的革新以及更好地服务消费者，它代表着集中生产模式的转变。Jerome Hull 介绍：所谓的系统应用、智能生产工艺和工业制造，并不是简单的一种生产过程，而是产品和机器的沟通交流，产品来告诉机器该怎么做。生产智能化在未来是可行的，将工厂、产品和智能服务通联起来，将是全球在新的制造业时代一件非常正常的事情。

工业 4.0 是涉及诸多不同企业、部门和领域，以不同速度发展的渐进性过程，跨行业、跨部门的协作成为必然。同样是在 2013 年汉诺威工业博览会上，由德国机械设备制造业联合会（VDMA）、德国电气和电子工业联合会（ZVEI）以及德国信息技术、通讯、新媒体协会（BITKOM）三个专业协会共同建立的工业 4.0 平台正式成立。

2014 年 11 月李克强总理访问德国期间，中德双方发表了《中德合作行动纲要：共塑创新》，宣布两国开展工业 4.0 合作，该领域的合作成为中德产业合作的新方向。而借鉴德国工业 4.0 计划，成为"中国制造 2025"的既定方略。随着中国的加入，德国提出的工业 4.0 影响力进一步扩大。

5.3.4 工业 4.0 的发展难点

当前，工业 4.0 在推进、发展过程中出现以下难点：

（1）标准化引领不明确

工厂要对内外各种物品与服务进行联网，那么，通信方式、数据格式等许多内容都需要标准化。目前在国际标准化舞台上，美、德、日等发达国家能够长期保持主导地位，主要凭借的就是强大的制造业综合实力，而我国目前在国际标准化舞台上仍然处于"听众"角色，也从一个侧面反映了我国制造业整体水平的差距。

标准先行是"工业4.0"战略的突出特点。为了保障"工业4.0"顺利实施，德国将标准化排在行动首位，成立一个工作组，专门处理标准化和参考架构方面的问题。2013年12月，德国电气电子和信息技术协会发布了"工业4.0"标准化路线图。我国在推进信息技术与工业深度融合的具体实践中，也应高度重视标准化在制造业发展中的引领作用，及时出台"两化融合"或"两化深度融合"的标准化路线图，尽最大可能实现标准的国际化，使中国标准得到国际上的广泛采用。

此外，跨学科、跨领域是制造业高技术发展的显著特点。随着制造业技术不断发展，各种高新技术以前所未有的广度和深度渗透到制造业的各个环节中，使制造业的产品生产过程和管理方式都发生了深刻，甚至是革命性的变化，催生了一大批新兴高技术制造业出现。反过来，制造业在发展过程中，不断融入和集成各种技术，形成极为复杂的系统化过程。为此，只有从一开始就进行标准化的约束和引导，才能有序开展与推广"两化融合"。

（2）系统管理更加很杂

实际生产过程与各种业务管理系统协同之后，系统整体更加复杂化，对其进行管理将更加困难。产、学、研、用多个层面的联合机制在一定程度上能够化解系统的复杂化，不断完善管理体系。德国"工业4.0"是由德国工程院、弗劳恩霍夫协会、西门子、博世等企业联合发起的，工作组成员也是由产、学、研、用多方代表组成的。因此，"工业4.0"战略一经提出，就很快得到了学术界、产业界的积极响应。

从我国制造业来看，企业普遍重视技术，但不重视流程管控，尤其是在技术研发方面。而未来的制造业体系将越来越复杂，这就需要产、学、研、用多个层面联合来推动制造业创新发展。因此，我国应该充分吸收和借鉴德国"工业4.0"的联合模式，一方面，政府要通过引导和支持的方式促进不同类型的产、学、研合作联盟发展；另一方面，选择几个重点行业和关键技术领域进行试点，由创新意愿较高的企业牵头，联合科研实力雄厚的大学或科研机构，组建多种形式的研发联盟，充分调动各方资源和力量，共同推进技术研发与应用推广。

德国认为，迈向"工业4.0"的道路上，生产过程与各种业务管理系统协同之后，系统整体会更加复杂化，对其进行管理将更为困难。为此，需要实现"制造系统的横向、纵向集成"和"工程端到端的集成"。横向集成主要解决企业和企业之间复杂系统管理，实现信息无缝的交流；纵向集成主要解决企业内部的复杂系统管理，在企业的研发、设计、制造、验证、物流、交互各环节，所有的信息都无缝隙、高效、顺畅地传递；端到端集成主要解决贯穿整个价值链的工程化信息系统集成的复杂系统管理问题，以保障大规模个性化定制的实施。

（3）通信基础设施建设不足

德国"工业4.0"的本质就是基于信息物理系统（CPS）实现"智能工厂"，让制造业的各个环节充分地与互联网融合，形成工业互联网。而实现工业互联网就需要适用于工业的、具有高可靠性的通信基础设施建设作为基本保障。此外，随着工业互联网的形成，也必然会出现工业大数据。工业大数据的采集、传输、交互和共享，必然要求建立容量、带宽、存储与数据处理能力更强大的基础设施。而当前的网络基础设施恐怕难以满足"工业4.0"时代的要求。因此，构建容量更大、服务质量更可靠的工业通信基础设施，将成为未来制造业迫切需要解决的一项课题。

（4）网络安全保障欠佳

工厂与外界实现联网之后，恶意软件入侵、网络受到攻击的危险性会有所提升，这就需要制定保障网络安全的对策与解决方案。

进入21世纪以来，各种针对工业基础设施的网络攻击就开始出现。例如：澳大利亚下水道监控系统和美国核电站监控系统曾被第三方经由无线网络系统侵入，波兰地铁信号系统也被入侵。而近年来，这样的攻击更是愈演愈烈。2012年8月，沙特国营石油公司Aramco受到网络攻击，攻击者的目标为制油/制气工程，意图通过使工程中止，让石油/天然气的生产发生异常。

随着"工业4.0"时代的到来，人力、物料、生产设备、各种生产管理系统以及价值链上的众多协同企业都将互联，随之而来的是网络安全问题的隐忧，这就迫切需要建立一套完善的工业互联网信息安全认证体系，此外在认证制度的设计和标准规范的研究与设计方面，还需要大量的经验积累。初期，我国可以与国际认证机构合作,开展联合认证服务,同时逐步建立自己的安全认证机制。这不仅是与国际通行做法接轨,也有利于信息安全领域的国际交流与合作,在切实提高我国信息安全水平的同时,帮助和促进工业企业提升信息安全技术水平,引导产业健康发展。

5.4 工业互联网

工业互联网最早在美国提出并实施。它是工业系统与高级计算、分析、感应技术以及互联网连接融合的一种结果。2018 年 7 月,工信部印发《工业互联网平台建设及推广指南》和《工业互联网平台评价方法》。2019 年 1 月 18 日,工信部印发《工业互联网网络建设及推广指南》。同年 3 月,"工业互联网"成为"热词"并写入《2019 年国务院政府工作报告》。

5.4.1 工业互联网释义

"工业互联网"的概念最早由通用电气于 2012 年提出,随后美国五家行业龙头企业联手组建了工业互联网联盟(IIC),将这一概念大力推广开来。除了

5-2:工业互联网示意图

通用电气这样的制造业巨头,加入该联盟的还有 IBM、思科、英特尔等 IT 企业。

工业互联网的本质和核心是通过工业互联网平台把设备、生产线、工厂、供应商、产品和客户紧密地连接融合起来。可以帮助制造业拉长产业链,形成跨设备、跨系统、跨厂区、跨地区的互联互通,从而提高效率,推动整个制造服务体系智能化。还有利于推动制造业融通发展,实现制造业和服务业之间的跨越发展,使工业经济各种要素资源能够高效共享,并促进物理世界和数字世界的融合。

国家顶级节点是整个工业互联网标识解析体系的核心环节,是支撑工业万物互联互通的神经枢纽。按照工信部统一规划和部署,我国工业互联网标识解析国家顶级节点落户在北京、上海、广州、武汉、重庆五大城市。

工业互联网的目标是升级那些关键的工业领域。2019 年 1 月 18 日,工信部印发《工业互联网网络建设及推广指南》,明确提出以构筑支撑工业全要素、全产业链、全价值链互联互通的网络基础设施为目标,着力打造工业互联网标杆网络、创新网络应用,规范发展秩序,加快培育新技术、新产品、新模式、新业态。到 2020 年,形成相对完善的工业互联网网络顶层设计。

5.4.2 工业互联网的内容

通用电气提出的"工业互联网"与德国明确提出的"工业 4.0 战略"有异曲同工之妙,被称为美国版工业 4.0。无论是 GE 2012 年提出的"工业互联网",德国 2013 年提出的"工业 4.0",还是"中国制造 2025",其核心都是通过数字化的转型,提高制造业的水平。

工业互联网将整合两大革命性转变之优势:其一是工业革命,伴随着工业革命,出现了无数台机器、设备、机组和工作站;其二则是更为强大的网络革命,在其影响之下,计算、信息与通信系统应运而生并不断发展。事实上,工业互联网的概念国内一直都有,而非仅仅是舶来品。

伴随着这样的发展,以下三种元素逐渐融合,充分体现出工业互联网之精髓:

一是智能机器。以崭新的方法将现实世界中的机器、设备、团队和网络通过先进的传感器、控制器和软件应用程序连接起来。

二是高级分析。使用基于物理的分析法、预测算法、自动化和材料科学,电气工程及其他关键学科的深厚专业知识来理解机器与大型系统的运作方式。

三是工作人员。建立员工之间的实时连接,连接各种工作场所的人员,以支持更为智能的设计、操作、维护以及高质量的服务与安全保障。

将这些元素融合起来,将为企业与经济体提供新的机遇。例如,传统的统计方法采用历史数据收集技术,这种方式通常将数据、分析和决策分隔开来。伴随着先进的系统监控和信息技术成本的下降,工作能力大大提高,实时数据处理的规模得以大大提升,高频率的实时数据为系统操作提供全新视野。机器分析则为分析流程开辟新维度,各种物理方式之结合、行业特定领域的专业知识、信息流的自动化与预测能力相互结合可与现有的整套"大数据"工具联手合作。最终,工业互联网将涵盖传统方式与新的混合方式,通过先进的特定行业分析,充分利用历史与实时数据。

工业互联网是指全球工业系统与高级计算、分析、感应技术以及互联网连接融合的结果。它通过智能机器间的连接并最终将人机连接,结合软件和大数据分析,重构全球工业、激发生产力,让世界更美好、更快速、更安全、更清洁且更经济。

5.4.3 工业互联网的效应

工业互联网首先是全面互联,在全面互联的基础上,通过数据流动和分析,形成智能化变革,形成新的模式和新的业态。互联是基础,工业互联网是工业系统的各种元素互联起来,无论是机器、人还是系统。互联解决了通信的基本,更重要的是数据端到端的流动,跨系统的流动,在数据流动技术上充分分析、建模。智能化生产、网络化协同、个性化定制、服务化延伸是在互联的基础上,通过数据流动和分析,形成新的模式和新的业态。

这是工业互联网的基础,比现在的互联网更强调数据,更强调充分的连接,更强调数据的流动和集成以及分析和建模,这和互联网是有所不同的。工业互联网的本质是要有数据的流动和分析。

工业互联网的发展情况和互联网大潮时期类似，截至 2030 年工业互联网革命将为全球 GDP 带来 15 万亿美元，相当于在计算全球经济总量时把美国的经济多加了一次。最令人惊讶的地方在于这一切来源于那些看起来很小的生产力提升。即使是 1% 的生产效率提升，背后潜藏的上升空间也是没有人可以抵挡的。

当前，工业互联网已经不断应用于各个领域，并且开始潜移默化地改变我们的生活。工业互联网将智能设备、人和数据连接起来，并以智能的方式利用这些交换的数据。在通用电气的倡导下，思科（Cisco）、通用电气（GE）、IBM、英特尔（intel）在美国波士顿宣布成立工业互联网联盟（IIC），以期打破技术壁垒，促进物理世界和数字世界的融合。

5.4.4 推进工业互联网的中国行动

2015 年发布《国务院关于积极推进"互联网 +"行动的指导意见》提出推动互联网与制造业融合，提升制造业数字化、网络化、智能化水平，加强产业链协作，发展基于互联网的协同制造新模式。

2016 年出台《关于深化制造业与互联网融合发展的指导意见》，提出充分释放"互联网 +"的力量，改造提升传统动能，培育新的经济增长点，加快推动"中国制造"提质增效升级，实现从工业大国向工业强国迈进。

2017 年，国务院正式发布《关于深化"互联网 + 先进制造业"发展工业互联网的指导意见》，提出增强工业互联网产业供给能力，持续提升我国工业互联网发展水平，深入推进"互联网 +"，形成实体经济与网络相互促进、同步提升的良好格局。

2018 年，工业和信息化部印发了《工业互联网平台建设及推广指南》和《工业互联网平台评价方法》。指南提出，到 2020 年，培育 10 家左右的跨行业跨领域工业互联网平台和一批面向特定行业、特定区域的企业级工业互联网平台。

2019 年 1 月，工信部已印发《工业互联网网络建设及推广指南》，初步建成工业互联网基础设施和技术产业体系，包括建设满足试验和商用需求的工业互联网企业外网标杆网络，建设一批工业互联网企业内网标杆网络，建成一批关键技术和重点行业的工业互联网网络实验环境，建设 20 个以上网络技术创新和行业应用测试床，形成先进、系统的工业互联网网络技术体系和标准体系等。

2019 年 3 月，2019 年全国两会上，"工业互联网"成为"热词"并写入《2019 年国务院政府工作报告》。报告提出，围绕推动制造业高质量发展，强化工业基础和技术创新能力，促进先进制造业和现代服务业融合发展，加快建设制造强国。打造工业互联网平台，拓展"智能 +"，为制造业转型升级赋能。

2020 年 3 月，工信部印发《关于推动工业互联网加快发展的通知》，通知中要求各有关单位要加快新型基础设施建设、加快拓展融合创新应用、加快健全安全保障体系、加快壮大创新发展动能、加快完善产业生态布局、加大政策支持力度。深入贯彻习近平总书记在统筹推进新冠肺炎疫情防控和经济社会发展工作部署会议上的重要讲话精神，落实中央关于推动工业互联网加快发展的决策部署，统筹发展与安全，推动工业互联网在更广范围、更深程度、更高水平上融合创新，培植壮大经济发展新动能，支撑实现高质量发展。

5.4.5 中国推进工业互联网的成效

据中国工业互联网研究院发布的《中国工业互联网产业经济发展白皮书（2020 年）》，我国推进工业互联网取得以下主要成效。

（1）工业互联网产业增加值规模持续扩大。据测算，2019 年我国工业互联网增加值规模达到 3.41 万亿元，名义增速达到 22.14%，占 GDP 的比重为 3.44%。预计 2020 年，工业互联网产业增加值规模将达到 3.78 万亿元，占 GDP 的比重将升高至 3.63%，成为推动国民经济高质量增长的关键动力。

（2）工业互联网缓解就业压力并优化就业结构。面对 2020 年的新冠疫情等因素的叠加影响，就业压力持续加大，而"稳就业"作为"六稳"之首，是落实民生工作的核心要义。据测算，2019 年我国工业互联网新增就业人数 312.20 万人。预计 2020 年，工业互联网新增就业人数 131.29 万人，有效地缓解就业压力。

（3）工业互联网赋能各行业发展效果显著。据测算，2019 年工业互联网带动第一产业、第二产业、第三产业的产业增加值规模分别为 0.049 万亿元、1.775 万亿元、1.585 万亿元，名义增速分别为 23.92%、20.05%、24.51%，增速同比增长 9.41%、3.08%、2.57%。其中，工业互联网带动制造业的增加值规模达到 14694.68 亿元，在 19 个行业门类中位居首位；带动增加值规模超过千亿的产业已达到 9 个，展现出工业互联网在各个具体行业的开拓性和创造力，助力产业活跃、经济提质。

（4）各地区工业互联网发展齐头并进且百花齐放。2019 年，广东省和江苏省的工业互联网增加值规模超过 3000 亿元，广东省更是遥遥领先，达到 3847 亿元。山东、浙江、河南等 11 省市的增加值规模超过千亿元，而且工业互联网增加值增速显著高于 GDP 同期增速。工业互联网产业在全国各地呈现燎原之势。各大重点区域协同推进工业互联网建设，地方特色也初具雏形，其中，长三角地区、珠三角地区和西南地区在全国范围内优势逐渐凸显。

工业互联网正在重构工业体系，通过生产组织方式创新，搭建高速流通、高效畅通的实体网络，推动工业跨领域凝聚整合，为经济高质量发展提供新思路和新方案，并逐渐成为经济增量的驱动引擎。

5.5 中国制造 2025

经过几十年的快速发展，我国制造业规模跃居世界第一位，建立起门类齐全、独立完整的制造体系，成为支撑我国经济社会发展的重要基石和促进世界经济发展的重要力量。持续的技术创新，大大提高了我国制造业的综合竞争力。载人航天、载人深潜、大型飞机、北斗卫星导航、超级计算机、高铁装备、百万千瓦级发电装备、万米深海石油钻探设备等一批重大技术装备取得突破，形成了若干具有国际竞争力的优势产业和骨干企业，我国已具备了建设工业强国的基础和条件。但是，与先进国家相比还有较大差距，主要表现在高端装备制造业和生产性服务业发展滞后、信息化水平不高、企业全球化经营能力不足等。

新一代信息技术与制造业深度融合，正在引发影响深远的产业变革，形成新的生产方式、产业形态、商业模式和经济增长点。各国都在加大科技创新力度,推动三维(3D)打印、移动互联网、云计算、大数据、生物工程、新能源、新材料等领域取得新突破。基于信息物理系统的智能装备、智能工厂等智能制造正在引领制造方式变革;网络众包、协同设计、大规模个性化定制、精准供应链管理、全生命周期管理、电子商务等正在重塑产业价值链体系;可穿戴智能产品、智能家电、智能汽车等智能终端产品不断拓展制造业新领域。我国制造业转型升级、创新发展迎来重大机遇。

为了固本培元,抢占制造业新一轮竞争制高点,我国制定了《中国制造2025》(国发〔2015〕28号),是我国实施制造强国战略的第一个十年的行动纲领。

5.5.1 中国制造 2025 的指导思想

国发〔2015〕28号文件指出,以加快新一代信息技术与制造业深度融合为主线,以推进智能制造为主攻方向,以满足经济社会发展和国防建设对重大技术装备的需求为目标,强化工业基础能力,提高综合集成水平,完善多层次多类型人才培养体系,促进产业转型升级,培育有中国特色的制造文化,实现制造业由大变强的历史跨越。基本方针是:

(1)创新驱动。坚持把创新摆在制造业发展全局的核心位置,完善有利于创新的制度环境,推动跨领域跨行业协同创新,突破一批重点领域关键共性技术,促进制造业数字化网络化智能化,走创新驱动的发展道路。

(2)质量为先。坚持把质量作为建设制造强国的生命线,强化企业质量主体责任,加强质量技术攻关、自主品牌培育。建设法规标准体系、质量监管体系、先进质量文化,营造诚信经营的市场环境,走以质取胜的发展道路。

(3)绿色发展。坚持把可持续发展作为建设制造强国的重要着力点,加强节能环保技术、工艺、装备推广应用,全面推行清洁生产。发展循环经济,提高资源回收利用效率,构建绿色制造体系,走生态文明的发展道路。

(4)结构优化。坚持把结构调整作为建设制造强国的关键环节,大力发展先进制造业,改造提升传统产业,推动生产型制造向服务型制造转变。优化产业空间布局,培育一批具有核心竞争力的产业集群和企业群体,走提质增效的发展道路。

（5）人才为本。坚持把人才作为建设制造强国的根本，建立健全科学合理的选人、用人、育人机制，加快培养制造业发展急需的专业技术人才、经营管理人才、技能人才。营造大众创业、万众创新的氛围，建设一支素质优良、结构合理的制造业人才队伍，走人才引领的发展道路。

5.5.2 中国制造 2025 的战略目标

立足国情，立足现实，力争通过"三步走"实现制造强国的战略目标。

第一步：力争用十年时间，迈入制造强国行列。到 2020 年，基本实现工业化，制造业大国地位进一步巩固，制造业信息化水平大幅提升。掌握一批重点领域关键核心技术，优势领域竞争力进一步增强，产品质量有较大提高。制造业数字化、网络化、智能化取得明显进展。重点行业单位工业增加值能耗、物耗及污染物排放明显下降。到 2025 年，制造业整体素质大幅提升，创新能力显著增强，全员劳动生产率明显提高，两化（工业化和信息化）融合迈上新台阶。重点行业单位工业增加值能耗、物耗及污染物排放治理达到世界先进水平。形成一批具有较强国际竞争力的跨国公司和产业集群，在全球产业分工和价值链中的地位明显提升。

第二步：到 2035 年，我国制造业整体达到世界制造强国阵营中等水平。创新能力大幅提升，重点领域发展取得重大突破，整体竞争力明显增强，优势行业形成全球创新引领能力，全面实现工业化。

第三步：新中国成立一百年时，制造业大国地位更加巩固，综合实力进入世界制造强国前列。制造业主要领域具有创新引领能力和明显竞争优势，建成全球领先的技术体系和产业体系。

5.5.3 推进信息化与工业化深度融合

国家提出，要加快推动新一代信息技术与制造技术融合发展，把智能制造作为两化深度融合的主攻方向；着力发展智能装备和智能产品，推进生产过程智能化，培育新型生产方式，全面提升企业研发、生产、管理和服务的智能化水平。

（1）研究制定智能制造发展战略。编制智能制造发展规划，明确发展目标、重点任务和重大布局。加快制定智能制造技术标准,建立完善智能制造和两化融合管理标准体系。强化应用牵引,建立智能制造产业联盟,协同推动智能装备和产品研发、系统集成创新与产业化。促进工业互联网、云计算、大数据在企业研发设计、生产制造、经营管理、销售服务等全流程和全产业链的综合集成应用。加强智能制造工业控制系统网络安全保障能力建设,健全综合保障体系。

（2）加快发展智能制造装备和产品。组织研发具有深度感知、智慧决策、自动执行功能的高档数控机床、工业机器人、增材制造装备等智能制造装备以及智能化生产线,突破新型传感器、智能测量仪表、工业控制系统、伺服电机及驱动器和减速器等智能核心装置,推进工程化和产业化。加快机械、航空、船舶、汽车、轻工、纺织、食品、电子等行业生产设备的智能化改造,提高精准制造、敏捷制造能力。统筹布局和推动智能交通工具、智能工程机械、服务机器人、智能家电、智能照明电器、可穿戴设备等产品研发和产业化。

（3）推进制造过程智能化。在重点领域试点建设智能工厂/数字化车间,加快人机智能交互、工业机器人、智能物流管理、增材制造等技术和装备在生产过程中的应用,促进制造工艺的仿真优化、数字化控制、状态信息实时监测和自适应控制。加快产品全生命周期管理、客户关系管理、供应链管理系统的推广应用,促进集团管控、设计与制造、产供销一体、业务和财务衔接等关键环节集成,实现智能管控。加快民用爆炸物品、危险化学品、食品、印染、稀土、农药等重点行业智能检测监管体系建设,提高智能化水平。

（4）深化互联网在制造领域的应用。制定互联网与制造业融合发展的路线图,明确发展方向、目标和路径。发展基于互联网的个性化定制、众包设计、云制造等新型制造模式,推动形成基于消费需求动态感知的研发、制造和产业组织方式。建立优势互补、合作共赢的开放型产业生态体系。加快开展物联网技术研发和应用示范,培育智能监测、远程诊断管理、全产业链追溯等工业互联网新应用。实施工业云及工业大数据创新应用试点,建设一批高质量的工业云服务和工业大数据平台,推动软件与服务、设计与制造资源、关键技术与标准的开放共享。

（5）加强互联网基础设施建设。加强工业互联网基础设施建设规划与布局,建设低时延、高可靠、广覆盖的工业互联网。加快制造业集聚区光纤网、移动通信网和无线局域网的部署和建设，实现信息网络宽带升级，提高企业宽带接入能力。针对信息物理系统网络研发及应用需求，组织开发智能控制系统、工业应用软件、故障诊断软件和相关工具、传感和通信系统协议，实现人、设备与产品的实时联通、精确识别、有效交互与智能控制。

5.5.4 用数字技术支撑重点领域突破发展

国有提出，要瞄准新一代信息技术、高端装备、新材料、生物医药等战略重点，引导社会各类资源集聚，推动优势和战略产业快速发展。在列举的 10 大重点领域中，数字技术应用几乎贯穿始终。

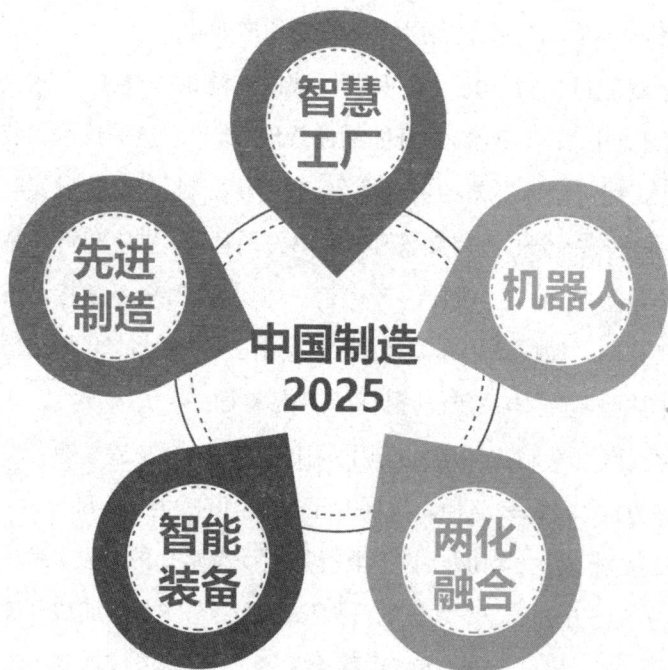

5-3：中国制造 2025 信息技术示意图

（1）新一代信息技术产业。一是集成电路及专用装备。着力提升集成电路设计水平，不断丰富知识产权（IP）核和设计工具，突破关系国家信息与网络安全及电子整机产业发展的核心通用芯片，提升国产芯片的应用适配能力。掌握高密度封装及三维（3D）微组装技术，提升封装产业和测试的自主发展能力。形成关键制造装备供货能力。二是信息通信设备。掌握新型计算、高速互联、先进存储、体系化安全保障等核心技术，全面突破第五代移动通信（5G）技术、核心路由交换技术、超高速大容量智能光传输技术、"未来网络"核心技术和体系架构，积极推动量子计算、神经网络等发展。研发高端服务器、大容量存储、新型路由交换、新型智能终端、新一代基站、网络安全等设备，推动核心信息通信设备体系化发展与规模化应用。三是操作系统及工业软件。开发安全领域操作系统等工业基础软件。突破智能设计与仿真及其工具、制造物联与服务、工业大数据处理等高端工业软件核心技术，开发自主可控的高端工业平台软件和重点领域应用软件，建立完善工业软件集成标准与安全测评体系。推进自主工业软件体系化发展和产业化应用。

（2）高档数控机床和机器人。一是高档数控机床。开发一批精密、高速、高效、柔性数控机床与基础制造装备及集成制造系统。加快高档数控机床、增材制造等前沿技术和装备的研发。以提升可靠性、精度保持性为重点，开发高档数控系统、伺服电机、轴承、光栅等主要功能部件及关键应用软件，加快实现产业化。加强用户工艺验证能力建设。二是机器人。围绕汽车、机械、电子、危险品制造、国防军工、化工、轻工等工业机器人、特种机器人，以及医疗健康、家庭服务、教育娱乐等服务机器人应用需求，积极研发新产品，促进机器人标准化、模块化发展，扩大市场应用。突破机器人本体、减速器、伺服电机、控制器、传感器与驱动器等关键零部件及系统集成设计制造等技术瓶颈。

（3）航空航天装备。一是航空装备。加快大型飞机研制，适时启动宽体客机研制，鼓励国际合作研制重型直升机；推进干支线飞机、直升机、无人机和通用飞机产业化。突破高推重比、先进涡桨（轴）发动机及大涵道比涡扇发动机技术，建立发动机自主发展工业体系。开发先进机载设备及系统，形成自主完整的航空产业链。二是航天装备。发展新一代运载火箭、重型运载器，提升进入空间能力。加快推进国家民用空间基础设施建设，发展新型卫星等空间平台与有效载荷、空天地宽带互联网系统，形成长期持续稳定的卫星遥感、通信、导航等空间信息服务能力。推动载人航天、月球探测工程,适度发展深空探测。推进航天技术转化与空间技术应用。

(4)海洋工程装备及高技术船舶。大力发展深海探测、资源开发利用、海上作业保障装备及其关键系统和专用设备。推动深海空间站、大型浮式结构物的开发和工程化。形成海洋工程装备综合试验、检测与鉴定能力,提高海洋开发利用水平。突破豪华邮轮设计建造技术,全面提升液化天然气船等高技术船舶国际竞争力,掌握重点配套设备集成化、智能化、模块化设计制造核心技术。

(5)先进轨道交通装备。加快新材料、新技术和新工艺的应用,重点突破体系化安全保障、节能环保、数字化智能化网络化技术,研制先进可靠适用的产品和轻量化、模块化、谱系化产品。研发新一代绿色智能、高速重载轨道交通装备系统,围绕系统全寿命周期,向用户提供整体解决方案,建立世界领先的现代轨道交通产业体系。

(6)节能与新能源汽车。继续支持电动汽车、燃料电池汽车发展,掌握汽车低碳化、信息化、智能化核心技术,提升动力电池、驱动电机、高效内燃机、先进变速器、轻量化材料、智能控制等核心技术的工程化和产业化能力,形成从关键零部件到整车的完整工业体系和创新体系,推动自主品牌节能与新能源汽车同国际先进水平接轨。

(7)电力装备。推动大型高效超净排放煤电机组产业化和示范应用,进一步提高超大容量水电机组、核电机组、重型燃气轮机制造水平。推进新能源和可再生能源装备、先进储能装置、智能电网用输变电及用户端设备发展。突破大功率电力电子器件、高温超导材料等关键元器件和材料的制造及应用技术,形成产业化能力。

(8)农机装备。重点发展粮、棉、油、糖等大宗粮食和战略性经济作物育、耕、种、管、收、运、贮等主要生产过程使用的先进农机装备,加快发展大型拖拉机及其复式作业机具、大型高效联合收割机等高端农业装备及关键核心零部件。提高农机装备信息收集、智能决策和精准作业能力,推进形成面向农业生产的信息化整体解决方案。

(9)新材料。以特种金属功能材料、高性能结构材料、功能性高分子材料、特种无机非金属材料和先进复合材料为发展重点，加快研发先进熔炼、凝固成型、气相沉积、型材加工、高效合成等新材料制备关键技术和装备，加强基础研究和体系建设，突破产业化制备瓶颈。积极发展军民共用特种新材料，加快技术双向转移转化，促进新材料产业军民融合发展。高度关注颠覆性新材料对传统材料的影响，做好超导材料、纳米材料、石墨烯、生物基材料等战略前沿材料提前布局和研制。加快基础材料升级换代。

（10）生物医药及高性能医疗器械。发展针对重大疾病的化学药、中药、生物技术药物新产品，重点包括新机制和新靶点化学药、抗体药物、抗体偶联药物、全新结构蛋白及多肽药物、新型疫苗、临床优势突出的创新中药及个性化治疗药物。提高医疗器械的创新能力和产业化水平，重点发展影像设备、医用机器人等高性能诊疗设备，全降解血管支架等高值医用耗材，可穿戴、远程诊疗等移动医疗产品。实现生物 3D 打印、诱导多能干细胞等新技术的突破和应用。

5.5.5 中国制造 2025 的企业行动

《中国制造 2025》给数以万计的中国制造企业吹响的出征号角。华为、中兴、美的、格兰仕等众多企业积极行动，从不同层面摸索、探寻"中国制造 2025"的实践之路。

在珠三角，东莞和佛山是两座产业布局和企业结构"截然不同"的城市，但是现在两座城市的众多企业都在集中力量干一件事——建设"无人工厂"。在东莞，松山湖长盈精密技术有限公司给新设立的车间安装 1000 个机械手。这些机械手安装完毕，相关车间的用工总数会大规模压缩 90% 左右。在佛山，顺德凯恒电机有限公司同样在安装看上去完全不同的一类机械手。该公司在改造后的一年时间里，企业产能提高了 50%，人员节约了 70%，而且可以此为基础实现跟物联网的对接，发展出信息化水平更高的制造能力。

专家看来，"中国制造 2025"的另一大作用，就是促进中国制造企业进一步加快产业比较优势的"汰旧换新"。深圳众为兴技术股份有限公司相关负责人表示，以前我国劳动力市场非常充裕，对机器人的需求也比较小。珠三角的发展现状表明，市场正在倒逼机器人技术、智能设备产业实现更多突破、更多国产化。

事实上,市场需求的强烈刺激,已经刺激、带动了一批智能设备企业的蓬勃发展。早在 2015 年 3 月,广东省政府就印发了《广东省工业转型升级攻坚战三年行动计划(2015—2017 年)》,力争至 2017 年末,累计引导 2 万家、超过 50%的规模以上工业企业完成新一轮技术改造,三年累计完成工业技术改造投资9430 亿元,并推动 1950 家规模以上工业企业开展"机器换人"。可以想见,在"中国制造 2025"的推动下,未来珠三角很快将出现一个新的智能设备产业投资和发展高潮。

数字经济

第六章

服务业数字化

本章论述的服务业数字化是指,互联网、大数据、人工智能等数字技术的发展,推动服务业线下场景线上化、服务业数字化转型的过程。伴随碰着服务业数字化提速,推动数字化向服务业全链条扩散覆盖,进而推动服务经济质量变革、效率变革和动力变革,形成数字服务业的新业态、新模式。简而言之,数字技术向服务业全产业链渗透,叫服务产业数字化;服务产业数字化形成的结果,叫数字服务业。

数字 经济

近年来，养老概念不断升温。一方面，"百善孝为先"，中华民族自古以来就是一个注重孝道、讲究行孝的民族；另一方面，人口老龄化已是当下我国不得不面对的问题。然而，面对养老资源不足、产业成熟度不高等问题，如何挖掘市场空间？如何培养居家养老市场化运营服务模式？养老服务的数字化转型，为我们指明了方向。

中国联合网络通信有限公司上海市分公司（下称"上海联通"）依托多年对养老机构资源向居家延伸的积累，在上海市民政局的指导下，与上海市养老服务行业协会共同打造了数字化（虚拟）养老院项目。该项目以杨浦区民政局居家和社区养老服务改革试点为契机，以杨浦区社会福利院为依托，形成了机构养老资源辐射居家养老的新模式。让数字化（虚拟）养老院落地，使养老不再离家。

数字化养老院实现了居家养老，看似"虚"，其实很"实"，专业化的机构服务资源和其他相关的公共资源可以通过虚拟养老院得到最大限度的共享、共用。和传统养老方式相比，"数字化养老院"投资少、运营成本低，服务范围大，或将成为今后老年人养老的一种新的趋势。通过对老人居家环境进行适老化改造，利用物联网和无线传感技术，通过智能养老设备对老人进行24小时实时监测和风险防控，并通过信息化管理，依托养老机构和社区居家服务机构，调控养老服务资源，为老人提供照护服务，从而建立符合养老机构标准的数字化养老床位。适老化改造项目例如：智能门锁、门窗防盗告警器、智能水表/烟感、夜间监护设备、记忆照护设备、投诉反馈设备、扶手、洗澡椅子、护理工具箱等。另外还有诸多产品供老人选用，诸如迈动医疗智能手套、傅利叶外骨骼机器人、睡眠看护仪、蓝牙血压计……这些老年福祉产品皆可在指定养老服务机构展示、体验、租赁、销售、科普，加速推动老年福祉产品进机构、进社区、进家庭，促进老年福祉产品的应用和推广。

为贯彻落实《上海市深化养老服务实施方案（2019-2022年）》，上海市民政局、上海市医疗保障局、上海市财政局印发《上海市开展家庭照护床位试点方案》，旨在依托有资质的养老服务机构，将专业照护服务延伸至老年人家中（15分钟半径），使老年人家中的床位成为具备"类机构"照护功能的床位。其中，如何确保服务的及时响应将是关键，同时老年人生活中往往也会出现一些突发状况，甚至来不及传递出需求，引入数字化手段是一条很好的解决途径。

杨浦区社会福利院作为数字化（虚拟）养老院的服务提供主体，在服务提供中定制相应的服务项目、用工标准及服务标准。上海联通为项目搭建了"数字化养老院"平台，当老年人有服务需求或监控中出现老年人需要服务时，信息服务平台会自动采集并识别老年人的服务需求，调控专业养老机构的养老服务资源，并安排人员上门为老人提供照护服务，实现各环节联动。该项目以杨浦区长白新村街道为试点，服务覆盖周边居家老人，实现了"让老人在家中享受养老机构专业化护理服务"的初始愿景。比如80岁的陈阿婆，子女不在身边，数字化（虚拟）养老院项目给她带来了直接的影响。现在，护理员每天都会上门来进行为期1个小时的日常照护服务。除此之外，整理房间、散步陪护，家中大小事护理员都能搭把手，再也不用动不动就打电话叫孩子回家。

这里探索居家养老服务新模式，建设数字化（虚拟）养老院项目，正是上海联通赋能养老行业的一个缩影。据了解，上海联通早在2018年就开始了这方面的工作，并已取得了一定的成果。2019年底，由上海市养老服务行业协会主办，上海联通承办的"数字（虚拟）养老机构标准发布会"发布了《数字（虚拟）养老机构建设规范》《数字（虚拟）养老机构运营管理规范》《数字（虚拟）养老机构服务规范》三个行业标准。新标准的出台将促进居家、社区、机构养老服务的融合，探索上海新时代养老服务模式。

与此同时，上海联通正不断将5G技术融合应用到智慧养老，期望在上海市乃至长三角实现示范应用和普及推广，积极推动智慧养老的快速发展，让更多的老年人能及时享受信息化和人工智能带来的便捷，提升老年人的获得感，更好地服务民生。

通过以上实例，我们对服务业数字化有了感性认识。下面我们将对服务业的数字化转型进行理论探讨。

6.1 服务业数字化的概念和意义

前面两章论述了第一产业和第二产业的数字化，即数字农业和数字工业。本章主要论述第三产业数字化，即数字服务业。

关于三大产业（或三次产业）的其划分，世界各国不完全一致，但基本均划分为三大类。第一产业主要指生产食材以及其他一些生物材料的产业，包括种植业、林业、畜牧业、水产养殖业等直接以自然物为生产对象的产业，泛指农业。第二产业主要指加工制造产业（或指手工制作业），利用自然界和第一产业提供的基本材料进行加工处理，统称工业。第三产业是指第一、第二产业以外的其他行业，即现代服务业或商业，范围比较广泛。

为更好地反映我国三次产业的发展情况，满足国民经济核算、服务业统计及其他统计调查对三次产业划分的需求，我国于 2012 年对国民经济分类进行了修订。明确第三产业为服务业，具体分为 15 个门类和 3 个大类。本章主要探讨服务业中数字化转型比较明显的业态，如批发零售业、金融业、文体娱乐等。

本章论述的服务业数字化是指，互联网、大数据、人工智能等数字技术的发展，推动服务业线下场景线上化、服务业数字化转型的过程。伴随碰着服务业数字化提速，推动数字化向服务业全链条扩散覆盖，进而推动服务经济质量变革、效率变革和动力变革，形成数字服务业的新业态、新模式。简而言之，数字技术向服务业全产业链渗透，叫服务产业数字化；服务产业数字化形成的结果，叫数字服务业。

推进服务业数字化转型，不仅对提振我国消费有重要意义，而且还将为我国服务业的转型升级和高质量发展注入新动力。近年来，随着我国城镇化进程加快和居民收入水平提高，中等收入群体规模扩大，生活服务业呈现快速发展势头，生活服务消费占服务总消费额的比重已超过30%。与此同时，互联网、大数据、人工智能等数字技术的发展，推动服务业的数字化转型进程，推动生活服务业数字化向全链条扩散覆盖。

服务业数字化的重要意义体现在以下三大变革上：

（1）大幅提升服务效率。传统生活服务业主要依靠劳动力投入和人力资本积累，技术进步缓慢，效率不高。生活服务业数字化，让数据成为核心生产要素加入到服务活动中，带动服务业边际效率改善和全要素生产率提升，加快了现代服务业发展进程。

（2）推动服务方式变革。与传统服务方式相比，生活服务业数字化将线下服务线上化，大大拓展了网络用户数量，使服务集聚的海量数据呈几何级增长。集聚的数据资源越多，外部效应就越大。这种外部效应会吸引更多用户参与，进而形成传统服务方式难以形成的规模效应。

（3）拓展生产可能性边界。我国总体上已进入工业化后期阶段，服务业比重提高，但同时带来的问题是由于服务业资本有机构成较低，全要素生产率增长放缓，经济增长呈现结构性减速。生活服务业数字化带来的服务业革命性变化，可以有效拓展生产可能性边界，突破产业结构服务化带来的结构性减速，为经济发展拓展新空间。

今后一个时期，我国经济服务化进程将继续推进，服务业比重将持续提升。居民消费结构多样化、个性化、服务化和生活方式变化，将推动生活服务业数字化转型进程。在需求端，通过无人机配送、北斗导航、5G云端智能机器人等技术发展，零售环节包括生鲜食品等将实现点对点的供给，电商直供、无人零售等零售新业态将会有更大发展。在供给端，对物料供给的整合力度加大，无缝对接趋势加快，供应体系的智能化水平将不断提升，带动全社会供应体系的协同效率大幅提升。为此，国家应加大政策支持力度，推动服务业数字化转型取得新进展。

第一，加强全产业链视角的顶层设计。建立数据规范和标准，推动企业从物料采购、物流、加工、零售、配送和服务等业务流程全链条数字化，打通上下游企业数据通道，形成生活服务业数字化产业链生态。为此，有关部门应加强规划和引导，制定生活服务业数字化的专项行动方案，提升政策的精准度，力求落地见效。

第二，探索不同细分行业数字化转型。生活服务业点多面广，不同细分行业的互联网渗透率差异较大，其中电影、票务领域互联网渗透率很高，大多数行业渗透率较低。应鼓励不同细分行业数字化转型，不断拓展领域和范围，持续推动生活服务业数字化进程。

第三，加快生活服务企业"上云用数赋智"。加大财政支持力度，对企业上云、数字化转型设备、服务购买给予支持，提高数字化转型资金保障，精准解决中小企业资金短缺难题。如针对我国大多数餐饮企业信息化管理水平较低等问题，可通过财政专项补贴等方式，推广 SaaS 等系统在中小餐饮企业的普及使用，让更多企业加入数字化转型进程中。

第四，加强新型基础设施的支撑。将生活服务业数据基础设施纳入新基建之中，在发展即时配送网络、培育智慧生活服务企业等领域给予更多资源投入，以带动生活服务行业的全面数字化。鼓励电商平台龙头企业通过 PPP 合作模式，参与到新基建中，促进新基建与终端需求的有效对接。

第五，推动政府和企业形成合力。发挥生活服务平台数据、科技等优势，助力政府提振消费，构建"互联网+"消费生态体系。加强职业技能培训，提高生活服务从业人员的数字化技能，提升生活服务企业数字化转型能力。发挥政府、第三方机构、产业联盟、协会、龙头企业等的作用，组织开展行业相关标准制定，制定行业数字化转型的路线图。

6.2 批发零售业：从地上到云上

近年来，随着电商的发展，给传统批发零售行业带来了转型的压力，这种压力可以说有好、有坏，可谓是几家欢喜几家愁。有很多商有依托互联网实现了行业内的华丽"蝶变",有的则是陷入了出师未捷身先死的局面,甚至有人说,因为厂家可以直接通过网络把产品出售给消费者,因而批发零售业将会消失。

对于这个问题,本人发表几点不成熟的看法。第一,批发零售渠道依然存在。这是社会分工的必然,不可能车间的工人一边生产一边销售。无论怎么发展,阿里巴巴、淘宝、京东、拼多多等批发零售的渠道(或平台)将依然存在。第二,生产、批发、零售的边界将越来越模糊。这是科斯定律决定的,随着交易成本的降低,企业的经营边界越来越模糊,跨界经营越来越明显。厂家只要愿意,可以直接在平台上销售自己的产品,生产、批发、零售的界限变得不像从前那样清晰,但是劳动者的分工依然存在。这从近几年的批发零售业增加值趋势图可以反映出来。

2014—2019年中国国内生产总值及批发零售业增加值走势

6-1:批发零售业增加值趋势

6.2.1 批发市场搭乘"数字快车"

近年来,全球新一轮科技革命和产业变革孕育兴起,以移动互联网、大数据、云计算、人工智能等现代信息技术为载体,数字化浪潮正引领传统批发业迈向信息化新阶段。

世界批发市场联合会主席、全国城市农贸中心联合会会长马增俊在第 36 届世界批发市场联合会大会上表示："批发市场的未来在中国,中国批发市场的未来在数据。"农产品批发市场过去发挥了重大作用,促进了农业生产的标准化、集约化、规模化,促进了生鲜农产品的大流通,更促进形成了生鲜农产品全球化的供应链。"一带一路"倡议是中国批发市场成为农产品全球供应链的主要渠道和主要方面,中国批发市场数字化升级已是大势所趋。

马增俊表示,数字化应用是把供应链全球化做好的先决条件,当中国的批发市场大范围应用数字化技术的时候,才是批发市场的未来。在他看来,中国的农批市场是城市消费者的生鲜农产品食品安全保护者,也是物价的稳定者,更是解决扶贫攻坚、振兴乡村产业的重要力量。但在互联网迅速发展的今天,农批市场也应重视现代技术的发展动向与速度,提前预判并积极利用新技术、新知识,将其与实际结合,保证农批市场应有的地位和作用。

智利驻华大使路易斯·施密特表示,中国的市场非常具有竞争力,中国的电商模式值得全世界学习。目前中国消费者对线上消费的兴趣为全世界农贸市场的发展开启了新篇章,尤其在拉美地区,当地的食品、蔬菜以及其他各式各样的商品已经开始通过电商平台销往中国市场。"通过新型技术以及商业模式的创新,在农产品市场发展这一领域,中国与智利的联系也越来越紧密,我们也可以更好地了解中国消费者的需要。2018 年,智利产品海外购买水平上升了36%"。

在原国家质检总局副局长、中国品牌建设促进会专家委员会副主任葛志荣看来,如今,在互联网和物联网快速发展的时代,农业合作模式的创新和发展都将依据数据来驱动,数字化也促进了世界农产品批发市场的转型。现在国际上的农业合作不再是单纯的购销合作,而是农产品全产业链的合作,涉及从产到销的每一个环节,农产品供应链的合作可降低成本,使农产品来源可溯,使各国间的合作关系更加深入融合。

对于批发市场的数字化转型,广州有诸多先进做法。2020 的新冠肺炎疫情使广州专业市场进入一场更加深入的数字化变革。2 月份以来,广州在淘宝天猫上的档口直播数量迅速增长,许多商户还把产品展厅搬到了线上,步入"云批发"行列。许多适应线上运营机制的商家都开始通过直播销售。数据显示，2020 年 3 月，来自广州的 1688 直播商家数量比上年 3 月份增长了 87%。

受疫情影响，广州服装行业比以往艰难许多。但是，广州歌铭服饰有限公司主要从事韩版服装生产加工，疫情期间销量却涨了一倍多，因为他们感觉到线上销售的魅力，索性关闭了专业市场的门店，不再等客上门，转身专心做线上销售。他们在 1688 平台全力运营直播，每天开播 3 个小时。通过 1688 平台，该公司收获了一批新的采购商，不少客户从直播里了解到服装质量，进而批量拿货。这些客户涵盖华南、西南等钟爱韩版服装的地区，还有些客户将批发的服饰出口东南亚一带。

广州专业市场的直播氛围一直比较活跃，据 2019 天猫"双 11"公布的数据显示，广东省在全国梯队里，加入淘宝直播的商家数量位居第一，看秀和购买力的用户位居第一；在广东省内，广州的表现首屈一指，广州上百个专业市场淘宝直播商户比比皆是。来自广州的商户直播数量快速增加，"零门槛"成为一个主要原因。"没有淘宝店也能当主播。"淘宝小二介绍，为了与更多商家一起复苏市场，淘宝推出档口直播服务，让没有淘宝店铺的商家也能快速开通直播。2020 年 3 月 28 日，广州十三行商会联合阿里 1688 平台推出"源头产地复苏计划"，推出"十三行直播日"活动，大量中小企业将在这场活动中用数字化的姿势，面向全球开门迎客。

6.2.2 零售业数字化的五大趋势

近年来，零售业的全方位渠道因数字技术的进步发生了诸多改变，但在人工智能、认知计算等方面仍处于摸索阶段，预计在未来一两年内成熟。就当前情况而言，零售业数字化出现五大新趋势。

（1）新 AR 技术使体验更真切

由于增强现实（英文缩写为 AR）的出现，在 2020 年里用户几乎无须亲眼看到或亲自感受或测试产品就可以有足够的信心购买产品。丰田推出了一个新的 AR 计划，用户可以在没有拿起车钥匙的情况下"试开"10 种不同的丰田车。

同样重要的是，消费者不必下载应用程序就可以尝试应用程序体验，有些人常常忙于下载试用各种程序，对于这些人来说，类似的 AR 计划无疑是一大福音。丰田并不是唯一使用此功能的公司，其他像 Target、Lowe 和亚马逊这样的公司也发现了增强现实的好处，那就是对减少在线购物者退货数目特别有帮助。

据预测，电子购物将在 2021 年达到 50 亿美元，但是，估计购买的货品中 25％ 的货品会被退货。增强现实可能意味着零售商可以增加销售额，原因是消费者可以在购买时更充分地了解需要购买的商品。在诸如微软一类的公司推出第二代增强现实头戴式耳机后，这一领域的技术也在迅速发展，第二代增强现实头戴式耳机只是众多不同的、更轻的耳机和可穿戴设备中的一种，可穿戴设备可以让零售客户和员工获取更加身临其境的体验。

（2）加急送货使交付更快速

从亚马逊的 Prime 我们可以看到，购物者不愿意买需要等待两天以上才能收货的产品。而亚马逊最近更转向免费一日发货，这表明购物者的耐心其实更小一些。研究表明，88％ 的消费者愿意支付当天（或更快）发货的费用。从 Instacart 和 Shipt 一类应用程序的兴起我们可以看到，不但食品杂货送货的方便对大众有吸引力，能在两小时或更短的时间内拿到我们买的货品也有很大的吸引力。时下 GrubHub 和 UberEats 的送餐上门和外出就餐，由于快捷及接地气而大受欢迎，而亚马逊 Prime Air 甚至保证在 30 分钟或更短的时间内将货送到购物者手里！

显然，消费者的购物速度正在数字化转型，他们期望购买的产品能够快速交付。技术人员已经发现，在购物时因为没有加急送货选项而弃掉了购物车。现在的问题是，小型零售商在费用上是否能够跟得上。我们可以看到小型零售商和大型的亚马逊竞争后面的驱动力，这将导致一批第三方物流公司扩大旗下的即时交付服务，这可以帮助这些小公司参与竞争。

（3）人工智能使交易更轻松

今天的消费者不仅希望货品可以快速发货，他们也希望能够快速获得有关的信息。他们想访问商家的网站并能够比较价格、款式、交货日期，可以查看商家能否就他们可能更喜欢的东西提出建议，所有的一切最好出现在同一个屏里。这就是人工智能在数字零售业中如此重要的原因。消费者不断地给出他们喜欢和想要的东西的信息，还有他们愿意花多少钱的信息。精明的零售商会从社交媒体和物联网传感器等各种来源收集信息，然后用上人工智能和深度学习，使得购物体验尽可能地简单和个性化。

这是一个重要趋势，而且至少在未来的几年里会居于各大趋势之首。对于CMO 和业务领导者而言，在一些可以利用机器学习和人工智能的高级分析平台上进行投资，对零售业的成功至关重要。例如，Chico 利用 SAS 进行高级零售分析，最后的的结果是 Chico 可以在 2 小时内整合全渠道客户数据（在这之前需要 17 个小时），因此可以更快速地提供及时的报价，促成交易成功。这个例子不但很好地说明：将高级分析用于个性化零售体验的好处，也说明这是更大发展方向的一部分。这种发展可以鼓励零售公司在分析和人工智能工具上进行投资，使他们能够在合适的时机、在适当的渠道里，更好地了解客户并提供更好的产品。顶级零售商未来肯定会进一步锁定这种趋势。

（4）视觉搜索使需求更精准

在数字化转型过程里，消费者喜欢无缝体验。这就是为什么视觉搜索技术和社交购物将大行其道。设想一下，在街上看到有人穿的一件衣服拍了个照片后，点击一下你最喜欢的社交媒体大咖发的自拍照里的手提包，你就能够在网上找到它们。2020 年电子商家忙于这一类的东西。同样，人工智能在这些技术领域里处于领先地位，视觉搜索因而成为可能。

诸如 Instagram 和 Pinterest 等平台已经在帮助开拓社交购物，无论是实体还是虚拟零售平台都将会有越来越多的整合商机。例如，我可以想象 Stitch Fix 可以进一步扩展社交平台，利用机器学习更准确地发给客户的定制服装信息。也许 Stitch Fix 现有会员看了真实客户的服装后点击服装的全部或某部分，然后将其置入未来的交付里。也可以想象像 Nordstrom 这样的公司可以开发出一个工具软件，客户可以利用该工具软件，将某个服装照片与社交档案里相关联的其他物品进行配对及推荐，而在社交档案里可以看到在公共平台分享过的及得到正面的评论的服装和配件。这一块将是下一波社交和零售的整合，利用 360 度数据提供更好的客户体验。

（5）空间网络使虚实更难分清

在未来的一年里，人们还将继续通过增强现实看到越来越纷乱的数字技术，虚拟和现实的混合将成常态，尤其是在空间网络零售方面。这里所指的并不仅仅是虚拟更衣室，而是用户可以将自己置于他们喜欢的品牌广告里、可以成为他们喜欢的品牌服装的虚拟模特，以及可以在空间网络上更多的协调各种虚拟体验。例如，一个刚刚订婚的女性可以用虚拟的方式试穿她的婚纱，还可以看到自己在许多可能的婚礼场合走过。另一个例子，一个最近购买摩托车的男人，可以试新的附加装备，可以看看附加装备和刚购买的摩托车放在一起的感觉如何。甚至可以设想，有人用户付费购买这些虚拟体验，这样的话，"虚拟"和"现实"的会更加令人困惑。

未来几年，人们还将继续看到小型商店与亚马逊争蛋糕，而这些新技术和策略的有效使用，能在争蛋糕时能赢得更大的份额。

6.3 交通运输业：推进全要素数字化

近年来，随着高速公路全国联网的实现，ETC 用户已突破 7200 万大关，发展势头强劲。但随着技术的不断发展，繁杂的各种流程也逐渐暴露出用户体验的痛点。以申办流程为例，车主需要携带身份证、车辆行驶证前往指定网点办理 OBU 及指定储值卡或者记账卡，在线下排队预约安装。安装完成后，如果车主需要充值和领取发票，同样需要到专门网点进行办理。为此，高灯科技在交通运输部路网监测与应急处置中心指导下，推出了全国首个线上 ETC 申办—充值—开票全流程闭环的智慧出行服务产品——ETC 助手，解决了传统 ETC 办理流程复杂，耗时冗长的问题。

这一事例说明，我国交通运输业数字化转型迅速，也表明有很多痛点需要不断攻克。为此，国家交通运输部制定了《数字交通发展规划纲要》（交规划发〔2019〕89 号），对中国的交通数字化转型进行了全要素、全周期部署。纲要提出，到 2025 年，交通运输基础设施和运载装备全要素、全周期的数字化升级迈出新步伐，数字化采集体系和网络化传输体系基本形成。交通运输成为北斗导航的民用主行业，第五代移动通信（5G）等公网和新一代卫星通信系统初步实现行业应用。交通运输大数据应用水平大幅提升，出行信息服务全程覆盖，物流服务平台化和一体化进入新阶段，行业治理和公共服务能力显著提升。交通与汽车、电子、软件、通信、互联网服务等产业深度融合，新业态和新技术应用水平保持世界先进。

到 2035 年，交通基础设施完成全要素、全周期数字化，天地一体的交通控制网基本形成，按需获取的即时出行服务广泛应用。我国成为数字交通领域国际标准的主要制订者或参与者，数字交通产业整体竞争能力全球领先。

6.3.1 构建数字化的交通采集体系

要实现交通运输业的数字化转型，先要构建数字化的交通采集体系，主要包括：

（1）推动交通基础设施全要素、全周期数字化。推动交通基础设施规划、设计、建造、养护、运行管理等全要素、全周期数字化。构建覆盖全国的高精度交通地理信息平台，完善交通工程等要素信息，实现对物理设施的三维数字化呈现，支撑全天候复杂交通场景下自动驾驶、大件运输等专业导航应用。针对重大交通基础设施工程，实现基础设施全生命周期健康性能监测，推广应用基于物联网的工程质量控制技术。

（2）布局重要节点的全方位交通感知网络。推动铁路、公路、水路领域的重点路段、航段，以及隧道、桥梁、互通枢纽、船闸等重要节点的交通感知网络覆盖。推动交通感知网络与交通基础设施同步规划建设，深化高速公路 ETC 门架等路侧智能终端应用，建立云端互联的感知网络，让"哑设施"具备多维监测、智能网联、精准管控、协同服务能力。注重众包、手机信令等社会数据融合应用。构建载运工具、基础设施、通行环境互联的交通控制网基础云平台。加快北斗导航在自由流收费、自动驾驶、车路协同、海上搜救、港口自动化作业和集疏运调度等领域应用。

（3）推动载运工具、作业装备智能化。鼓励具备多维感知、高精度定位、智能网联功能的终端设备应用，提升载运工具远程监测、故障诊断、风险预警、优化控制等能力。推动自动驾驶与车路协同技术研发，开展专用测试场地建设。鼓励物流园区、港口、铁路和机场货运站广泛应用物联网、自动驾驶等技术，推广自动化立体仓库、引导运输车（AGV）、智能输送分拣和装卸设备的规模应用。推动自动驾驶船舶、自动化码头和堆场发展，加强港航物流与上下游企业信息共享和业务协同。

在数字化采集体系建设的同时，要构建网络化的传输体系，推动交通运输基础设施与信息基础设施一体化建设，促进交通专网与"天网""公网"深度融合，推进车联网、5G、卫星通信信息网络等部署应用，完善全国高速公路通信信息网络，形成多网融合的交通信息通信网络，提供广覆盖、低时延、高可靠、大带宽的网络通信服务。

6.3.2 构建智能化的交通应用体系

智能化交通应用体系主要包括：

（1）打造数字化出行助手。促进交通、旅游等各类信息充分开放共享，融合发展。鼓励平台型企业深化多源数据融合，整合线上和线下资源，鼓励各类交通运输客票系统充分开放接入，打造数字化出行助手，为旅客提供"门到门"的全程出行定制服务。倡导"出行即服务（MaaS）"理念，以数据衔接出行需求与服务资源，使出行成为一种按需获取的即时服务，让出行更简单。打造旅客出行与公务商务、购物消费、休闲娱乐相互渗透的"智能移动空间"，带来全新出行体验。推动"互联网+"便捷交通发展，鼓励和规范发展定制公交、智能停车、智能公交、汽车维修、网络预约出租车、互联网租赁自行车、小微型客车分时租赁等城市出行服务新业态。

（2）推动物流全程数字化。大力发展"互联网+"高效物流新模式、新业态，加快实现物流活动全过程的数字化，推进铁路、公路、水路等货运单证电子化和共享互认，提供全程可监测、可追溯的"一站式"物流服务。鼓励各类企业加快物流信息平台差异化发展，推进城市物流配送全链条信息共享，完善农村物流末端信息网络。依托各类信息平台,加强各部门物流相关管理信息互认,构建综合交通运输物流数据资源开放共享机制。

(3)推动行业治理现代化。完善国家综合交通运输信息平台,提高决策支持、安全应急、指挥调度、监管执法、政务服务、节能环保等领域的大数据运用水平,实现精确分析、精准管控、精细管理和精心服务。完善资源目录与信息资源管理体系,实现行业信息资源的汇聚融合,提升信息资源共享交换和开放服务能力。建立大数据支撑的决策与规划体系,推动部门间、政企间多源数据融合,提升交通运输决策分析水平。采用数据化、全景式展现方式,提升综合交通运输运行监测预警、舆情监测、安全风险分析研判、调度指挥、节能环保在线监测等支撑能力。进一步推进交通运输领域"互联网＋政务服务",实现政务服务同一事项、同一标准、同一编码。延长网上办事链条,推动政务服务向"两微一端"等延伸拓展。加快完善运政、路政、海事等政务信息系统,推进交通运输综合执法、治超联网等系统建设,提高执法装备智能化水平,推进在线识别和非现场执法。

6.4 仓储和邮政业:正在全链条数字化

与国外发达国家相比,中国的仓储和邮政业的数字化转型稍迟一些。相对于中国更加庞大的业务量来说,更有必要实现数字化。仓储和邮政业应该大胆创新,最大限度地利用数字技术,实现运营和管理数字化,最终形成更优良的行业格局。

6.4.1 仓储业务数字化

仓储,是物流中不可或缺的一部分。对于多数人来讲,数字化仓储还是一个新概念。

长期以来,传统企业仓储业务由于缺乏统一的仓储数据标准及作业标准,使得企业的协同和管理效率不高,行业的数字化水平低、智能化基础薄弱。同时,基于中心化的数据库无法确保仓储数据的真实性,数据的真伪成为阻碍行业信用发展的难题。现实中,企业的交易往来,陌生人之间难以信任,采用数字技术后,用数据说话,大家就容易相互信任。而数字化仓储就是利用现有的智能技术,为企业提供货物出入库管理、货物存放、货物状态实时追踪、仓单管理等全周期的仓储管理服务功能,使企业能对仓储实行智能化、数字化、可视化管理。

信息化是数字化仓储的一个前提,通过信息化可以先将仓储的作业流程管理起来,提高管理的效率,让物流作业中的信息更加透明,并且可以为物流作业的分析提供基础数据的支撑。数据化是在信息化的基础上,通过作业后的情况,提取数据并进行分析,通过各种仓储绩效,比如拣货效率、入库效率、装车效率,出库量等绩效进行分析,体现过去一定周期内或者当前的仓储作业能力,为后续的改善提供支持。

数字化仓储,主要是以物联网、大数据为核心技术,通过可编程无线扫码对仓库到货检验、入库、出库、调拨、移库移位、库存盘点等各个作业环节的数据进行自动化数据采集,保证企业及时准确地掌握库存的真实数据,高效地跟踪与管理客户订单、采购订单以及仓库等信息,从而最大限度提升仓库管理效率和效益。

例如,竹木业内首座数字货仓"熊猫金林 1 号数字货仓",就是利用电子围栏、摄像头、RFID、IOT 物联网设备等,为竹木企业提供数字化仓储服务及区块链仓单管理服务。而在实际应用中,"熊猫金林 1 号数字货仓"也是以区块链、物联网、数据云存储、智能算法管理等技术,提供多层次面向竹木大宗交易、物流仓储和订单管理为一体的综合解决方案,建立可信数字仓单,助力竹产业协作网络,加速推进竹制品贸易科技化转型升级。其中,就"熊猫金林 1 号数字货仓"的区块链仓单服务管理而言,即"熊猫金林"平台上产生的交易流,通过蚂蚁区块链联盟链进行上链,对上下游订单信息进行验证和溯源,并用智能设备对货物的出入库监管进行技术监控,从而使得仓内货物转化为可信资产。从而确保交易的真实性、可靠性。

总之,企业供应链在传统运营模式下存在诸多找货、拣货、盘点、决策和融资的难题,而仓库数字化有助于避免仓储传统管理的各种漏洞,实现降本增效。数字化,是企业仓储业务的必经之路。

6.4.2 数字仓储的四大变化

仓储业务分为前台、中台、后台。前台就是前端平台,前端的技术特点是与用户密切相关的,用户关注点是产品提供的服务是否快捷方便。比如我们直接使用的网站,手机 App,微信公众号等都属于前台范畴。而后台可以理解为后端平台。每个后台系统一般管理了企业的一类核心资源(数据 + 计算),例如财务系统,产品系统,客户管理系统,仓库物流管理系统等,这类系统构成了企业的后台。

传统仓储方式中,前台与后台的矛盾不可调和。数据咨询公司Thoughtworks 首席咨询师王健将多数公司的前台和后台形容为两个转速不相协调的齿轮,前台需要快速响应用户需求,后台却追求稳定至上。数字化的中台就像是在前台与后台之间添加的组"变速轮",将前台与后台的速率进行匹配,是前台与后台的桥梁。中台的建设根本上是为解决企业响应的困境,弥补创新驱动快速变化的前台和稳定可靠驱动变化周期相对较慢的后台之间的矛盾,提供一个中间层来适配前台与后台的配速问题,沉淀能力,打通并顺滑链接前台需求与后台资源,帮助企业不断提升用户响应力。

因此,仓储企业需要建设自己的中台层(同时包括技术中台,业务中台和组织中台),而中台技术是目前企业数字化转型的关键。数字化中台已成为物流与供应链这一轮变革新驱动力,正在改变物流与供应链业务中各个节点和角色的关系,实现流程优化,资源的数字化组织与调度。最近几年,我们已经看到有不少公司开始参与到数字物流的产业链中,结合大数据、云计算等技术,建立新的数字商业模式,为客户提供无缝体验和提高他们的竞争力。

比如 C-WMS 推出智能仓储中台——"盘古",其核心价值在于为仓储企业打造全链路的敏捷型信息化生态集群,不仅打通全渠道供应链,为企业实现订单、库存和仓库履行的整合,并且推动仓储企业从基本的信息化走向数字化、智能化的转型。

在新零售的背景下,线上线下的全面融合是大势所趋。伴随着市场行业的变化,整个零售运营策略已经完全从产品导向过渡到了以消费者需求为导向的阶段,强调的是消费者需求的快速响应、消费个性化的快速捕捉、合理的商品选品定价等。这就需要通过中台技术取得更加精准的销量预测,实现更加高效的供应链上下游的各个企业、商家、服务商的计划协同,更加平稳的库存管理,以及更优的网络资源配置。阿里在 2017 年发布阿里智慧供应链中台 2.0,全面覆盖了零售平台从选品、营销、定价、采购、补货、调拨、仓配等各个环节,通过对跨领域数据和算法的融合,为各业务提供了全渠道供应链的智能解决方案,最大化其供应链的商业价值。

由于新零售供应链体系复杂,实现全渠道零售的基础需要供应链端到端的数据采集和整合。C-WMS 联合创始人兼 CEO 张剑平表示,在以往,云仓实现库存下沉,订单就近寻仓,首先利用 OMS 就近寻仓将订单传入最近仓库的 WMS 进行发货,然后在 BI 中通过库存销售数据,将库存下沉到各销售热点区域的分仓中,并保持仓网库存实时动态共享,从而拉近库存与消费者的距离,提升供应链的整体效率,同时又能根据订单地址热点为后期建仓选址提供数据决策支撑。现在 C-WMS 仓储中台——"盘古"打通了 OMS、WMS、BI 等信息管理系统,集中化使得底层的数据保证了统一,各种业务系统可以基于共享服务建设,能够很好地支持线上和线下的业务、财务以及合作伙伴的集成,实现整个供应链协同的智能运营。中台架构带来的数据的统一和集成性,不但可以实现库存数据可视化,还可以通过数据分析出哪些是畅销商品以及畅销的区域,把畅销商品放在最接近消费者的地方,更能加快物流交付的速度。新零售背景下供应链体系将从推式供应链(被动)向拉式供应链(主动)进行转变。拉式供应链强调成本优化,更强调数据,更强调充分的连接。

据研究,盘古的价值在于通过数据衔接供应链和业务链的上下游业务,为企业实现以大数据驱动消费者深刻洞察的实时、敏捷、柔性供应链的变革。盘古由应用中台 / 业务中台 + 数据中台 + 技术中台组成,能帮助企业实现供应链各节点的数据共享,通过数据驱动业务,提高企业供应链整体运营效率和资源最大化,帮助企业充分挖掘和发挥供应链的响应速度,提高协同效率。同时,为企业搭建完善的库存管理和智能布局体系,有效降低企业库存成本,提高供应链整体库存周转。

大家知道,新零售的关键能力之一是供应链,它有三个特征:一是拉式供应链,以顾客为中心,通过对实际需求较为精确的预测来拉动产品生产和服务的供应链;二是敏捷供应链,消费者的需求日益个性化,供应链能否灵活配置资源,快速准确的响应需求;三是数字化供应链,通过数字化的方式来实现各个供应链环节更好的协同,同时利用整个数据来驱动决策。

这其中仓储作为物流链条上的重要节点,仓储中台在新零售供应链优化中将起到关键作用。与传统仓储管理软件相比,C-WMS 仓储中台——"盘古"能够取得更加精准的销量预测,实现更加高效的供应链上下游的各个企业、商家、服务商的计划协同,更加平稳的库存管理,以及更优的网络资源配置,打破了传统供应链分散割裂的信息孤岛,重塑了整条链路,实现了全渠道信息共享和联动。

以下面 C-WMS"盘古"为例,可以看到数字仓储呈现的四大变化:

(1)智能预测备货:"盘古"能帮助业务层通过历史成绩、活动促销、节假日、商品特性等数据预测备货,有效减少库存。

(2)智能分仓调拨:"盘古"将需求匹配到距消费者最近的仓库,尽量减少区域间的调拨和区域内部仓库之间的调拨,同时优化调拨时的仓配方案,最大化降低调拨成本。同时它可以链接企业上下游的运输、服务、快递等合作伙伴。

(3)提升仓库管理能力:比如,利用"盘古"对仓库内部信息进行管理,提供可支持做出准确业务决策的必要信息;对订单的货物进行拆分,科学化规划拣货路线,缩短库内行走时间,提升作业效率。

(4)订单全渠道交付:打通订单和库存系统,实现跨平台的订单归集,跨渠道的库存共享和跨仓库/门店的订单分派,构建订单的库存匹配和仓库派发逻辑,以及订单的跨渠道结算规则和系统流程。跨仓/店的发货能力,包括从仓库发货、从门店发货、发货至门店、门店自提等。中台架构的互联网技术可以可靠、高效、低成本的处理订单。

数字化运营平台正在改变物流与供应链业务中各个节点和角色的关系,驱动整个物流业从人力密集型向技术密集型转型。而仓储作为物流产业链的重要节点,在同等触达量级的情况,仓储数字平台在产业链中的地位仅次于资产提供方,在中上的位置。

目前,像 C-WMS 这样已有一定规模的仓储数字平台还比较稀缺,这类型以大数据、云计算技术为基础,通过全过程数字化,指导库存及仓储分布、配送服务设计等整个供应链及物流体系的平台将具有广阔的发展前景和市场潜力。

6.4.3 快递业务数字化"三步走"

过去寄快递,包裹上贴的都是传统的四联复写快递单,4 层纸张成本高,手写费时费力,写潦草了还会影响发件的效率和准确性。快递公司的抄码员需要识别传统手写面单的数字,并且靠记忆数字编码代表的投递地区进行分拣。直到 2014 年,菜鸟联合 14 家主流快递公司推出统一的电子面单。几年来,小小的电子面单服务了千亿个包裹,节约资金 160 亿元,节约纸张 3200 亿张。

据中国快递协会的数据,2019 年我国快递业务完成量突破 600 亿件,比上年增加 100 亿件。在高基数上总量不断攀升,快递运营网络能否应对?作为劳动密集型行业,快递行业面对激烈的竞争、不断上升的人力成本,应当如何转型?从规模驱动转向技术驱动,数字化是行业发展的加速器。

"中国快递业正处于转型的关键期。作为劳动密集型行业,在行业规模持续高速增长的背景下,行业劳动力供给迎来拐点。要满足需求,企业就得做出转变。"在 2019 年全球智慧物流峰会上,中国快递协会会长高宏峰说,此前快递行业最大限度地利用低成本人力资源扩大了规模,也大幅降低了成本和价格,以规模效应驱动了行业发展。处在转型关口,快递企业纷纷将视线转向"数字化"创新。过去,几百亿个包裹靠肩挑,现在行业转型要靠科技的持续投入。数字化转型就是通过数字化技术进行产品业务和商业模式的创新,以更低的成本、更高的效率为客户提供更好的服务。

那么,快递业如何进行数字化转型?需要三步走。

(1)第一步:快递设备智能化。例如收件端的自动打包技术,中转端的智能分拣机,派送端的无人车、无人机,都是快递设备智能化的体现。几年来,无论是百世还是其他快递企业,都在不断加大分拣中心的场地投入、设备投入,以及干线投入,就是要通过科技创新、数字化转型实现降本增效。

（2）第二步：作业场景数字化。利用边缘计算技术为每个物流场站配备智能"天眼"摄像头，收集场站内的每个数据，通过大数据分析来保障分拨中心的高效运转。目前，菜鸟的智能仓库已经实现了700多台机器人同时并行操作。

（3）第三步：快递网络数智化。这一步比较难，需要整个交通要素数字化支撑。当前，快递末端网点、干线运输车辆、快递员等物流要素的数字化尚未完成，只有推动各种物流要素全数字化，才能形成智能化的快递网络。

从菜鸟驿站启用开始，很多数字化的手段都运用在驿站里，例如取件一体机、寄件一体机、高拍仪等，让消费者刷脸即可取件。这些数字化手段，一方面使驿站可以用最少的人工精准派件、揽件，同时也允许驿站运营团队用最低成本、最高效率远程运营几万个驿站。下一步，5G、物联网也为快递行业数字化转型提供新的机遇。因为，网络成本不断下降，数据传输能力也得到提升。只要在高可靠网络下叠加各种物联网设备，即可实现从人工仓向数字仓的全面转型，使快递业务送得更快、送得更准。

6.4.4 数字技术重塑物流

中国被称为"全球网购之都"，在全球电子商务交易中占比超过40%。发货量增长异常显著，2007年仅有3亿个包裹，到2019年增长至600亿个包裹。中国又是世界最大的商品贸易国，海运业务巨大，拥有世界最大的集装箱港口。2015年，世界航运理事会按吞吐量将上海港和深圳港分别排在世界第一和第三。然而，中国的货运与物流业，需求飙升却效率较低。据国家邮政局2017年的一次统计，当年的包裹有四分之一的城际快递没有按时送抵。在物流车辆方面，由于缺乏透明和实时路线信息，中国公路运输的平均空载率约为40%，而德国和美国的平均空载率仅为10%。部分海关流程仍然基于各种纸质文书，对海运业的效率产生负面影响。

数字化，正是消除低效率、增加附加值的重要机会。麦肯锡全球研究院（MGI）研究发现，去中介化、分散化和非物质化这三种数字化推动力，到2030年可能会转移（并创造）10%至45%的行业收入。那么，三大数字化推动力如何重塑价值链并提高行业生产力？

（1）去中介化。这是中国的一个主要趋势。阿里巴巴和其他公司通过减少中间商，用数字化平台将供应商和消费者直接连接，从而颠覆了零售业。对于线下渠道利润率高、供应商和客户之间因为中间层太多而导致信息透明度不足以及行业整体高度分散的行业而言，这种类型的数字化颠覆时机已经成熟。

（2）分散化。数字化应用者通过将巨额资产分解成许多部分，将其转化为服务并为分散的消费者群体提供服务等方式，正在颠覆传统商业模式，重塑各个行业。那些具有高价值、高耐久性和波动性的行业是这类颠覆的主要领域。在中国，通过分散化带来的数字化颠覆日益突出，共享单车就是一个例子。

（3）非物质化。这种数字化力量将实体产品或流程变为虚拟产品或流程，通过数字交付满足各类需求，使消费者能够随时随地接收产品或服务。在中国，某些类别（如音乐和电子书）的转换速度比其他国家的速度更快，数字化应用的优势远远超过其他国家。

通过实时匹配平台实现去中介化，可解决行业分散问题，而众包交付等分散化作用可以实现灵活性。通过算法实时匹配司机需求和供应，可提高运输工具的负载效率，例如在返程时为卡车寻找货源和避免空载等。其中运满满（Ymm（56）拥有数百万认证司机。易货嘀通过免费移动应用程序，让货物不足一车厢的货主和卡车司机能够将分散的货物与可用卡车相匹配。海运方面，新的电子货运代理商正在步入这一领域，通过使用数据驱动的信息和提供透明价格和市场的预订平台，它们可提供更具竞争力的服务。"运去哪"是一家开创性的电子货运代理商，通过此类平台的使用，其国际物流成本降低了20%。

对数字工具和平台日益扩大的使用，将不可避免地震撼整个物流行业，而效率较低的传统行业参与者将被效率更高的数字化参与者所取代。

6.5 金融业：数字化巨变正在形成

提到金融业数字化，我们首先想到可能是支付宝、微信转账以及花呗、拿去花等金融服务产品。然而,比这更震撼的是数字货币的诞生。

在数字化推动下支付产业在现代经济金融体系中的作用日益重要,经济社会数字化发展赋予了支付产业更多历史使命。预计支付产业将迎来下一个黄金十年的跨越发展,数字化是支付产业跨越发展的关键动力。至 2020 年,支付产业数字化已取得重要进展。

一是数字化顶层设计加速推进。党中央、国务院高点定位,规划新技术与经济社会的融合发展,从顶层设计上力推产业数字化和数字产业化。人民银行积极落实党中央、国务院决策部署,前瞻性开展个人银行账户分类改革,鼓励运用新技术优化账户服务,发布《金融科技发展规划》,催化金融业科技应用,加快跨部门数据共享和融合应用,努力实现数据多向赋能,推动金融数字化转型。

二是数字化支付服务全面发力。在顶层设计指引下,产业各方积极响应、快速行动,在数字货币、数字化开户、数字票据、数字银行卡、基于区块链跨境汇款、数字化网点等方面均有所斩获。以央行数字货币为例,数字人民币是金融供给侧结构性改革的重要内容,是运用新技术对 M0(流通中的现金)数字化,旨在为数字经济发展提供通用性的技术货币。目前数字人民币已取得阶段性成果,正在进行内部的封闭测试。

三是数字化基础设施更加健全。传统支付基础设施建设取得长足进步,以大额支付系统为核心、零售支付系统参与的批发支付生态系统,有效支持移动支付高频广泛应用。2020 年 3 月以来,数据中心作为新型基础设施得到党中央、国务院高度重视,人民银行积极响应,加快数据基础设施建设步伐,当年 8 月人民银行贵安数据中心建设达成协议。另一方面,人民银行制定发布管理办法明确数据中心和数据交换管理平台的数据安全责任,保障数据基础设施安全高效运行。

四是数字化监管转型初显成效。人民银行启动非现场监管系统建设,实现功能、行为、过程监管,强化资金流向流量和支付风险监测。同时人民银行推动实施包容审慎监管,研究设计富有弹性的创新试错容错机制,打造与国际接轨、符合我国国情金融科技创新监管工具。2020 年 9 个试点地区共发布 60 个试点项目,标志着我国金融科技创新监管试点全面落地。

五是数字化标准规范成果丰硕。人民银行用标准规范为市场创新留足空间，涉及技术应用、安全风控等方面，明确基础性、普适性要求，打造既有利于金融数字化发展又能满足金融治理需要的金融科技监管基本规则体系。截至2020年底已经制定50余项金融行业标准规范，支付数字化风险防范能力显著增强。

那么，数字货币与当前人们使用的支付宝、微信转账等金融服务有什么不同呢，作为国民，主要会感受到以下不同：一是通用性。支付宝和微信虽然很方便，但在使用中若被拒绝，只能无可奈何。而数字货币作为法定货币，是不可拒绝的。二是统一性。支付宝和微信等各种支付之间存在壁垒，如果一个人用支付宝，一个人用微信，因平台不统一，无法完成支付。而数字货币是全国统一的，任何单位和个人之间不存在支付壁垒。三是安全性。作为国家法定货币，其平台、技术、网络必定更加安全可靠，不用担心因安全问题而产生的损失。对此，业内人士总结的三大优势更加专业。

（1）交易场景"零壁垒"。数字人民币是由人民银行发行的数字形式的法定货币，具有价值特征和法偿性。法偿性即意味着以数字人民币支付我国境内一切公共和私人债务，任何单位和个人在具备接收条件的情况下都不得拒收。由于它的无限法偿性，所有的消费场景里面就必须嵌入数字人民币的选项。值得注意的是，在地铁、飞机、偏远地区等不具备网络支付的场景，数字人民币也能使用，这一差异性并非在场景层面，而是在于技术，即双离线支付技术。换句话说，数字人民币可以在没有网络的情况下完成交易。微信支付、支付宝必须至少有一方网络在线才能完成交易。

（2）成本低且更具普惠性。网络条件不好的偏远山区，使用微信支付、支付宝等不方便，更多只能使用现金进行收支，这需要成本，包括运输成本、安保成本、ATM机成本等，但数字人民币可以把这些成本都消除。现金支付方式的成本支出渠道很多，比如金库时时都有人盯着，布放自助设备需要投资，押运、保安、后台监控、加钞等各个环节都有成本。与此同时，数字人民币的价值特征也赋予了应用的普惠性，不需要账户就能实现价值转移。而支付宝、微信支付的使用需要绑定银行账户，导致老人和小孩等没有金融账户的人很难享受到电子支付的便利性。而数字货币，只要双方手机上都有 DCEP 的数字钱包，连网络都不需要，只要手机有电，就能把一个人的数字货币转给另一个人。

（3）可追溯因而更安全。可追溯性也意味着每一笔交易都经过了严格标记，这不仅保证每一笔资金往来的可控，同样，也使得数字货币的交易更为安全。不同于批发端系统中其他国家数字货币采用的是区块链技术。现阶段，我国数字人民币主要运用在零售端，采用的是中心化技术。与区块链相比，中心化在数据加密保护方面更为强力，它能够把多个数据节点集中到为数不多的机构里面，同时用完善的法律进行约束。而区块链技术，由于多方都能够进入数据节点、约束、监管这些参与者的难度相对要大很多。以往，在支付宝和微信等第三方交易平台上，用户使用移动支付进行消费，商家或者平台就能够掌握用户数据，如果遇到不良平台将数据进行交易，给消费者的隐私造成极大的侵犯，甚至对个人生命跟财产问题有着严重隐患。

2020 年，苏州有公务员已领取用数字货币形式发放的部分工资；在雄安新区，麦当劳等 19 家公司已开始试点数字人民币；在深圳，数字人民币内部测试工作已经有序开展。

以数字货币为代表的数字化变革，对整个银行业带来不可估量的变化。主要体现为四大变迁：

（1）业务变迁——对公业务萎缩、零售业务高速发展。全国大企业负债超过 130 万亿，占估算总量的 75%，对公业务基本饱和。个人消费金融每年超过 20% 持续高速增长。但银行对于个人客户、小微企业的服务能力非常有限，对小微企业的金融服务往往是"无法及时地满足长尾（指那些原来不受重视、销量小而种类多的产品，或由于总量巨大而累积总收益超过主流产品的现象）市场的差异化需求"。

（2）渠道变迁——物理网点萎缩、移动化渠道发展。物理网点本身存在大量的局限性，地理位置、营业窗口期、服务人员覆盖面，客户体验差。相比而言，移动化线上渠道可以提供无限触达能力、全时化服务、丰富的产品服务、良好的客户体验能力，所以业务移动化成为数字化银行的主要方向。

（3）用户变迁——长尾客群经营。传统银行习惯服务于高端的企业客户和个人客户（2∶8法则），但数字化时代打破了客户边界，可以通过数字化渠道触达所有客户群体（长尾法则）。长尾客群需要更加精细化地数字化运营能力：数字渠道获客、精准客户洞察、千人千面的营销、智能化的客户体验等。

（4）产品特点变迁——多维、高频、线上场景。全国移动支付月活跃用户群早已超过6亿，移动支付早已超过100万亿，占估算总量的60%。客户的数字化移动习惯已经形成。而传统银行却非常缺乏多维度、高频化的交易场景，如何在线上运营多维度的非金融类业务场景，并引流到金融服务成为银行关注汇重点。

据麦肯锡全球研究院（MGI）的研究报告，数字化时代用户消费行为和业务形态不断变迁，如果银行不积极应对，到2025年，五大零售业务（消费金融、按揭贷款、中小企业贷款、零售支付、财富管理）中10%—40%的收入将面临威胁，20%—60%的利润将消失。

6.6 房地产业：处在数字化前夜

相对于快速飙升的房价和销售额，房地产行业的数字化转型相对迟缓。但是，诸多信息显示，这个行业的数字化已经开始，当前属于这个行业的数字化前夜。因为，近几年，很多巨头型、千亿级开发商已在低调地开始了房地产数字化。

目前诸多巨型房企甚至互联网企业都在推进和落地智慧社区，呈现出3种状态：第一种有能力做智慧社区，但目前只是对内，没有给出行业化的解决方案；第二种则是做了行业化的输出，但主要是软件的行业化输出。第三种更多是片面的技术支持，并不能覆盖智慧社区的基本面。如何打破这样的行业生态和格局？华为和中海旗下的兴海物联手，正在推导答案。

华为在数字化转型领域是公认的独占鳌头，兴海物联是地产行业内头部的科技公司，两者优势互补，面向行业联合推出的智慧社区解决方案，主要有以下几方面特征：①不求大而全，不求符合每个地产商各自的特质，聚焦解决每个社区基础运行服务的核心痛点；②具备快速交付和规模化复制能力；③不同于纯软件输出，提供端到端的全链解决方案，包括软件、硬件、集成、运维等一系列服务。这样一个系统性的解决方案，兼容性极高，几乎能够复制到所有小区。他们使原本技术门槛很高的数字化能普及到更多的社区，新的时代已经悄然而至。

从业主角度来说，普通小区的物业服务，主要有以下几个痛点：①门禁出入烦琐和安全漏洞：陌生人可随意进出，业主亲友来访过程烦琐。②停车场通行不便，上下班高峰期门口遭遇堵车。③家人的安全情况无法掌握：总担心熊孩子在家里出安全问题。④小区设备出现问题，物业反应慢：⑤业主物业间的沟通效率低下。位于深圳福田区的中海华庭，是 20 多年的老小区。华为和兴海物联用"吾瞰"智慧社区解决方案对它进行了改造，解决了业主和物业的痛点，其功能主要有：

（1）自带"有色眼镜"的智能守卫者。通过"五色名单"对进出园区人员进行分类：业主为白色名单，自动识别，秒过；业主亲友来访则是黄名单，通过业主发送二维码，门岗扫码进入小区；重要业主、贵宾访客、生病业主为红色名单，平台弹窗提醒关注，工作人员将亲自为其提供服务；陌生人被识别为灰名单，需人工登记，确认身份后进入小区；曾有偷窃、冲突等可疑人员接近小区，立刻被识别为黑名单，禁止进入。

（2）"隐形"的停车场管理员。本小区业主的车进入停车库，可自动识别业主车牌号，进行放行；而外来车辆实行移动支付，杜绝收费漏洞。

（3）用 AI 解放人眼。小区用 AI 云瞳系统替代人看视频，智能识别异常人群和陌生人聚集。突发事件通过视频记录、随时传送警告及时协调人员处理。一方面解放了视频监控人员的全天候人工看监控的枯燥工作，另一方面减少了巡逻岗现场巡逻的工作压力。云瞳系统还对物业工作人员起到监督作用，长时间不在岗位或者脱岗，AI 都能监测到，并进行提醒。对于小区的家长们来说，他们将拥有"第三眼"：公区的儿童监控开放到每一个家庭。每一户业主都可以基于兴海物联的小七当家 App 看到公区孩子们的实时画面，对于孩子的行踪有一定掌握。

（4）24 小时自动监控设备异常。小区的设备"上云"，相当于拥有了一双随时在线的"千里眼"，实现社区机电设备、电梯设备、消防设备 24 小时远程监控，自动抄表，出现异常即报警至物业服务中心，维修人员手机 App 同步接单处理，减少了以往人工监测和维护设备的时间和人力成本。对于小区业主来说，感知较深的则是网络的稳定性，传统小区业主常常感受到网速时快时慢，甚至出现断网的情况，对于网络运行的稳定性，系统也能监测到并进行报警，立马派相关维修人员进行处理。机房的远程监控系统的成本是经过精准测算的，它的部署费用相当于一年一位维保工程师的人工成本，一次部署，即刻见效，一年即可回本。

（5）万物互联的"对讲机"。云对讲系统支持身份识别、刷卡开门、App 远程、多屏互动等。比如在远程开门方面，业主可以实现刷脸开门；有访客来了，业主可以通过 App 进行远程开门；业主遇到设备故障的时候，可以通过 App 和物业工作人员进行面对面远程沟通。通过云对讲系统，物业增加了与业主之间的黏性，使得物业的服务无处不在，业主对物业的满意度也大大增强。

不仅如此，华为还和兴海智慧社区联合，打通各产品体系和数据间的壁垒，将人、机、物、事深度融合，使智慧社区作为一个有机的生命体，成为一个可持续的发展空间。这个社区的智慧化改造，精髓就是"3-3-3 运行管理模式"，即原来一个项目 100% 的物业服务都在项目现场做，现将其变为三类：一类是重复机械的工作，用先进技术替代；一类是业主看不见的，后台操作水平要求高的工作放到城市中心，做人力资源的整合，让管理层参与日常工作；一类是不可替代的有温度的现场服务工作，用技术辅助服务，从严防死守到微笑服务，让工作本身更有价值。3-3-3 模式的创新主要体现在两个方面：一个是项目级的集约化管控，把原来分散建设的客服中心、调度中心、监控中心在物理空间统一，打造三"心"合一的项目指挥调度中心。一个是集团级的集约化管控，创新地以"城市中心＋项目中心"的方式对同一地区/城市内的不同项目进行统一管控。3-3-3 模式把简单枯燥的工作用技术替代，使得物业可以提供更高质量的服务，同时还能集约资源，极大改变了原来的物业管控模式。

地产数字化已经悄然拉开了帷幕，华为和兴海物联显然是重要的推手，那么华为和兴海物联给地产行业带来的数字化转型背后意味着什么？中海华庭在实行了数字化后,有这样一组数据:物业管理费上涨约 20%,降低运行人工成本约 15%,降低设备消耗 20%。数字化给社区带来的价值从上述数据中可见一斑:第一,智慧化提升项目溢价。当大多数物业服务在想如何提高自己的服务质量时,华为和兴海物联将中海华庭升维至智慧社区,以数字化技术同时赋能硬件和软件,实现了项目的溢价。第二,实现了节流:人工成本下降,成本结构改变。数字化在减少冗员的同时,成为开发商节省成本、提高运营效率的切入口。第三,降低了设备消耗。因为数字化的集成效应,以往需要不同的设备来完成不同的社区管控和服务,如今只要一台设备,就能对应多个终端,设备消耗成本大大下降。可以说,华为和兴海物联带来的不仅是科技的力量,更是在行业上的巨大转变和启示。

6.7 酒店住宿业:数字化已成自觉行动

在互联网时代,中国住宿和餐饮业也在积极将人工智能、数字平台、物联网、区块链、智能机器人、VR、AR 等新技术融入自身发展中,为消费者提供更多高性价比和高品质的服务。

2020 年,酒店住宿业是受新冠肺炎疫情影响较为严重的行业之一。为减少疫情造成的损失,酒店住宿企业积极创新,通过网上办理入住、刷脸开门、网上结算等发力线上服务,用科技手段降低企业人力成本、提升客人入住体验。业界分析认为,疫情加快了企业的数字化转型速度,数字化正在重构酒店住宿业的管理、运营、工作模式。

当前,可以实现无接触式服务的智慧酒店正日益受到消费者的欢迎,有越来越多的酒店正在加入智慧酒店的行列。在杭州西溪君亭酒店,游客在酒店的自助机上就能办理入住手续,从登记身份信息、体温监测、健康码认证到拿到房卡,全程只需不到 1 分钟。据该酒店工作人员介绍,该智慧酒店入住设备兼具身份识别、半脸识别、红外线体温检测、健康码认证等功能。值得一提的是,还有一些酒店在疫情期间启用了智能机器人实现无接触式服务，部分酒店甚至在办理入住、退房、客房服务等各个场景均采用数字化智能设备，在提升客户体验的同时，也可根据客人的消费行为和住店喜好对酒店日后的运营管理及营销策略提供更加精准的参考。以东呈"呈闪住"为例，酒店可实现三秒快速刷脸入住/退房，全程无接触。

疫情防控常态化之下，酒店住宿业数字化升级和无接触式服务是大势所趋。很多酒店集团都已展开行动，让客人的入住更加便捷、体验更加个性化。例如喜达屋酒店旗下的 W 酒店、雅乐轩酒店和元素酒店的客人可享受无钥匙入住服务，客户下载 App，注册并接受无钥匙服务后，会在入住前 24 小时收到房号和蓝牙钥匙。

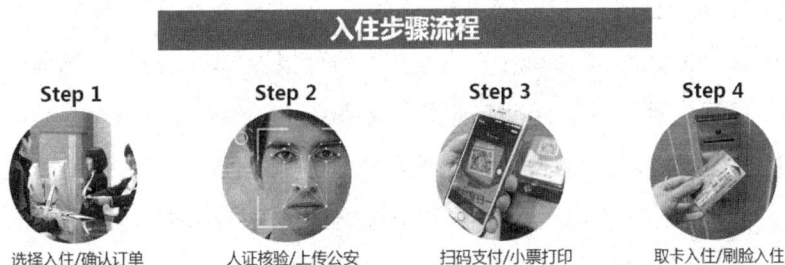

入住步骤流程

Step 1 — 选择入住/确认订单
Step 2 — 人证核验/上传公安
Step 3 — 扫码支付/小票打印
Step 4 — 取卡入住/刷脸入住

6-2：酒店住宿数字化

疫情防控期间，酒店住宿业不仅在客户服务上运用数字化技术提升效率，而且在企业的管理、运营、办公模式上，数字化技术也正发挥着日益重要的作用。"酒店住宿业数字化转型是改变传统住宿业管理方法、提升管理效率的必经之路。"中国饭店协会常务理事、雅斯特酒店集团创始人胡竟选表示，传统酒店管理存在诸多痛点：效率低、流程复杂、靠人为驱动；无数据支撑决策，缺乏精准完善的数据分析；信息不透明，部门之间、投资人的各分店之间执行力差；决策不能长期、有效执行；不了解顾客需求。而数字化能有效解决传统酒店的这些痛点，酒店住宿企业数字化的本质是从传统工具到智能工具、从经验决策到"数据＋算法决策"的两场革命。从某种意义上说，数据就是"黄金"，数据就是效益，数据就是竞争力。经过疫情的大考，酒店住宿企业普遍提高了对数字化转型的认识与自觉性，这是酒店住宿业数字化由点状试点示范转向全面数字化发展的契机。

对于酒店住宿业来说，数字化不仅仅是为企业降本增效，其也将成为住宿业发展的分水岭。在物联网、云计算、大数据、人工智能等新技术快速发展的时代背景下，各个年龄层次的消费群体对于数字化体验的需求不断增加，大众的数字化消费习惯正在逐步形成。在消费需求倒逼下，酒店住宿业已进入数字化发展新时期。中国饭店协会副会长、浙江国大集团有限责任公司酒店管理分公司总裁章乃华认为，数字化时代，酒店产品体验价值凸显，传统服务业转型拐点已至。

数字化已经深度融入各个行业，嵌入酒店住宿行业的速度之快和比例之高都超过预期，但也面临一些挑战，如缺乏预算、数据安全及隐私问题，以及传统组织架构带来的壁垒。《2020年酒店业技术研究报告》显示，技术计划和项目缺乏足够的预算是阻碍酒店业者实施技术战略的最大挑战。采用新技术带来的安全和隐私问题，被列为阻碍技术战略的第二大挑战。此外，宏观趋势，包括数据泄露、数据隐私和经济因素，都会影响酒店的技术战略和信心水平。专家认为，要想实现数字化转型，就得做好长期攻坚的准备。从宏观角度而言，企业需要建立愿景，规划数字化升级的发展路径，并匹配相应的组织架构，开发新的数字化转型相关KPI（关键绩效指标），自上而下推动落实规划—落地—执行—反馈的机制。从微观角度而言，企业需要结合自身产品定位，考虑利用什么样的数字技术、从什么应用场景切入、覆盖什么样的客户价值，以及要达到数字化运营的规模效应需要匹配什么关键要素。

值得注意的是，目前酒店住宿业要推行数字化，如果没有建立和健全管理系统的酒店、不能做到主数据释放各部门共享的酒店、软件应用过于碎片化的酒店，估计落实起来会有很多困难。对此，专家认为，要想在行业中全面推行落实数字化，并不是靠购买相关的软件就可以解决的。数字化转型并不仅仅是技术转型，而是一种认知的提升和实践。数字化的目的是要让企业看清事物的本质、掌握事物运行的规律，关键是对于从事的行业是否专业，需要怎样的数据以及如何应用数据决策、实施落地,它是组织形态、企业文化、领导力的全方位变革与升级,需要的是技术与服务的生态集成。

6.8 餐饮业:数字化成为行业新动能

据中国饭店协会与新华网联合发布的《2020中国餐饮业年度报告》显示,2019年我国餐饮收入4.7万亿元,同比增长9.4%。2020年1-7月我国餐饮收入1.8万亿,下降29.6%。虽然遭受疫情严重打击,但我国餐饮行业稳中向好的趋势不变,"互联网+"与餐饮业的融合发展以及数字化智慧化成为行业发展的新动能。

一直以来餐饮行业属于传统行业,数字化程度普遍较低,然而疫情期间一些提前实现"互联网+"、数字化布局的餐饮企业表现出了良好的抗风险能力和市场恢复能力。有的餐饮企业通过社区营销布局以及私域流量运营,锁定老客户,开拓外卖服务;有的餐饮企业通过新技术应用和新场景打造,实现自助服务、无接触外带和配送,适应消费新需求;有的餐饮企业通过发展线上新零售业务,实现食品工业化发展探索疫情常态化下的餐饮破局之路。

自2020年1月疫情暴发以来,众多餐饮门店宣布暂停营业。餐饮行业门店增长率和单量增长率出现断崖式下跌,上半年餐饮市场表现欠佳。但在疫情严厉防控之下,以送餐机器人为代表的新技术却迎来了新的发展契机被广泛应用到餐厅迎宾、传菜、回收餐具等环节,避免人员接触的同时也为人们的生活带来全新体验,可以从全球连锁品牌海底捞发布的中期业绩报告观察到。根据海底捞发布数据,2020年上半年海底捞收入97.60亿元,同比下降16.5%;净亏损9.644亿元。但巨亏之下,海底捞依然没有停下扩张的步伐,仅上半年就新开业了173家餐厅,从上年底的768家增加到了935家。而且,海底捞尝试用科技替代一些可标准化的劳动,比如配菜、传菜等动作。根据瑞银(UBS)的估计,使用机器人可以使海底捞减少37%的劳动力,每月节省约17.2万元人民币。当年,海底捞已经在全球门店装备了958个传菜机器人。在未来前景中，海底捞依然把加大技术投入，包括传菜机器人、智慧餐厅技术放在首要位置。在中国的主要城市，工人的工资增长迅速。一名服务人员的月薪在3500至4000元人民币之间。目前，擎朗智能的送餐机器人价格仅为99元/天，折合人民币约3000元/月。这也是为什么目前市值约360亿美元的著名火锅连锁店海底捞国际控股有限公司积极扩大智能餐厅发展的原因。

以上是微观视角，从宏观层面来年，餐饮企业的数字化转型究竟怎么去做？大财商龙餐饮研究院院长张璇进行了分析。他说，如果把餐饮行业发展史简单粗暴的分成了四个时代，可以划分为：90年代的"单体大酒楼"；00年代的"重资产直营连锁"；10年代的"弱管控加盟连锁"；正在进行中的"智能化餐厅"。如果将前三个时代分别称为1.0、2.0、3.0时代，那么当前正处于餐饮的"4.0"时代。如果按照经营模式来说："2.0时代"自建央厨自己开店的重资产模式导致老一代直营连锁餐饮企业发展稳健却缓慢。"3.0时代"则反其道而行之，轻资产大行其道，餐企总部啥都没有，依靠加盟模式快速扩张，虽然发展迅猛，但由于管控力度差，关店一样迅速。到了"4.0时代"，这两种模式开始融合，往往采用总部与加盟商合伙开店，同时总部对加盟店采用强管控模式，这就既达到了通过加盟模式快速扩张的目的，也达到了扩张而不失控的稳健经营。在4.0时代，这些单纯依靠传统的管理方法已经不容易做到，于是，"数字化"被重新提上了日程。

餐饮企业的"数字化转型"达成的一个显著标志是是否实现了"四个在线"，即：组织在线，业务在线，生态在线，数据在线。

（1）组织在线。是指企业组织结构的数字化。从HR的角度来说，就是通过人力管理系统，将全企业人力结构和人资档案囊括其中，实现合同、排班、考勤、绩效、薪资管理一体化，这是宏观层面HR的"数字化转型"。而从广义组织管理来说，还包括招聘、培训、即时通信，例如通过企业微信，将员工日常应用工具全部嵌入，形成统一的员工办公台，从形式上消除员工办公分散性，是从微观上实现了员工的"数字化转型"。

（2）业务在线。指的是营业、营销、供应链数字化，这往往是指企业整体信息化中的"业务中台"部分。餐饮信息化所有的交易系统(例如收银软件、扫码点餐、外卖小程序等),如同客服小姐姐的甜美语音,给予顾客美好的体验,这相当于"前台"。在顾客看不见"后端",有着庞大的业务处理系统,专门用于进行订单处理、营销运算、出库、厨房指令、账务核销、异常处理等,这个庞大的业务处理系统,就是"业务中台"。在餐饮企业信息化越发复杂的今天,"业务中台"的建立则显得尤为重要,某种程度上,餐饮企业的"数字化转型",也代表着餐饮企业信息系统的"中台化"。在所有的业务中台中,有三个中台非常关键,即营业中台、营销中台、供应链中台,分别实现"连锁营业统一管理、会员营销统一管理、供应链统一管理"。通过业务中台的建立,最重要的结果就是实现了"前端轻而多元,后端重而统一"。餐饮企业的每种交易类型都可以有适合自己的交易前端,而前端的多样性却不会引起后端管理的孤岛化。

(3)生态在线。"生态"则指的是供需平衡中的"上下游关系"。餐饮企业的生态在线,主要指的是餐饮企业通过包括自营外卖平台、新零售商城、供应链采购在内的交易平台,建立以本企业为中心,连接C端消费者和B端商户的上下游关系。对于消费者来说,除了到店消费外,店外消费最可能发生的就是外卖行为和零售行为,也就是互联网领域经常提到的"到家业务"。通过小程序形式的自营外卖平台和零售商城,顾客可突破传统到店消费的"人货场"限制,从而商家可提供给顾客"门店到家,随时消费"的能力。除了消费者外,餐饮企业的另一个重要下游则是自己的客户或加盟店。他们从总部进货,再从门店加工成菜品后卖给顾客。从供应链的角度来说,总部的收益来源于"干线物流",区域仓库的收益来源于"支线物流",而门店的收益则来源于"最后一公里",这就将总部、区域、门店串联成了供应链条,再通过门店的"到店业务"和"到家业务"连接消费者,完成最终消费,形成餐饮企业完整的上下游生态链。

(4)数据在线。通过交易端实现顾客触达,通过业务中台实现业务运算和处理,通过生态完成上下游联结,而在这些过程中,将产生大量的数据,这些数据是企业的重要资产,却甚少有企业能够将他们充分利用起来,更多的依然是从财务层面做一些统计报表,这无异于一种巨大的资产浪费。其实大多数餐饮企业并不是不愿意使用这些数据,而是不知道该怎么用这些数据。的确,这些数据并不是通过人们所熟知的"Excel似的"简单公式就能变得有意义，更重要的是通过"数据模型"，让这些散乱的数据形成对经营决策有价值的依据。那么，什么是"数据模型"呢？数据模型类似一个框架，将你看不懂的散乱数据套入框架，即可按照框架输出你能够看得懂的数据结果。例如，你手中有几个 G 的营业数据，你没有时间也不可能去看每一条交易的明细，但你希望能够从中知道"在营业额最好的前五个区域中，哪三种菜品销量是最高的"，这句话便是一个模型。当在系统中实现了这个模型后，你把手里的几个 G 的营业数据导入到模型中，模型就可以立即告诉你想要的结果，这便是"数据在线"的意义所在。对于数据模型来说，系统一定要实现"可定制化"和"易定制化"。从上面的例子可以看出，人们对于数据分析的需求是不一样的，所以无论系统预先设计了多少种模型，都是不够用的。最重要的还是要让用户能够按照自己的意愿制定模型，所以数据系统一定要具备模型自定义能力。另外，自定义模型往往要求用户有一定的数据分析能力，通俗来说就是用户自己要"有想法儿"。但这对用户来说，要求就比较高，所以，成熟的数据系统往往具备"敏捷建模"能力，尽可能降低对用户的要求，让用户易于在系统中建模。

当餐饮企业实现了"数据在线"，才算是真正实现了从业务到数据的一体化闭环，达到了企业信息化的最大价值。

6.9 娱乐业：数字娱乐异军突起

在我们身边，数字娱乐比比皆是。网络游戏、网络文学、数字短片、数字音乐、数字电视电影、动漫和数字出版物等等无处不在。尤其是近几年来网络技术的突飞猛进，更在极大程度上推动了整个产业的发展，曾经只是初具雏形的数字内容和数字娱乐，在短短十几年间，就成长为一个年产值在数百亿美元的庞大产业。产业飞跃式的发展让无数的人才、资本甚至政策开始关注数字娱乐，而这样的关注则更加快了产业本身的发展，良性循环让整个产业拥有着不可限量的未来。因而，我国给予了很多政策支持。2003年，《健康游戏忠告》作为引导未成年人合法、科学、适度地使用游戏，和保护未成年人身心健康的一个重要内容被发布。2004年，为在网络游戏出版运营活动中更好地保护青少年的合法权益，新闻出版总署委托游戏工作委员会等单位共同开发绿色网游保护神系列软件。2005年3月，针对当前在青少年中存在的网络成瘾综合症等现象，新闻出版总署会同中央文明办、共青团中央、中国社会科学院、光明日报等5部门联合举办健康上网拒绝沉迷——帮助未成年人戒除网瘾大行动，邀请著名专家、学者以讲座、论坛、心理咨询等形式开展巡讲，引导家长积极学习网络知识，引导未成年人树立健康上网理念等。2005年7月，《中共中央国务院关于进一步加强和改进未成年人思想道德建设的若干意见》由文化部和信息产业部共同颁布。《意见》特别指出，网络游戏作为软件产业的重要组成部分，将享受当前国家关于软件产业的许多优惠政策，包括国务院《关于鼓励软件产业和集成电路产业发展的若干政策》（国发〔2000〕18号）和《振兴软件产业行动纲要》（国办发〔2002〕47号）等软件产业政策，这将是我国国产原创网络游戏产业腾飞的助推器。

与传统娱乐业或IT产业相比，数字娱乐业有着以下显著特点：

（1）产业平台的扩展性。近年来，数字娱乐产业最明确的三个发展方向，是游戏、动漫和文学，其中动漫与文学在数字娱乐平台被确认之前，一直是通过传统的纸质媒体平台来进行传播，发展速度受到了诸多方面的制约。而在对内容进行数字化后，动漫和网络文学得到了极快速的发展。随着产业的不断发展，越来越多数字化娱乐内容被添加到了这个领域，数字娱乐产业的规模也越来越大，这个规模的扩充，最基本的原因就在于产业拥有无限的扩展性。正如越来越多的人会通过网络游戏平台来下象棋和围棋那样，在未来，会有更多的娱乐生活被数字化，数字娱乐产业将扩展到人们生活的每一个方面。

（2）产业内容的全民性。与传统产业的专业性不同，数字娱乐产业让越来越多的专业内容向全面化的方向发展。在传统行业，文学创作、摄影、音乐创作、设计制作等工作，都具备极强的专业特点，大多数普通人几乎没有实践创作甚至接触的可能。但随着这些内容的数字化，越来越多的专业领域因数字化而降低门槛，产业的全民性在这样的过程中，起到了主导作用。以音乐、电视电影创作为例，十年前，我们很难想象一个不经过专业培养的普通人，可以创作出拥有数百万人支持的音乐作品和电影电视作品，但随着娱乐数字化进程的加快，越来越多的普通人拥有了创作和发布的机会，专业化的内容逐渐全民化。现在，任何人只要有想法，有创意，都可以用相对轻松的方式创作自己的音乐和电视电影作品，并将所创作的作品发布在网络上，获得别人的认可。参与者基数的几何级数增加，也推动着产业以几何级数发展。以在线视频点播和发布领域为例，经专业公司的统计，近三年来（2005年到现在）通过网络发布的原创视频时间长度，已经超过了2005年以前全世界传统电影电视胶片时间的总长度。也就是说，三年不到，网络视频内容的丰富程度，与传统电影电视产业近百年的积累持平。

（3）产业人才的广泛性。与局限于某个方向上的传统产业不同，数字娱乐产业因其平台的扩展性和内容创作的全民性，直接跳过了一个新兴产业最痛苦的人才积累阶段，数字娱乐产业拥有最广泛的人才优势。数字娱乐产业的基础是传统的娱乐和艺术产业，因此任何在传统领域拥有一定成就的创作者，都可以迅速加入数字娱乐产业当中，同时没有太多经验的普通创作者，也可以加入产业中，产业从一开始发展的时候，就具备了金字塔式的人才结构。这样的人才基数无疑让产业拥有了最广泛的人才储备，越来越多的人可以凭借自己的喜好来决定自己的发展方向。喜欢文学的，可以尝试写自己喜欢的小说；而喜欢游戏的，则可以尝试做自己热爱的游戏，拥有近乎无限人才储备的产业自然拥有无限的发展可能。

（4）产业技术的共享性。与传统行业不同，数字娱乐产业中的技术，似乎不存在保密的担忧，因为产业技术的迅速共享让这个产业中几乎不存在真正的保密技术。当一种新兴的技术被发明出来之后，数字娱乐产业往往会以比传统产业快上数倍甚至数十倍的速度将这种技术在业内进行推广，产业的特点让技术被更快地投入到实际应用当中，并发展出更新和更前沿的技术。这样的过程看似让许多业内的人员失去了技术创新所带来的部分利益，但实际上，这样的共享却极大地加快了产业的发展。数字技术因传播方式和途径的特点变得极易被学习和推广,这是产业迅速发展的主要推动力之一。

未来,数字娱乐业的发展方向大抵包括以下几个领域:

(1)数字内容出版领域。这是最直接与传统出版行业接轨的领域,也是最先发展起来的产业方向,如光盘出版物、电子音像出版物、在线数字出版平台、付费网络文学、付费在线动漫等都可直接划入这个领域中。

(2)在线游戏娱乐领域。这是近年来发展最为快速的领域之一,网络游戏通过不足十年的发展,成长为一个产值数十亿美元的市场,本身就证明了这个方向强大的生命力和巨大的成长空间。而随着国家相关部门对产业的不断规范和支持,该产业显然会以更快的速度向前发展。

(3)传统娱乐数字化结合。不论是数字短片、数字音乐,还是数字电视和数字电影,都不过是通过数字化的手段来包装以前的一些娱乐模式,应当算是数字化手段应用于传统娱乐产业的一个必然产物。这种新兴技术与传统内容相结合的方式,显然将会成为产业未来发展的一个主要方向,而越来越多这些传统产业的巨头,也开始将目光放在纯数字化的娱乐手法上,一些新概念的影视作品就是这方面的代表。

我们完全有理由相信,在未来的十年左右,数字娱乐将有可能逐渐取代现有娱乐方式,成为普通人娱乐方式的主体。而这样的发展目标,也是每一名投身到数字娱乐产业中的从业者必须具备的概念。或许我们要去做的,应当是如何投身这个产业,同时如何推动这个产业,最终让这个产业所提供的数字娱乐内容,成为所有人生活不可或缺的一部分。

由于文章篇幅的关系,本章对第三产业的其他服务业态不再一一赘述。

数字经济

第七章

数字产业规模化

当前，世界各国普遍采用的是"三次产业划分"的方法。然而，产业的划分也并不是一成不变的，随着社会经济的发展，随着第三产业群体的膨胀，特别是现代数字、管理、决策、服务等部门已经成为经济和社会发展中不可缺少的组成部分，"三次产业划分"的方法已经不能充分地揭示世界新技术革命浪潮所导致的国民经济结构的变化，人们对产业的形成和发展有了新的认识。

数字经济

有这样一个经济学笑话,一个卖烧饼的和一个卖烤红薯的,如果他们吃了自己出售的实物,则不计入 GDP;如果他们相互购买对方的产品,则计入 GDP。今天,我们借用这个笑话来看数字经济的爆发力。

一个小院内,张三每天生产烧饼,李四每天生产烤红薯。张三和李四两家人每天各自吃了自家的产品,这个小院的当日 GDP 为 0,这是自给自足的原始经济状态。张三每天卖给李四 100 元烧饼,李四每天卖给张三 100 元烤红薯,这个小院里每天的 GDP 为 200 元,这是传统经济状态。到了数字经济时代,张三运用机器人等先进技术进行规模化生产,运用互联网平台把烧饼卖向千家万户,每天产销烧饼 1000 元;李四见状,也运用同样的技术进行生产和销售,每天产销烤红薯 1000 元;然而,这时的 GDP 绝不仅仅是 2000 元这么简单,而可能是 4000 元,是此前的 20 倍!因为他们购买了王五的机器人,又购买了赵六的网络服务,还购买了孙七的电脑和设备等等,这另外的 3 个人不但在交易中形成了 GDP,而且在烧饼和烤红薯之外,还形成了一个新的产业,人们叫它信息产业或数字产业或第四产业。张三和李四的发展历程叫产业数字化;王五、赵六、孙七的经营业态叫数字产业化。

下面,我们着重论述数字产业的发展和崛起。

7.1 什么是数字产业

当前,世界各国普遍采用的是"三次产业划分"的方法。然而,产业的划分也并不是一成不变的，随着社会经济的发展，随着第三产业群体的膨胀，特别是现代数字、管理、决策、服务等部门已经成为经济和社会发展中不可缺少的组成部分，"三次产业划分"的方法已经不能充分地揭示世界新技术革命浪潮所导致的国民经济结构的变化，人们对产业的形成和发展有了新的认识。

对产业划分新认识产生的原因是：（1）三次产业分类法存在内在缺陷，不能反映现代经济的产业结构按照三次产业分类法除了第一、第二产业外的其他社会经济活动、五花八门的行业都归入了第三产业，使得第三产业的内容越来越庞杂。第三产业内的行业差别悬殊，从最简单的修鞋补伞到最复杂的为航天工程服务的数据库业务都包括在内，饭店、理发馆、报社、研究所、政府部门、军事单位、咨询公司、跨国商贸集团等应有尽有，行业性质完全不同，其实是很难合并在一起来研究。（2）三次产业分类法不仅在理论上不符合科学分类的要求，而且在实践中，对宏观经济管理的运作、国家制定产业政策以及对各种不同性质的产业实行分类指导和调控极为不利。产业有其发育、成长、成熟和衰退的过程，在 60 多年前提出三次产业分类法时，第三产业不发达，因此那时候三次产业分类在理论上和实际应用中都可以让人接受。但是随着知识、技术在经济中的广泛应用，数字产业的异军突起，第三产业异常扩大等情况的产生就使得对三次产业分类法进行调整和改进成为必要。数字产业的活力成为世界各国经济发展的重要动力，尤其对中国来说，发展数字产业是中国抓住机遇、发挥后发优势实现跨越式发展的关键所在。这在客观上要求将数字产业独立出来，以便国家宏观掌控数字产业的发展状况，制定合理的产业政策。

数字产业是现代社会的第四产业随着社会经济的发展，数字信息革命的深入，计算机、通讯、网络、卫星、遥感以及软件等 IT 类信息产品市场化加剧。尤其以文化产业定位的网络经济崛起，电子商务的普遍应用，管理信息化系统的建设，其市场功能的凸显。作为后三产业的信息产业、广告业、会展业等都对数字产业有了极强的依赖性。CUDI 国际城市发展研究院院长王超提出：在我们长期从事数字城市研究中发现，这个时代的人们都将成为数字移民，或早或晚，电子商务突飞猛进，网络经济的市场性质早已超越了文化和信息范畴，国内以阿里巴巴为代表的电子商务应用、物联网的产业介入、团购网的营销浪潮，都在对产业格局产生了极大影响。所以说以网络经济、信息经济、空间经济为代表的数字产业必将产生第四产业。他提出定义第四产业为数字产业,网络经济产业、通讯产业、卫星产业等都该属于该产业范畴。

近十几年来,美、日等国的一些经济学家继第四产业概念之后,开始提出第五产业的概念,但尚无定说。按照日本的说法,第五次产业一般是指以精神享受、娱乐消遣、心理刺激为中心的服务业,其范畴大致包括娱乐业、趣味业、时装业、美容业、旅游业等。

当前,对第四产业的概念含义的界定说法不一,主要有以下几种:(1)对从三次产业中分化出来的属于知识、技术和信息密集的产业部门的统称。它包括:设计、生产电子计算机软件及其服务部门,咨询部门,应用微电脑、光导纤维、激光、遗传工程的新技术部门,高度自动化、电气化部门,等等。(2)有人主张把"信息产业"(知识产业)独立作为第四产业。它包括电讯、电话、印刷、出版、新闻、广播、电视等传统的信息部门和新兴的电子计算机、激光、光导纤维、通信卫星等信息部门。主要以电子计算机为基础,从事信息的生产、传递、储存、加工和处理。(3)联合国经济合作与发展组织则把从第三产业中划分出来的"情报部门"作为第四产业。对此所下的定义为:情报活动包括情报的提供、加工或按原始目的分类;情报工作者包括管理者、干事和秘书,以及建立和维护情报基础结构的从业人员。据联合国《经济与发展组织观察员》杂志 1981 年 11 月号刊文介绍,第四产业在国民核算术语中被称为"一次情况部门",其产值在 20 世纪 60 年代初期和 70 年代中期的增长幅度较大。

为了避免和第三产业发生混淆,本论著所论述的第四产业专指数字产业,主要指数字技术产业,是运用信息手段和技术,收集、整理、储存、传递信息情报,提供信息服务,并提供相应的信息手段、信息技术等服务的产业。本章所论述的数字技术产业主要包含:从事信息的生产、流通和销售信息以及利用信息提供服务的产业部门。本章所论述的信息技术(IT 即 Information Technology)主要是指感测技术、通信技术、计算机技术和控制技术,以及新一代信息技术。

7.2 数字产业渐成独立业态

CUDI 国际城市发展研究院院长王超提出：第四产业必将兴起于中国。由于中国经济的崛起，还有众所周知的原因，就是人口与消费比例原因，大量 IT、通讯、软件等服务外包基地的生产要素原因，数字产业在国民经济生活中的地位越来越重要，无论在理论还是在实践上，都应该把数字产业独立出来，作为第四产业来研究，以促进数字产业更快速、更健康地发展，从而带动整个社会的进步与发展。他认为：

（1）从产业结构合理化的角度来看：产业结构从来都不是一成不变的，一次、二次、三次产业的形成与发展正是伴随着经济的发展而逐步被人们认识和确立的。所以我们必须以动态的、发展的观点来研究产业结构问题。产业结构的合理化是一定历史条件和一定经济发展阶段的合理化，同时又是将产业结构不断推向更高级阶段的合理化。在现代经济生活越来越复杂、经济活动节奏越来越快速的情况下，试图保持一种永恒不变的产业分类法是不明智的。因而，我们应该有勇气冲破三次产业分类法的束缚，将数字产业这样一个新兴产业作为第四产业，然后在理论的指导下，从实践上给予高度重视，制定出正确的产业结构政策，将已有产业结构推向具有更高经济效益的产业结构。

（2）从数字产业与传统产业的比较来看：①数字产业与第一、二次产业的区别第一、二产业同属于物质资料再生产过程，而数字产业的性质和特点则超过了物质资料生产总过程的总和，无论将数字产业归入哪类，都不符合类属特征。②数字产业与其他服务产业的区别虽然从某种意义上说，数字产业也是一种服务业，但是毕竟数字产业这种知识性服务与一般的服务还是有许多不同之处的。正是这些不同之处，奠定了数字产业从服务业分化出来形成一个独立产业的基础。数字产业与其他服务产业的区别主要表现：第一，劳动工具不同。服务劳动工具主要是各种有形的工具，数字劳动使用的主要是大脑及大脑器官的延伸物——数字处理工具。第二，劳动形式不同。服务劳动主要是体力劳动，数字劳动主要是脑力劳动。第三，劳动对象不同。服务劳动对象主要是人和环境，数字劳动对象主要是各类数字。第四，劳动产品形态不同。服务劳动产品主要是人的生理性变化与环境变化,数字劳动产品是依附于各种载体上的数字。第五,劳动产品的效用不同。服务劳动产品主要用来满足人们的生理需要,数字劳动产品主要用来满足人们的精神需要。

(3)从产业的市场范围和就业人员的素质来看:数字产品和数字服务在空间上的扩张渗透力极强,具有全球范围的市场潜力,而其他服务产业的产品和服务受地域限制比较大。从就业人员素质来看,数字产业要求素质高、知识面宽的员工,是智力密集型产业,而其他服务产业对从业人员的要求不高,是劳动密集型产业。综上所述,数字产业确实是与第一、二、三产业不同的独立的第四产业。

7.3 数字产业作为第四产业的意义

《第四产业发展简述》一书提出,数字产业作为第四产业分离出来,具有重要意义。

(1)将数字产业作为第四产业是社会生产力发展的必然结果无论是几次社会大分工还是技术革命,其源泉无非是由于科学技术的发展促进了劳动对象或者劳动工具发生了质的变革,并由此引起整个社会的生产力水平及生产体系的飞跃变化,有时甚至引起经济关系的重大变化。由于产业意味着分工,一种产业就是社会经济活动中的一种分工,一切社会分工都是社会生产力发展的结果,而社会分工必然又会引起社会生产力的提高,这是产业革命发生、发展的客观规律。数字产业的产生也不例外,它和历史上的产业革命一样,也需要通过社会生产力达到一定水平来推动。据联合国教科文组织统计:全世界每年发表各种论文约 500 万篇;平均每年登记专利有 30 万件;每年出版图书 50 万种。全世界出版物年数字量为 400 亿字符(按拼音字母及数字)。此外,还从广播电视、电话、网络等渠道来传播大量的数字。如此巨量的数字出现,标志着数字已经作为独立的劳动对象出现经济领域中。面对着处于爆炸形态的数字,人们开始感到人的天赋数字功能已经不能适应生产力发展的需要:视力不够用了,听力也不够用了,特别是大脑处理数字的速度、精度和存储数字的能力也不够了,等等。只有到这时，才迫切要求把数字产业独立出来，以提高人们处理数字的能力，适应社会经济发展的需要。数字产业的形成，正是表明了现代社会中数字已渗透到了社会活动的每一个角落。另外，也只有到了近代，由于电子计算机等数字处理工具的广泛应用，已为建立第四产业准备了条件，从而使当前数字资源的开发与利用全部成为社会总劳动分工的一个独立行业。

（2）划分第四产业有利于更好地认识数字产业的运行机制和发展规律数字产业既不同于一般服务行业，更不同于工业和农业，有其自身的运行机制和发展规律。如果将数字产业包含在服务业中加以研究，就不能深入地探索数字产业独有的特点、机制和规律。只有把数字产业独立出来，人们才会将数字产业作为一个独立的领域进行研究，才能更好地认识数字产业的运行机制和发展规律，更好地指导数字产业的发展。

（3）划分第四产业有利于促进数字产业的发展，更好地满足人民群众的消费需要在整个社会化大生产的经济系统中，物质的流动，数字的传递，技术的应用，资金的流通，都迫切需要在全国范围内乃至世界范围内建立起发达的数字网络，以指挥和沟通各分支系统与社会活动各领域之间的联系。而数字需要实现商品化，更迫切需要数字生产和销售体系的建立，需要数字商品市场的形成。况且，随着经济发展和人民群众科学文化水平的提高，人们不仅需要更多的物质享受，而且需要更多的精神享受；不仅需要娱乐型数字产品，更需要大量的技术型、知识型、社会型产品。

（4）划分第四产业有助于树立完整的产业结构系统观念国民经济必须按比例发展是客观经济规律，过去在谈到国民经济各部门构成中几大比例关系时，首先会想到要摆好农轻重的关系。看来，这种认识是不够全面的。因为这种认识的基点是重视有形物质产品生产，而忽视无形物质产品的生产。人们应当认识到无形物质产品（特别是数字产品）在社会经济发展中的重要作用。在数字时代里，人们的价值观念将会改变，它将不再以拥有的物质产品的多少来衡量，而是以拥有时间的多少来衡量。数字时代的口号是：数字就是金钱，人才就是资源。从"农轻重"到"第三产业"，在观念上是一大进步。但这还不够，还要从"第一、第二、第三产业"前进到"第四产业"，确立国民经济的大生产系统结构观念，特别是要充分认识到第四产业在未来经济发展中的主导作用,推进产业结构的高级化进程。

(5)划分第四产业是实现社会生产集约的重要条件在现代的社会化大生产中,经济发展的重要途径将由以粗放型为主转为以集约化为主。换个角度说,就是要从劳动密集型经济转为数字密集型经济(或称技术密集型经济),即不是单纯地靠增加生产要素的数量,而是要着重靠提高生产要素的质量,靠提高社会财富中数字产品的比重和作用来发展经济。为了改善生产的物质要素,必须采用新材料、新设备和新工艺等,这就要求把更多的科学技术或成果应用到生产中去,加强科研—数字—生产的有机联系。一旦把数字产业作为第四产业独立出来,就能够使科学研究、技术开发、软件设计、可行性研究、业务咨询、市场预测、企业经营诊断等业务部门相对独立出来,这是适应上述的需要,加强生产与科研之间联系的重要条件。

(6)划分第四产业,有助于提高劳动者的专业素质,扩大就业门路长期以来,中国都面临着扩大就业的压力。过去,为解决这一问题,中国把大量的劳动力投向第一、第二产业,迫使企业有机构成降低,生产效率下降。由于数字产业依附于其他产业中,因此,数字劳动者的职业教育和高等教育不受重视,不少劳动者的专业素质甚差,不能适应现代化数字劳动的要求。仅就中国劳动者的智力结构来看,全国4000万技术工人,三级以下的占70%;经济管理部门现有100多万干部,初中文化以下的占70%。冶金系统是传统工业,但在青壮年职工中不到初中文化程度的占48.2%,两万多名厂处级干部中,初中以下文化程度的占44.4%。显然,这种文化知识结构是不能适应现代化产业发展需要的。未来的社会将是知识密集型社会。因此,从本质上说,数字时代的出现正在改变着社会劳动力的成分,改变着在职职工的专业培养方向和技能水平。今后,由于科学技术水平的提高,工作能力较差而不适应新兴产业需要而引起的所谓"结构性失业"将会不断产生。在欧洲共同体内从事传统工业生产的工人已裁减250万。美国有21万汽车工人被解雇,近12万名钢铁工人无事可干,传统的工业区失业率高达14.9%。中国失业率中的2.5%就是与数字不通,劳动市场不开放,传统产业占统治地位有关。要尽快划分和建立第四产业,加强对数字劳动者的

职业教育和训练,以适应社会经济发展的需要和传统失业率带来的挑战。

(7)划分第四产业有利于开展对外贸易和对外技术文化交流,中国已经同100多个国家和地区建立了经济贸易关系。1990年中国进出口货物总额已经达到1154亿元,新签利用外资协议123亿美元,计划内签约成交的技术引进项目有1000多项。可以预料,随着中国经济建设不断发展,中国与世界各国的经济联系将日益紧密。但是在中国专门用于出口的数字商品贸易额却很低,也缺乏专门的行业从事世界数字产品的交流和市场预测,主要原因是受体制和行业门类的各自为政局限,不能使数字作为各部门共享的资源来开发利用。更没有专门的行业组织数字商品的出口、进口或进行综合加工处理。国际市场变化莫测,价格降落迅速,对于卖方、买方的情况,外汇比值的变化,世界经济形势的变化等数字,如果把握不住,必然造成大量亏损。另外,我们还要看到,世界各国在外贸出口中,数字产品的比重甚大。仅美国国际商用机器公司(IBM),这个世界上电脑和其他数字处理设备的最大制造公司,1982年的年收入即达到340亿美元,盈利44亿美元。1983年中国台湾数字产品出口达47亿美元,超过了过去的拳头产品纺织品和服装,香港数字产品出口也超过纺织品和服装,1984年仅计算机一项出口额已达50亿港元。

(8)呼吁国家重视产业格局裂变,发起全球产业升级研讨。第四产业的诞生,是世界经济的大事情。网络、通讯、信息工程由于其生产关系亦即社会关系所具有的公共性特点,第四产业亦可称之为公共产业。

下面,重点对新一代信息技术(5G、大数据、云计算、物联网、人工智能等)和信息技术的三大支柱(传感技术、计算机技术、通信技术)分别进行论述。由于篇幅的关系,对三网融合、新型平板显示、高性能集成电路等不进行赘述。

7.4 第五代移动通信技术蕴含千万亿级市场

第五代移动通信技术(英语:5th generation mobile networks 或 5th generation wireless systems、5th-Generation，简称 5G 或 5G 技术）是最新一代蜂窝移动通信技术，也是继 4G（LTE-A、WiMax）、3G（UMTS、LTE）和 2G（GSM）系统之后的延伸。5G 的性能目标是高数据速率、减少延迟、节省能源、降低成本、提高系统容量和大规模设备连接。

随着移动互联网的发展，越来越多的设备接入到移动网络中，新的服务和应用层出不穷，全球移动宽带用户在 2019 年突破 100 亿。移动数据流量的暴涨将给网络带来严峻的挑战，亟须发展新一代 5G 移动通信网络。

5G 网络的主要优势在于，数据传输速率远远高于以前的蜂窝网络，最高可达 10Gbit/s，比当前的有线互联网要快，比先前的 4G LTE 蜂窝网络快 100 倍。另一个优点是较低的网络延迟（更快的响应时间），低于 1 毫秒，而 4G 为 30—70 毫秒。由于数据传输更快，5G 网络将不仅仅为手机提供服务，而且还将成为一般性的家庭和办公网络提供商，与有线网络提供商竞争。以前的蜂窝网络提供了适用于手机的低数据率互联网接入，但是一个手机发射塔不能经济地提供足够的带宽作为家用计算机的一般互联网供应商。

通过比较分析，5G 网络具有以下新特点：（1）峰值速率需达到 Gbit/s 的标准，以满足高清视频，虚拟现实等大数据量传输。（2）空中接口时延水平需要在 1ms 左右，满足自动驾驶，远程医疗等实时应用。（3）超大网络容量，提供千亿设备的连接能力，满足物联网通信。（4）频谱效率要比 LTE 提升 10 倍以上。（5）连续广域覆盖和高移动性下，用户体验速率达到 100Mbit/s。（6）流量密度和连接数密度大幅度提高。（7）系统协同化，智能化水平提升，表现为多用户，多点，多天线，多摄取的协同组网，以及网络间灵活地自动调整。这些是 5G 区别于前几代移动通信的关键，是移动通信从以技术为中心逐步向以用户为中心转变的结果。

5G 移动技术的主要发展里程碑如下：

2013 年 2 月，欧盟宣布，将拨款 5000 万欧元。加快 5G 移动技术的发展，计划到 2020 年推出成熟的标准。

2013 年 5 月 13 日，韩国三星电子有限公司宣布，已成功开发第 5 代移动通信（5G）的核心技术，这一技术预计将于 2020 年开始推向商业化。

2014 年 5 月 8 日，日本电信营运商 NTT DoCoMo 式宣布，开始测试凌驾现有 4G 网络 1000 倍网络承载能力的高速 5G 网络，传输速度可望提升至10Gbps。

2015 年 9 月 7 日，美国移动运营商 Verizon 无线公司宣布，从 2016 年开始试用 5G 网络，2017 年在美国部分城市全面商用。同年，中国宣布 5G 技术研发试验将在 2016—2018 年进行。

2017 年 2 月 9 日，国际通信标准组织 3GPP 宣布了"5G"的官方 Logo。

2018 年 6 月 13 日，3GPP 5G NR 标准 SA（Standalone，独立组网）方案在3GPP 第 80 次 TSG RAN 全会正式完成并发布，这标志着首个真正完整意义的国际 5G 标准正式出炉。

2018 年 11 月 21 日，重庆首个 5G 连续覆盖试验区，建设完成，5G 远程驾驶、5G 无人机、虚拟现实等多项 5G 应用同时亮相。

2019 年 6 月 6 日，工信部正式向中国电信、中国移动、中国联通、中国广电发放 5G 商用牌照，这一年，被称为中国 5G 元年。同年 10 月，5G 基站入网正式获得了工信部的开闸批准。工信部颁发了国内首个 5G 无线电通信设备进网许可证，标志着 5G 基站设备将正式接入公用电信商用网络。同年 11 月 1 日，运营商正式上线 5G 商用套餐。到次年 6 月，中国 5G 用户超过 1.1 亿。

5G 网络主要应用在哪些方面？一是自动驾驶。车联网技术经历了利用有线通信的路侧单元（道路提示牌）以及 2G/3G/4G 网络承载车载信息服务的阶段，正在依托高速移动的通信技术，逐步步入自动驾驶时代。根据中国、美国、日本等国家的汽车发展规划，依托传输速率更高、时延更低的 5G 网络，将在2025 年全面实现自动驾驶汽车的量产，市场规模达到 1 万亿美元。二是外科手术。2019 年 1 月 19 日，中国一名外科医生利用 5G 技术实施了全球首例远程外科手术。这名医生在福建省利用 5G 网络，操控 30 公里（约合 18 英里）以外一个偏远地区的机械臂进行手术。在进行的手术中，由于延时只有 0.1 秒，外科医生用 5G 网络切除了一只实验动物的肝脏。5G 技术的其他好处还包括大幅减少了下载时间，下载速度理论可达 125M/S。5G 技术将开辟许多新的应用领域，以前的移动数据传输标准对这些领域来说还不够快。5G 网络的速度和较低的延时性首次满足了远程呈现、甚至远程手术的要求。三是智能电网。因电网高安全性要求与全覆盖的广度特性，智能电网必须在海量连接以及广覆盖的测量处理体系中，做到 99.999% 的高可靠度；超大数量末端设备的同时接入、小于 20 ms 的超低时延，以及终端深度覆盖、信号平稳等是其可安全工作的基本要求。

5G 将重塑产业价值链。2019 年 6 月，新京报评论：5G 不仅是一场技术革命更蕴含千万亿级市场。据《世界互联网发展报告 2019》显示，预计到 2035 年，中国 5G 价值链总产出将高达 9840 亿美元，创造就业机会 950 万个，居世界第一。

5G 被认为将像历史上的蒸汽革命一样改变整个社会的生产方式乃至生活方式，更会引发新一轮科技革命与产业变革，从而彻底改变着全球产业链和价值链格局。一方面，5G 的高速率、大容量、低时延等特性，促使 5G 技术在物联网、智慧家居、远程服务、外场支援、虚拟现实、增强现实等领域拥有更为先进的应用。5G 真正普及的时候，也就意味着普通人的日常生活将变得更加智能，这将会创造出一个庞大的消费市场。另一方面，5G 更大的经济舞台在于对所有产业的影响与驱动。农业、工业、服务业将依托 5G 实现产业结构升级，成为智能农业、工业智造、智能商务，并创造出规模经济效益。以农业为例，5G 技术万物互联的特点将助力智慧农业发展。农业生产中，大量传感器联网，将实现温度、湿度、肥力、家畜健康情况等信息的精确传递与实时监测，提高农业生产效率。同时，消费者还可对绿色无公害作物从田间地头到餐桌的信息进行回溯查询，吃得更放心。

正如互联网经济出现多年来，持续推动经济发展和创新，5G 也将在未来 10 年、20 年成为全球经济持续增长的助推器。5G 的价值不仅仅体现在"快"字上，其更大的意义在于将释放更多应用场景。因此，5G 产业的建设要注重以下三个方面。首先要完善技术体系，搭建 5G 产业合作创新平台；其次要加快应用创新。在持续推动 5G 消费领域应用发展的同时，要围绕车联网、工业互联网等垂直行业重点领域，集中力量优先开展产品的研发、标准的统一、模式的创新等工作，打通 5G 应用关键的环节；最后，要加强开放合作，要坚持在开放中扩大共同利益,深化多层次全方位的 5G 国际合作。

7.5 大数据产业规模快速逼近万亿大关

研究机构 Gartner 认为,"大数据"是需要新处理模式才能具有更强的决策力、洞察发现力和流程优化能力来适应海量、高增长率和多样化的信息资产。麦肯锡全球研究所给出的定义是:一种规模大到在获取、存储、管理、分析方面大大超出了传统数据库软件工具能力范围的数据集合,具有海量的数据规模、快速的数据流转、多样的数据类型和价值密度低四大特征。IBM 提出大数据的 5V 特点是:Volume(大量)、Velocity(高速)、Variety(多样)、Value(低价值密度)、Veracity(真实性)。

大数据技术的战略意义不在于掌握庞大的数据信息,而在于对这些含有意义的数据进行专业化处理。换而言之,如果把大数据比作一种产业,那么这种产业实现盈利的关键,在于提高对数据的"加工能力",通过"加工"实现数据的"增值"。

从技术上看,大数据与云计算的关系就像一枚硬币的正反面一样密不可分。大数据必然无法用单台的计算机进行处理,必须采用分布式架构。它的特色在于对海量数据进行分布式数据挖掘。但它必须依托云计算的分布式处理、分布式数据库和云存储、虚拟化技术。随着云时代的来临,大数据(Big data)也吸引了越来越多的关注。分析师团队认为,大数据(Big data)通常用来形容一个公司创造的大量非结构化数据和半结构化数据,这些数据在下载到关系型数据库用于分析时会花费过多时间和金钱。大数据分析常和云计算联系到一起,因为实时的大型数据集分析需要像 MapReduce 一样的框架来向数十、数百或甚至数千的电脑分配工作。

如何系统的认知大数据?要着手从三个层面来展开:(1)理论层面。理论是认知的必经途径,也是被广泛认同和传播的基线。在这里从大数据的特征定义理解行业对大数据的整体描绘和定性;从对大数据价值的探讨来深入解析大数据的珍贵所在;洞悉大数据的发展趋势;从大数据隐私这个特别而重要的视角审视人和数据之间的长久博弈。(2)技术层面。技术是大数据价值体现的手段和前进的基石。在这里分别从云计算、分布式处理技术、存储技术和感知技术的发展来说明大数据从采集、处理、存储到形成结果的整个过程。(3)实践层面。实践是大数据的最终价值体现。在这里分别从互联网的大数据,政府的大数据,企业的大数据和个人的大数据四个方面来描绘大数据已经展现的美好景象及即将实现的蓝图。

在大数据应用中,有以下几件事世界周知:(1)洛杉矶警察局和加利福尼亚大学合作利用大数据预测犯罪的发生。(2)Google 流感趋势(Google Flu Trends)利用搜索关键词预测禽流感的散布。(3)统计学家内特·西尔弗(Nate Silver)利用大数据预测 2012 美国选举结果。(4)麻省理工学院利用手机定位数据和交通数据建立城市规划。(5)梅西百货的实时定价机制。根据需求和库存的情况,该公司基于 SAS 的系统对多达 7300 万种货品进行实时调价。

对于很多行业而言,如何利用大规模数据是赢得竞争的关键。大数据的价值体现在以下几个方面:(1)对大量消费者提供产品或服务的企业可以利用大数据进行精准营销;(2)做小而美模式的中小微企业可以利用大数据做服务转型;(3)面临互联网压力之下必须转型的传统企业需要与时俱进充分利用大数据的价值。

具体来说,企业组织利用相关数据和分析可以帮助它们降低成本、提高效率、开发新产品、做出更明智的业务决策等等。例如,通过结合大数据和高性能的分析,下面这些对企业有益的情况都可能会发生:(1)及时解析故障、问题和缺陷的根源,每年可能为企业节省数十亿美元。(2)为成千上万的快递车辆规划实时交通路线,躲避拥堵。(3)分析所有 SKU,以利润最大化为目标来定价和清理库存。(4)根据客户的购买习惯,为其推送他可能感兴趣的优惠信息。(5)从大量客户中快速识别出金牌客户。(6)使用点击流分析和数据挖掘来规避欺诈行为。

为了促进大数据产业的建设和发展,2015 年 9 月,国务院印发《促进大数据发展行动纲要》(以下简称《纲要》),系统部署大数据发展工作。《纲要》明确,推动大数据发展和应用,在未来5至10年打造精准治理、多方协作的社会治理新模式,建立运行平稳、安全高效的经济运行新机制,构建以人为本、惠及全民的民生服务新体系,开启大众创业、万众创新的创新驱动新格局,培育高端智能、新兴繁荣的产业发展新生态。《纲要》部署三方面主要任务。一要加快政府数据开放共享,推动资源整合,提升治理能力。大力推动政府部门数据共享,稳步推动公共数据资源开放,统筹规划大数据基础设施建设,支持宏观调控科学化,推动政府治理精准化,推进商事服务便捷化,促进安全保障高效化,加快民生服务普惠化。二要推动产业创新发展,培育新兴业态,助力经济转型。发展大数据在工业、新兴产业、农业农村等行业领域应用,推动大数据发展与科研创新有机结合,推进基础研究和核心技术攻关,形成大数据产品体系,完善大数据产业链。三要强化安全保障,提高管理水平,促进健康发展。健全大数据安全保障体系,强化安全支撑。

2015年9月18日贵州省启动我国首个大数据综合试验区的建设工作,力争通过3至5年的努力,将贵州大数据综合试验区建设成为全国数据汇聚应用新高地、综合治理示范区、产业发展聚集区、创业创新首选地、政策创新先行区。围绕这一目标,贵州省将重点构建"三大体系",重点打造"七大平台",实施"十大工程"。"三大体系"是指构建先行先试的政策法规体系、跨界融合的产业生态体系、防控一体的安全保障体系;"七大平台"则是指打造大数据示范平台、大数据集聚平台、大数据应用平台、大数据交易平台、大数据金融服务平台、大数据交流合作平台和大数据创业创新平台;"十大工程"即实施数据资源汇聚工程、政府数据共享开放工程、综合治理示范提升工程、大数据便民惠民工程、大数据三大业态培育工程、传统产业改造升级工程、信息基础设施提升工程、人才培养引进工程、大数据安全保障工程和大数据区域试点统筹发展工程。此外,贵州省将计划通过综合试验区建设,探索大数据应用的创新模式,培育大数据交易新的做法,开展数据交易的市场试点,鼓励产业链上下游之间的数据交换,规范数据资源的交易行为,促进形成新的业态。

2016年3月17日,《中华人民共和国国民经济和社会发展第十三个五年规划纲要》发布，其中第二十七章"实施国家大数据战略"提出：把大数据作为基础性战略资源，全面实施促进大数据发展行动，加快推动数据资源共享开放和开发应用，助力产业转型升级和社会治理创新；具体包括：加快政府数据开放共享、促进大数据产业健康发展。

近年来，大数据体量呈现爆发式增长态势，形成了对数量巨大、来源分散、格式多样的数据进行采集、存储和关联分析，从中发现新知识、创造新价值、提升新能力的新一代信息技术和服务业态。主要应用领域包括教育、交通、能源、大健康、金融等。

据中商产业研究院发布的研究数据显示，2018 年我国大数据产业规模突破 6000 亿元；2019 年中国大数据市场产值达到 8500 亿元。随着应用领域的新突破，大数据已经成为推动经济高质量发展的新动力。2020 年产业规模应该会突破 10000 亿元。

7-1：大数据产业规模增长柱状图

2020 年，大数据令人瞩目的应用领域是健康医疗、城镇化智慧城市、金融、互联网电子商务、制造业工业大数据；取得应用和技术突破的数据类型是城市数据、视频数据、语音数据、互联网公开数据以及企业数据、人体数据、设备调控、图形图像；在数据资源流转上，会自己收集大量数据、会利用数据提供服务、会免费提供数据集、会只下载和获得免费数据集、会买数据集；大数据的拍档概念是数据科学、机器人和人工智能、智能计算或认知计算；我国大数据发展的主要推动者来自大型互联网公司、政府机构。

正因为如此，前瞻产业研究院提出，未来中国大数据产业建设管理新思路：

（1）要发挥大数据"加速器"作用，加快创新驱动。大数据作为技术创新、模式创新、理论创新、制度创新的重要工具，辅助技术创新，掌握创新进度，记录和模拟创新过程，分析创新结果，具有不可替代的作用。要进一步增强以创新破解矛盾、解决问题的意识，加大科技投入；培育创新型企业，聚集创新型人才，加快科技成果转化，不断提高科技进步贡献率，使创新成为驱动发展的主要动力，需要大力推动大数据采集、存储、分析、流通等各环节技术创新与升级。要瞄准世界科技前沿，整合各方资源力量，加快大数据核心技术攻关，建立自主可控的大数据产业链、价值链和生态系统。大力培育大数据核心业态、关联业态、衍生业态，推动数据处理加工交易、智能终端产品制造、电子商务等产业创新发展。要加快传统产业改造和新兴产业发展，推动大数据在新材料、新能源、机器人、生物制药、第五代移动通信等行业的深度融合，建设大数据重大应用示范工程，提高制造业供应体系质量和产品附加值。要依靠大数据促进战略性新兴产业的发展和传统制造业的技术改造，提高制造业智慧化、生态化、个性化、服务化水平，培育新兴业态。要推动依靠大数据的创新能力，成为衡量经济发展的重要指标，从而提升发展质量。

（2）要发挥大数据"新动能"作用，推动融合发展。目前，我国正处在新旧动能转换的关键时期，大数据是推动新旧发展动能转换的重要手段，大数据通过与传统产业深度融合，贯穿于传统行业的生产、流通、销售、服务等各个环节，为实现高质量发展注入新动能。在生产过程中，大数据能够提高生产效率和产品质量，把人从繁杂的劳动中解放出来，以最少的劳动、资本、土地、资源等要素投入，获得最大的产出；在流通领域，大数据具有"跟踪器"的作用，可以让消费者和商家随时随地知晓产品的位置等信息；在人才建设方面，大数据具有"助推器"的作用，可以帮助企业选人、用人、培训等，培养大批研发人员和熟练的技术工人,推动中国制造走向中国创造、中国智造;在消费市场,大数据具有"监听器"的作用,可以对市场加强监测,保护消费者权益,让消费者买得放心、安心、省心。要充分发挥市场配置资源的决定性作用,打破资源由低效部门向高效部门配置的障碍,提高资源配置效率,促进区域内生产要素有序自由流动,促进区域协调。要坚持数据开放、市场主导,以数据为纽带,促进产学研深度融合,形成数据驱动型创新体系和发展模式,培育造就一批领军企业,不断完善区域分工,优化空间布局,增强优势互补,全面提高资源配置效率,释放经济发展潜力,形成更加高效、均等的新格局,助力经济高质量发展。

（3）发挥大数据"导航仪"作用,强化精准施策。大数据是精准制定政策和实时监测政策实施效果的重要手段。大数据可以促使政府决策者树立大数据思维,借助大数据手段,提高现代化治理能力。大数据能让管理者清楚地知道哪些产业产能落后需要淘汰、哪些产业需要扶持、怎样充分利用好宏观调控,以便科学地做出决策,使政府决策由过去的经验型向数据分析型转变,借助大数据打造整体政府、开放政府、协同政府、智慧政府,提高政府治理能力。大数据还有利于建立健全更高质量发展的政策体系,通过大数据构建评价体系,对高质量发展政策进行评价,及时调整政策,对高质量发展出现的问题对症下药。政府必须进一步提高政务数据开放程度,加强大数据在政府治理中的运用,加大大数据项目的投入,为高质量发展提供决策支持。

7.6 人工智能产业规模 2023 年超两千亿

2017 年 12 月,人工智能入选"年度中国媒体十大流行语"。可见其在国人心上中的影响力。

人工智能（Artificial Intelligence）,英文缩写为 AI。它是研究、开发用于模拟、延伸和扩展人的智能的理论、方法、技术及应用系统的一门新的技术科学。它是计算机科学的一个分支,企图了解智能的实质,并生产出一种新的能以人类智能相似的方式做出反应的智能机器,该领域的研究包括机器人、语言识别、图像识别、自然语言处理和专家系统等。人工智能从诞生以来,理论和技术日益成熟,应用领域也不断扩大,可以设想,未来人工智能带来的科技产品,将会是人类智慧的"容器"。人工智能可以对人的意识、思维的信息过程的模拟。人工智能不是人的智能,但能像人那样思考、也可能超过人的智能。这是一门极富挑战性的科学,从事这项工作的人必须懂得计算机知识,心理学和哲学。人工智能是包括十分广泛的科学,它由不同的领域组成,如机器学习,计算机视觉等等,总的说来,人工智能研究的一个主要目标是使机器能够胜任一些通常需要人类智能才能完成的复杂工作。但不同的时代、不同的人对这种"复杂工作"的理解是不同的。

人工智能的定义可以分为两部分,即"人工"和"智能"。"人工"比较好理解,争议性也不大,就是人力所制造的。关于"智能",就问题多了。这涉及其他诸如意识(CONSCIOUSNESS)、自我(SELF)、思维(MIND)(包括无意识的思维(UNCONSCIOUS_MIND)等等问题,因此人工智能的研究往往涉及对人的智能本身的研究。

人工智能是计算机学科的一个分支,二十世纪七十年代以来被称为世界三大尖端技术之一(空间技术、能源技术、人工智能)。也被认为是二十一世纪三大尖端技术(基因工程、纳米科学、人工智能)之一。这是因为近三十年来它获得了迅速的发展,在很多学科领域都获得了广泛应用,并取得了丰硕的成果,人工智能已逐步成为一个独立的分支,无论在理论和实践上都已自成一个系统。人工智能是研究使计算机来模拟人的某些思维过程和智能行为(如学习、推理、思考、规划等)的学科,主要包括计算机实现智能的原理、制造类似于人脑智能的计算机,使计算机能实现更高层次的应用。人工智能将涉及计算机科学、心理学、哲学和语言学等学科。可以说几乎是自然科学和社会科学的所有学科,其范围已远远超出了计算机科学的范畴,人工智能与思维科学的关系是实践和理论的关系,人工智能是处于思维科学的技术应用层次,是它的一个应用分支。从思维观点看,人工智能不仅限于逻辑思维,要考虑形象思维、灵感思维才能促进人工智能的突破性的发展,数学常被认为是多种学科的基础科学,数学也进入语言、思维领域，人工智能学科也必须借用数学工具，数学不仅在标准逻辑、模糊数学等范围发挥作用，数学进入人工智能学科，它们将互相促进而更快地发展。

人工智能已经经历了 50 多年的发展历程。1956 年夏季，以麦卡赛、明斯基、罗切斯特和申农等为首的一批有远见卓识的年轻科学家首次提出了"人工智能"这一术语，它标志着"人工智能"这门新兴学科的正式诞生。此后，它迅速发展成为一门广泛的交叉和前沿科学。

当计算机出现后，人类开始真正有了一个可以模拟人类思维的工具，在以后的岁月中，无数科学家为这个目标努力着。如今人工智能已经不再是几个科学家的专利了，全世界几乎所有大学的计算机系都有人在研究这门学科，学习计算机的大学生也必须学习这样一门课程，在大家不懈的努力下，如今计算机似乎已经变得十分聪明了。例如，1997 年 5 月，IBM 公司研制的深蓝（DEEP BLUE）计算机战胜了国际象棋大师卡斯帕洛夫（KASPAROV）。大家或许不会注意到，在一些地方计算机帮助人进行其他原来只属于人类的工作，计算机以它的高速和准确为人类发挥着它的作用。

2019 年 3 月 4 日，十三届全国人大二次会议举行新闻发布会，大会发言人张业遂表示，已将与人工智能密切相关的立法项目列入立法规划。

当前，人工智能的实际应用有哪些？主要有：机器视觉，指纹识别，人脸识别，视网膜识别，虹膜识别，掌纹识别，专家系统，自动规划，智能搜索，定理证明，博弈，自动程序设计，智能控制，机器人学，语言和图像理解，遗传编程等。它是一门边缘学科，属于自然科学和社会科学的交叉。涉及学科包括哲学和认知科学，数学，神经生理学，心理学，计算机科学，信息论，控制论，不定性论。世界周知的人工智能事件主要是人机对弈：1996 年 2 月 10—17 日，国际象棋大师卡斯帕洛夫（GARRY KASPAROV）以 4：2 战胜机器人"深蓝"。第二年，1997 年 5 月 3—11 日，卡斯帕洛夫以 2：5 负于改进后的"深蓝"。几年后，2003 年 2 月卡斯帕洛夫以 3：3 战平机器人"小深"，并在当年 11 月战平德国机器人"X3D"。让人最为惊奇的是，由谷歌（Google）旗下 DeepMind 公司开发的"阿法狗"（AlphaGo）通过"深度学习"，不断提高棋艺。自 2016 年起与各类围棋冠军和高手对弈,横扫所有围棋大师! 成为第一个击败人类职业围棋选手、第一个战胜围棋世界冠军的人工智能机器人。

人工智能产生的主要影响有哪些?(1)人工智能对自然科学的影响。在需要使用数学计算机工具解决问题的学科,AI带来的帮助不言而喻。更重要的是,AI反过来有助于人类最终认识自身智能的形成。(2)人工智能对经济的影响。专家系统更深入各行各业,带来巨大的宏观效益。AI也促进了计算机工业网络工业的发展。但同时,也带来了劳务就业问题。由于AI在科技和工程中的应用,能够代替人类进行各种技术工作和脑力劳动,会造成社会结构的剧烈变化。(3)人工智能对社会的影响。AI也为人类文化生活提供了新的模式。现有的游戏将逐步发展为更高智能的交互式文化娱乐手段,今天,游戏中的人工智能应用已经深入到各大游戏制造商的开发中。

近年来,人工智能的应用领域不断拓展,诸如机器翻译,智能控制,专家系统,语言和图像理解,遗传编程机器人工厂,自动程序设计,航天应用,庞大的信息处理,储存与管理,执行化合生命体无法执行的或复杂或规模庞大的任务等等。以后已经兴起的智能家居。伴随着应用的扩大,产业规模不断增长。据深圳市人工智能行业协会发布的《2019人工智能产业发展白皮书》,白皮书指出,中国人工智能产业市场规模逐年攀升,2015年至2018年复合平均增长率为54.6%,增速高于全球平均水平36%。中国人工智能市场规模预计到2020年达

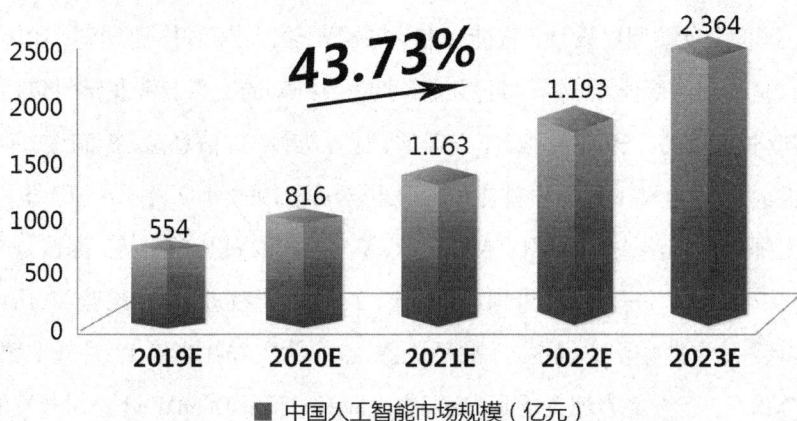

7-2:人工智能市场规模预测柱状图

到约 990 亿元。北京以 709 家人工智能企业数量位居全国第一,深圳居第二,相关企业为 636 家,近七成集中在应用层领域。

据中投顾问产业研究中心发布的《2019-2023 年中国人工智能市场规模预测》,2017 年,我国人工智能市场规模达到 237.4 亿元,同比增长 67%。2019 年中国人工智能市场规模达到 554 亿元,未来五年(2019—(2023)年均复合增长率约为 43.73%,2023 年将达到 2,364 亿元。

7.7 云计算产业规模已超千亿

自 1960 年互联网开始兴起,当时主要用于军方、大型企业等之间的纯文字电子邮件或新闻集群组服务。直到 1990 年才开始进入普通家庭,随着 web 网站与电子商务的发展,网络已经成为目前人们离不开的生活必需品之一。云计算这个概念首次在 2006 年 8 月的搜索引擎会议上提出,成为互联网的第三次革命。近几年来,云计算也正在成为信息技术产业发展的战略重点,全球的信息技术企业都在纷纷向云计算转型。

什么是云计算(cloud computing)? 早期是分布式计算的一种,指的是通过网络"云"将巨大的数据计算处理程序分解成无数个小程序,然后,通过多部服务器组成的系统进行处理和分析这些小程序得到结果并返回给用户。云计算早期,简单地说,就是简单的分布式计算,解决任务分发,并进行计算结果的合并。因而,云计算又称为网格计算。通过这项技术,可以在很短的时间内(几秒钟)完成对数以万计的数据的处理,从而达到强大的网络服务。现阶段所说的云服务已经不单单是一种分布式计算,而是分布式计算、效用计算、负载均衡、并行计算、网络存储、热备份冗杂和虚拟化等计算机技术混合演进并跃升的结果。

"云"实质上就是一个网络,狭义上讲,云计算就是一种提供资源的网络,使用者可以随时获取"云"上的资源,按需求量使用,并且可以看成是无限扩展的,只要按使用量付费就可以,"云"就像自来水厂一样,我们可以随时接水,并且不限量,按照自己家的用水量,付费给自来水厂就可以。从广义上说,云计算是与信息技术、软件、互联网相关的一种服务,这种计算资源共享池叫作"云",云计算把许多计算资源集合起来,通过软件实现自动化管理,只需要很少的人参与,就能让资源被快速提供。也就是说,计算能力作为一种商品,可以在互联网上流通,就像水、电、煤气一样,可以方便地取用,且价格较为低廉。

总之,云计算不是一种全新的网络技术,而是一种全新的网络应用概念,云计算的核心概念就是以互联网为中心,在网站上提供快速且安全的云计算服务与数据存储,让每一个使用互联网的人都可以使用网络上的庞大计算资源与数据中心。

云计算有什么优点?云计算的可贵之处在于高灵活性、可扩展性和高性比等,与传统的网络应用模式相比,其具有如下优点:

(1)虚拟化技术。必须强调的是,虚拟化突破了时间、空间的界限,是云计算最为显著的特点,虚拟化技术包括应用虚拟和资源虚拟两种。众所周知,物理平台与应用部署的环境在空间上是没有任何联系的,正是通过虚拟平台对相应终端操作完成数据备份、迁移和扩展等。

(2)动态可扩展。云计算具有高效的运算能力,在原有服务器基础上增加云计算功能能够使计算速度迅速提高,最终实现动态扩展虚拟化的层次达到对应用进行扩展的目的。

(3)按需部署。计算机包含了许多应用、程序软件等,不同的应用对应的数据资源库不同,所以用户运行不同的应用需要较强的计算能力对资源进行部署,而云计算平台能够根据用户的需求快速配备计算能力及资源。

(4)灵活性高。目前市场上大多数 IT 资源、软、硬件都支持虚拟化,比如存储网络、操作系统和开发软、硬件等。虚拟化要素统一放在云系统资源虚拟池当中进行管理,可见云计算的兼容性非常强,不仅可以兼容低配置机器、不同厂商的硬件产品,还能够外设获得更高性能计算。

(5)可靠性高。倘若服务器故障也不影响计算与应用的正常运行。因为单点服务器出现故障可以通过虚拟化技术将分布在不同物理服务器上面的应用进行恢复或利用动态扩展功能部署新的服务器进行计算。

（6）性价比高。将资源放在虚拟资源池中统一管理在一定程度上优化了物理资源，用户不再需要昂贵、存储空间大的主机，可以选择相对廉价的 PC 组成云，一方面减少费用，另一方面计算性能不逊于大型主机。

（7）可扩展性。用户可以利用应用软件的快速部署条件来更为简单快捷的将自身所需的已有业务以及新业务进行扩展。如，计算机云计算系统中出现设备的故障，对于用户来说，无论是在计算机层面上，抑或是在具体运用上均不会受到阻碍，可以利用计算机云计算具有的动态扩展功能来对其他服务器开展有效扩展。这样一来就能够确保任务得以有序完成。在对虚拟化资源进行动态扩展的情况下，同时能够高效扩展应用，提高计算机云计算的操作水平。

云计算的实现形式有哪些？云计算是建立在先进互联网技术基础之上的，其实现形式众多，主要通过以下形式完成：（1）软件即服务。通常用户发出服务需求，云系统通过浏览器向用户提供资源和程序等。值得一提的是，利用浏览器应用传递服务信息不花费任何费用，供应商亦是如此，只要做好应用程序的维护工作即可。（2）网络服务。开发者能够在 API 的基础上不断改进、开发出新的应用产品，大大提高单机程序中的操作性能。（3）平台服务。一般服务于开发环境，协助中间商对程序进行升级与研发，同时完善用户下载功能，用户可通过互联网下载，具有快捷、高效的特点。（4）互联网整合。利用互联网发出指令时，也许同类服务众多，云系统会根据终端用户需求匹配相适应的服务。（5）商业服务平台。构建商业服务平台的目的是为了给用户和提供商提供一个沟通平台，从而需要管理服务和软件即服务搭配应用。（6）管理服务提供商。此种应用模式并不陌生，常服务于 IT 行业，常见服务内容有：扫描邮件病毒、监控应用程序环境等。

云计算有哪些具体应用？较为简单的云计算技术已经普遍服务于现如今的互联网服务中，最为常见的就是网络搜索引擎和网络邮箱。搜索引擎大家最为熟悉的莫过于谷歌和百度了，在任何时刻，只要用过移动终端就可以在搜索引擎上搜索任何自己想要的资源，通过云端共享了数据资源。而网络邮箱也是如此，在过去，写寄一封邮件是一件比较麻烦的事情，同时也是很慢的过程，而在云计算技术和网络技术的推动下，电子邮箱成为社会生活中的一部分，只要在网络环境下，就可以实现实时的邮件的寄发。其实，云计算技术已经融入现今的社会生活。

（1）存储云。存储云，又称云存储，是在云计算技术上发展起来的一个新的存储技术。云存储是一个以数据存储和管理为核心的云计算系统。用户可以将本地的资源上传至云端上，可以在任何地方连入互联网来获取云上的资源。大家所熟知的谷歌、微软等大型网络公司均有云存储的服务，在国内，百度云和微云则是市场占有量最大的存储云。存储云向用户提供了存储容器服务、备份服务、归档服务和记录管理服务等等，大大方便了使用者对资源的管理。

（2）医疗云。医疗云，是指在云计算、移动技术、多媒体、4G 通信、大数据以及物联网等新技术基础上，结合医疗技术，使用"云计算"来创建医疗健康服务云平台，实现了医疗资源的共享和医疗范围的扩大。因为云计算技术的运用与结合，医疗云提高医疗机构的效率，方便居民就医。像现在医院的预约挂号、电子病历、医保等等都是云计算与医疗领域结合的产物，医疗云还具有数据安全、信息共享、动态扩展、布局全国的优势。

（3）金融云。金融云，是指利用云计算的模型，将信息、金融和服务等功能分散到庞大分支机构构成的互联网"云"中，旨在为银行、保险和基金等金融机构提供互联网处理和运行服务，同时共享互联网资源，从而解决现有问题并且达到高效、低成本的目标。在 2013 年 11 月 27 日，阿里云整合阿里巴巴旗下资源并推出来阿里金融云服务。其实，这就是现在基本普及了的快捷支付，因为金融与云计算的结合，现在只需要在手机上简单操作，就可以完成银行存款、购买保险和基金买卖。现在，不仅仅阿里巴巴推出了金融云服务，像苏宁金融、腾讯等等企业均推出了自己的金融云服务。

（4）教育云。教育云，实质上是指教育信息化的一中发展。具体的，教育云可以将所需要的任何教育硬件资源虚拟化，然后将其传入互联网中，以向教育机构和学生老师提供一个方便快捷的平台。现在流行的慕课就是教育云的一种应用。慕课 MOOC，指的是大规模开放的在线课程。现阶段慕课的三大优秀平台为 Coursera、edX 以及 Udacity，在国内，中国大学 MOOC 也是非常好的平台。在 2013 年 10 月 10 日，清华大学推出来 MOOC 平台——学堂在线，许多大学现已使用学堂在线开设了一些课程的 MOOC。

当前,对云计算的发展与管理方面还有很多工作要做,专家提出以下完善措施:

(1)合理设置访问权限,保障用户信息安全。当前,云计算机服务由供应商提供,为保障信息安全,供应商应针对用户端的需求情况,设置相应的访问权限,进而保障信息资源的安全分享。在开放式的互联网环境之下,供应商一方面要做好访问权限的设置工作,强化资源的合理分享及应用;另一方面,要做好加密工作,从供应商到用户都应强化信息安全防护,注意网络安全构建,有效保障用户安全。因此,云计算机技术的发展,应强化安全技术体系的构建,在访问权限的合理设置中,提高信息防护水平。

(2)强化数据信息完整性,推进存储技术发展。存储技术是计算机云计算技术的核心,如何强化数据信息的完整性,是云计算技术发展的重要方面。首先,云计算资源以离散的方式分布于云系统之中,要强化对云系统中数据资源的安全保护,并确保数据的完整性,这有助于提高信息资源的应用价值;其次,加快存储技术发展,特别是大数据时代,云计算技术的发展,应注重存储技术的创新构建;再次,要优化计算机网络云技术的发展环境,通过技术创新、理念创新,进一步适应新的发展环境,提高技术的应用价值,这是新时期计算机网络云计算机技术的发展重点。

(3)建立健全法律法规,提高用户安全意识。随着网络信息技术的不断发展,云计算应用的领域日益广泛。建立完善的法律法规,是为了更好地规范市场发展,强化对供应商、用户等行为的规范及管理,为计算机网络云计算技术的发展提供良好条件。此外,用户端要提高安全防护意识,能够在信息资源的获取中,遵守法律法规,规范操作,避免信息安全问题造成严重的经济损失。因此,新时期计算机网络云计算技术的发展,要从实际出发,通过法律法规的不断完善,为云计算机技术发展提供良好环境。

那么,云计算的市场规模情况是怎样的呢?据智研咨询发布的《2020—2026年中国云计算行业市场分析预测及战略咨询研究报告》数据显示:2018年,以 IaaS、PaaS 和 SaaS 为代表的全球公有云市场规模达到 1363 亿美元,增速23.01%。未来几年市场平均增长率在 20% 左右,预计到 2022 年市场规模将超过 2700 亿美元。

全球云计算市场规模及增速

7-3：全球云计算市场规模

对于中国来说，2020 年云计算将伴随着 5G 标准的落地和产业互联网的发展而获得更多的发展机会，云计算领域将会围绕产业互联网的发展要求而提供更加全面的服务，主要将体现在以下几个方面：

（1）云计算服务逐渐从 IaaS 走向 PaaS 和 SaaS。早期国内的云计算服务还是以 IaaS 为主，一方面原因是云计算技术需要一个发展过程，另一方面原因是市场环境也需要一段时间的培养。随着 IaaS 服务的逐渐完善，用户对于 PaaS 服务逐渐产生了较大的兴趣，所以目前不少云计算平台已经陆续开始提供了丰富的 PaaS 服务。未来在产业互联网阶段，PaaS 服务的作用会得到进一步体现，企业的定制化信息服务将需要 PaaS 提供支撑。

（2）数据化和智能化。云计算的发展必然会促进大数据和人工智能的发展，随着物联网的逐渐完善，云计算平台必然要进一步丰富大数据和人工智能的应用生态。云计算服务将进一步整合大数据和人工智能技术，提供更加全面的服务,比如数据分析服务、控制服务等等。

（3）云计算行业化。随着产业互联网的发展,云计算与传统行业的结合进一步深入,云计算领域将会针对于不同的行业推出针对性的解决方案,从而进一步为传统企业赋能。

根据诸多因素的综合分析,中国云计算产业规模将不断快速攀升。2018年,中国云计算产业规模达到962.8亿元,较2017年增长39.2%。据预测,到2020年云计算产业规模预计超过1600亿;到2021年,产业规模将破2000亿元。

2018-2020年中国云计算产业规模走势预测

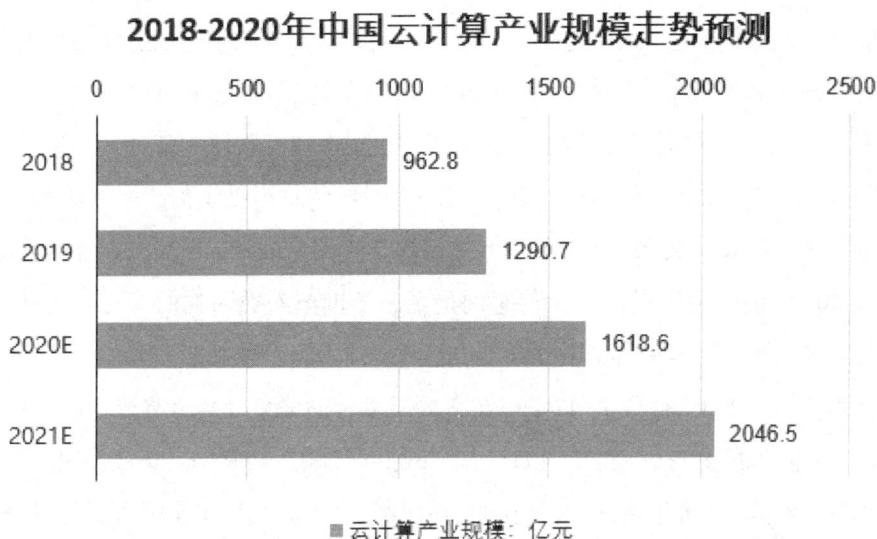

7-4：中国云计算产业规模

7.8 物联网产业规模即将实现两千亿

物联网（IoT, Internet of things）即"万物相连的互联网",是互联网基础上的延伸和扩展的网络,将各种信息传感设备与互联网结合起来而形成的一个巨大网络,实现在任何时间、任何地点,人、机、物的互联互通。它是新一代信息技术的重要组成部分,IT 行业又叫:泛互联,意指物物相连,万物万联。由此,"物联网就是物物相连的互联网"。这有两层意思:第一,物联网的核心和基础仍然是互联网,是在互联网基础上的延伸和扩展的网络;第二,其用户端延伸和扩展到了任何物品与物品之间,进行信息交换和通信。因此,物联网的定义是通过射频识别、红外感应器、全球定位系统、激光扫描器等信息传感设备,按约定的协议,把任何物品与互联网相连接,进行信息交换和通信,以实现对物品的智能化识别、定位、跟踪、监控和管理的一种网络。

物联网概念最早出现于比尔·盖茨 1995 年《未来之路》一书,在《未来之路》中,比尔·盖茨已经提及物联网概念,只是当时受限于无线网络、硬件及传感设备的发展,并未引起世人的重视。1998 年,美国麻省理工学院创造性地提出了当时被称作 EPC 系统的"物联网"的构想。1999 年,美国 Auto-ID 首先提出"物联网"的概念,主要是建立在物品编码、RFID 技术和互联网的基础上。过去在中国,物联网被称之为传感网。中科院早在 1999 年就启动了传感网的研究,并已取得了一些科研成果,建立了一些适用的传感网。同年,在美国召开的移动计算和网络国际会议提出了,"传感网是下一个世纪人类面临的又一个发展机遇"。2003 年,美国《技术评论》提出传感网络技术将是未来改变人们生活的十大技术之首。2005 年 11 月 17 日,在突尼斯举行的信息社会世界峰会(WSIS)上,国际电信联盟(ITU)发布了《ITU 互联网报告 2005:物联网》,正式提出了"物联网"的概念。报告指出,无所不在的"物联网"通信时代即将来临,世界上所有的物体从轮胎到牙刷、从房屋到纸巾都可以通过因特网主动进行交换。射频识别技术(RFID)、传感器技术、纳米技术、智能嵌入技术将到更加广泛的应用。

物联网具有哪些特征?物联网的基本特征从通信对象和过程来看,物与物、人与物之间的信息交互是物联网的核心。物联网的基本特征可概括为整体感知、可靠传输和智能处理。(1)整体感知。可以利用射频识别、二维码、智能传感器等感知设备感知获取物体的各类信息。(2)可靠传输。通过对互联网、无线网络的融合,将物体的信息实时、准确地传送,以便信息交流、分享。(3)智能处理。使用各种智能技术,对感知和传送到的数据、信息进行分析处理,实现监测与控制的智能化。

根据物联网的以上特征,结合信息科学的观点,围绕信息的流动过程,可以归纳出物联网处理信息的功能:(1)获取信息的功能。主要是信息的感知、识别,信息的感知是指对事物属性状态及其变化方式的知觉和敏感;信息的识别指能把所感受到的事物状态用一定方式表示出来。(2)传送信息的功能。主要是信息发送、传输、接收等环节,最后把获取的事物状态信息及其变化的方式从时间(或空间)上的一点传送到另一点的任务,这就是常说的通信过程。(3)处理信息的功能。是指信息的加工过程,利用已有的信息或感知的信息产生新的信息,实际是制定决策的过程。(4)施效信息的功能。指信息最终发挥效用的过程,有很多表现形式,比较重要的是通过调节对象事物状态及其变换方式,始终使对象处于设计的状态。

物联网主要应用有哪些?物联网的应用领域涉及方方面面,在工业、农业、环境、交通、物流、安保等基础设施领域的应用,有效地推动了这些方面的智能化发展,使得有限的资源更加合理的使用分配,从而提高了行业效率、效益。在家居、医疗健康、教育、金融与服务业、旅游业等与生活息息相关的领域的应用,从服务范围、服务方式到服务的质量等方面都有了极大的改进,大大地提高了人们的生活质量;在涉及国防军事领域方面,虽然还处在研究探索阶段,但物联网应用带来的影响也不可小觑,大到卫星、导弹、飞机、潜艇等装备系统,小到单兵作战装备,物联网技术的嵌入有效提升了军事智能化、信息化、精准化,极大提升了军事战斗力,是未来军事变革的关键。当前主要在以下领域取得重大成效。

(1)智能交通。物联网技术在道路交通方面的应用比较成熟。随着社会车辆越来越普及,交通拥堵甚至瘫痪已成为城市的一大问题。对道路交通状况实时监控并将信息及时传递给驾驶人,让驾驶人及时做出出行调整,有效缓解了交通压力;高速路口设置道路自动收费系统(简称 ETC),免去进出口取卡、还卡的时间,提升车辆的通行效率;公交车上安装定位系统,能及时了解公交车行驶路线及到站时间,乘客可以根据搭乘路线确定出行,免去不必要的时间浪费。社会车辆增多,除了会带来交通压力外,停车难也日益成为一个突出问题,不少城市推出了智慧路边停车管理系统,该系统基于云计算平台,结合物联网技术与移动支付技术,共享车位资源,提高车位利用率和用户的方便程度。该系统可以兼容手机模式和射频识别模式,通过手机端 App 软件可以实现及时了解车位信息、车位位置,提前做好预定并实现交费等等操作,很大程度上解决了"停车难、难停车"的问题。

(2)智能家居。智能家居就是物联网在家庭中的基础应用,随着宽带业务的普及,智能家居产品涉及方方面面。家中无人,可利用手机等产品客户端远程操作智能空调,调节室温,甚者还可以学习用户的使用习惯,从而实现全自动的温控操作,使用户在炎炎夏季回家就能享受到冰爽带来的惬意;通过客户端实现智能灯泡的开关、调控灯泡的亮度和颜色等等;插座内置 Wifi,可实现遥控插座定时通断电流,甚至可以监测设备用电情况,生成用电图表让你对用电情况一目了然,安排资源使用及开支预算;智能体重秤,监测运动效果。内置可以监测血压、脂肪量的先进传感器,内定程序根据身体状态提出健康建议;智能牙刷与客户端相连,提供刷牙时间、刷牙位置提醒,可根据刷牙的数据生产图表,口腔的健康状况;智能摄像头、窗户传感器、智能门铃、烟雾探测器、智能报警器等都是家庭不可少的安全监控设备,你及时出门在外,以在任意时间、地方查看家中任何一角的实时状况,任何安全隐患。看似烦琐的种种家居生活因为物联网变得更加轻松、美好。

(3)公共安全。近年来全球气候异常情况频发,灾害的突发性和危害性进一步加大,互联网可以实时监测环境的不安全性情况,提前预防、实时预警、及时采取应对措施,降低灾害对人类生命财产的威胁。美国布法罗大学早在 2013 年就提出研究深海互联网项目,通过特殊处理的感应装置置于深海处,分析水下相关情况,海洋污染的防治、海底资源的探测、甚至对海啸也可以提供更加可靠的预警。该项目在当地湖水中进行试验,获得成功,为进一步扩大使用范围提供了基础。利用物联网技术可以智能感知大气、土壤、森林、水资源等方面各指标数据,对于改善人类生活环境发挥巨大作用。

物联网技术是支撑"网络强国"和"中国制造 2025"等国家战略的重要基础,在推动国家产业结构升级和优化过程中发挥重要作用。物联网是新一代信息技术的高度集成和综合运用,对新一轮产业变革和经济社会绿色、智能、可持续发展具有重要意义。全球各国尤其是美国、欧盟、日韩等发达国家高度重视物联网发展，积极进行战略布局，以期把握未来国际经济科技竞争主动权。据了解，2018 年全球物联网设备已经达到 70 亿台；到 2020 年，活跃的物联网设备数量预计将增加到 100 亿台，到 2025 年将增加到 220 亿台。

近几年来，物联网概念加快与产业应用融合，成为智慧城市和信息化整体方案的主导性技术思维。当前，物联网已由概念炒作、碎片化应用、闭环式发展进入跨界融合、集成创新和规模化发展的新阶段，与中国新型工业化、城镇化、信息化、农业现代化建设深度交汇，在传统产业转型升级、新型城镇化和智慧城市建设、人民生活质量不断改善方面发挥了重要作用，取得了明显的成果。

从产业链来看，中国已形成包括芯片、元器件、设备、软件、系统集成、运营、应用服务在内的较为完整的物联网产业链，各关键环节的发展也取得重大进展。M2M 服务、中高频 RFID、二维码等环节产业链业已成熟，国内市场份额不断扩大，具备一定领先优势；基础芯片设计、高端传感器制造、智能信息处理等相对薄弱环节与国外差距不断缩小，尤其光纤传感器在高温传感器和光纤光栅传感器方面取得重大突破；物联网第三方运营平台不断整合各种要素形成有序发展局面，平台化、服务化的发展模式逐渐明朗，成为中国物联网产业发展的一大亮点。

从产业规模来看，全国物联网近几年保持较高的增长速度。2013 年，中国物联网产业规模达到 5000 亿元，同比增长 36.9%，其中传感器产业突破 1200 亿元，RFID 产业突破 300 亿元；2014 年，国内物联网产业规模突破 6000 亿元，同比增长 24%；截止到 2015 年底，随着物联网信息处理和应用服务等产业的发展，中国物联网产业规模增至 7500 亿元，"十二五"期间年复合增长率达到 25%。

十三五以来，我国物联网市场规模稳步增长，到 2018 年中国物联网市场规模达到 1.43 万亿元。根据工信部数据显示，截至 2018 年 6 月底，全国物联网终端用户已达 4.65 亿户。未来物联网市场上涨空间可观。预计 2020 年中国物联网市场规模将突破 2 万亿。

2014—2020年中国物联网市场规模统计及预测（亿元）

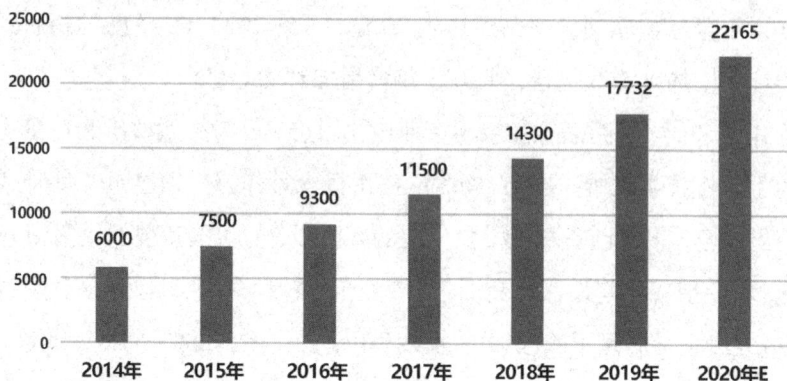

7-5：中国物联网市场规模

依据各种因素分析,物联网发展趋势如下：

（1）智能消费设备更普及。各种智能化电子设备正在让人们的家庭生活变得越来越简单。未来,更多的智能化技术将融入日常家庭生活中,智能化厨房会让做菜做饭更加轻松,智能监控会让家庭安全系统更加强大,智能办公桌、智能墙壁有望走进生活。

（2）人工智能更加受青睐。随着越来越多的企业使用物联网设备与技术,收集到的数据量呈现指数级增长,传统的计算方式已经无法满足数据处理需求。而 AI 则能填补数据收集和数据分析之间的空白,此外,AI 可以实现更好地图像处理、视频分析,创造更多的应用场景和商机。

（3）人才更加专业。物联网专业知识的需求,将推动企业雇用更加专业的技术人员,一些大型企业或许将出现一个相对较新的高级角色——首席数据官。

7.9 信息技术"三大支柱"突破三万亿

传感技术、计算机技术、通信技术被称为信息技术三大支柱。它们的产业发展更是形势喜人。下面分别论述。

（1）传感技术产业已近三千亿

传感技术就是传感器的技术，可以感知周围环境或者特殊物质，比如气体感知、光线感知、温湿度感知、人体感知等等，把模拟信号转化成数字信号，给中央处理器处理。最终结果形成气体浓度参数、光线强度参数、范围内是否有人探测、温度湿度数据等等，显示出来。传感器与通信技术、芯片、操作系统等被称为现代信息技术和物联网的四大核心技术。

我国于2012—2020年迎来传感器技术和产业快速发展期。中国传感器市场规模在2019年已超2000亿元；预计2021年将达近3000亿元。据2020世界半导体大会上发布的《2020年赛迪顾问传感器十大园区白皮书》（下称"报告"）。报告显示，受物联网、5G、人工智能等技术的推动，传感器向着智能化、网络化、集成化的方向加速发展。目前，中国已经形成了较为完整的传感器产业链。在物联网快速发展的大背景下，2019年中国传感器市场规模已达到2188.8亿元，同比增长12.7%；预计2021年将达2951.8亿元，增速达17.6%。2021年市场规模近3000亿。

（2）中国计算机产业规模居世界首位

计算机（computer）俗称电脑，是现代一种用于高速计算的电子计算机器，可以进行数值计算，又可以进行逻辑计算，还具有存储记忆功能。是能够按照程序运行，自动、高速处理海量数据的现代化智能电子设备。计算机技术的内容非常广泛，可粗略分为计算机系统技术、计算机器件技术、计算机部件技术和计算机组装技术等几个方面。计算机技术包括：运算方法的基本原理与运算器设计、指令系统、中央处理器（CPU）设计、流水线原理及其在CPU设计中的应用、存储体系、总线与输入输出。当前，全球计算机产业正处于发展的十字路口。一方面，传统计算机产销接近"天花板"，摩尔定律逼近极限让传统计算机发展前景不明；另一方面，量子计算、类脑计算等新型计算技术相继涌现，计算机迎来全新发展空间。

据由湖南省人民政府、工业和信息化部联合主办的2019世界计算机大会在新闻发布会上发布的信息，作为全球最大的计算机制造基地，目前中国计算机产业规模位居世界首位。据介绍,2018 年中国计算机行业实现主营业务收入 1.95 万亿元,同比增长 8.7%;微型计算机产量 3.1 亿台,其中笔记本电脑产量 1.7 亿台;服务器产量继续快速增长,2018 年达到了 295.2 万台,同比增长 34.6%。

(3)通信技术产业规模超万亿。

通信技术,又称通信工程(也作信息工程、电信工程,旧称远距离通信工程、弱电工程)是电子工程的重要分支,同时也是其中一个基础学科。通信网络技术行业其服务内容贯穿于整个通信网络的建设过程,为运营商网络建设前、建设中及建设后提供不同的技术支持,隶属于电信服务业。

据中国报告网刊载的《2020 年中国通信网络技术行业分析报告——产业规模现状与发展规划趋势》显示:2020 年 2 月,我国固定宽带接入用户规模突破 4.5 亿户,千兆固定宽带接入用户规模持续扩大。近年来,我国电信固定资产投入一直保持较高水平,电信业务收入企稳回升,直接推动了行业的快速发展。数据显示,2019 年我国电信业务收入累计完成 1.31 万亿元,比上年增长 0.8%。截至 2020 年 1—2 月,我国电信业务收入累计完成 2242 亿元,同比增长 1.5%;电信业务总量完成 2255 亿元,同比增长 19.7%。

数字经济

第八章

数字经济的高级形态

全球正处于新一轮科技革命和产业变革之中，以互联网、大数据、人工智能等为代表的数字技术向经济社会各领域全面渗透，全球已进入以万物互联、数据驱动、软件定义、平台支撑、智能主导为主要特征的数字经济时代。

数字经济

　　对于数字经济的未来,已经有业内人士描绘了诸多美好蓝图。专家们认为,5G、AI(人工智能)和 IoT(物联网)技术的蓬勃发展意味着智能连接(Intelligent connectivity)时代已经近在咫尺,进而,智能经济水到渠成。

　　智能连接的新技术融合体具有改变我们生活和工作方式的巨大潜力。今天说智能连接(Intelligent connectivity),还是一个全新的概念——未来,5G、AI 和物联网的融合能够成为加速科技发展的催化剂,并使能新的颠覆性的数字化服务。基于智能连接的愿景,AI 能够对物联网(来自机器、设备和传感器)收集到的数据信息进行分析并转换成容易理解的语言,从而为用户以更有用、更有意义的方式呈现信息。这不仅有利于改善决策,还能为用户带来个性化的体验,最终使得人和周围环境之间的交互变得更丰富、更有意义。

　　由于计算能力的飞速进步、数据科学家的训练以及用来创建先进算法的机器学习工具的可用性,人工智能变得日益复杂,物联网也逐渐成为主流。5G 带来的超高速、超低时延的连接网络与物联网收集到的海量数据相结合,再由 AI 技术提供语境化和决策能力,三者的结合能够为几乎所有行业和领域带来新的转型动力,这可能会改变我们的社会以及我们生活和工作的方式。

　　那么,智能经济将会是怎样的场景?下面从五个方面进行分析。

　　从运输与物流方面看,可用于自动驾驶汽车。5G 和 AI 技术的结合终将引领自动驾驶汽车走向成熟和可靠。基于 AI 技术的车载电脑将会收集来自车载传感器、路边基础设施单元和其他车辆(通过 5G)的数据,帮助汽车识别周边环境,从而能够适应任何突发情况。自动驾驶也将引领"移动即服务(Mobility-as-a-Service)"的新模式。这种模式将比当前的公共和私人交通选项更加经济。

无人机也是非常有前景的、安全的、快速的交付货物的方式。如果目的地所处的位置地形复杂或者道路拥挤，则无人机的优势更加明显。这种方式比目前人工运输系统的成本更低。

从工业与制造业来看，智能连接有助于提高生产力，减少人为错误，从而降低成本并提高工人的安全性。例如，机器学习算法可以使用来自传感器和补给线边的摄像头收集到的数据及时地对操作员不符合规定的操作进行提醒，系统也可以实时的自动纠正错误。由智能连接驱动的触觉式网络应用，也能帮助工人执行远程检查、远程维护和修理等任务。在交通不便的、荒凉的或者危险的地区，如核电站、石油钻井平台、矿区等等，这种方式不但能降低成本，还能降低风险。相同的工具也可以用来执行和支持人员培训，以及在安全的环境中模拟复杂的情况。

从医疗健康方面来看，智能连接还有助于以更经济的成本提供更有效的预防保健护理，同时帮助医疗健康的管理者优化资源的使用。智能连接也会进一步促进远程诊断和远程手术的发展，甚至彻底改变目前医疗行业医学专家们受制于地理位置的局面。

从公共安全方面来看，通过提高视频监控、安全系统和应急服务的效率并降低它们的成本，智能连接能够帮助管理部门打击犯罪，使我们生活的城市变得更加安全。5G 网络的成熟将催化大量安全警报器、传感器和摄像头的部署，使得实时、高质量的视频传输成为可能，这有助于增强远程监控并更好的评估犯罪现场。更重要的是，基于 AI 的系统会自动分析犯罪嫌疑人的活动、肢体语言和面部表情，实时监测犯罪情况。此外，通过分析过去的罪行数据，基于 AI 地平台还能预测未来的犯罪，以帮助相关部门优化对预防犯罪资源的使用。在危险的环境中，远程控制或自主机器人将取代人类的操作，比如在倒塌或烧毁的建筑物中寻找幸存者，而无人机则将被用于调查遭受灾害的地区、巡逻海岸线、在山区探测走私者或是其他意外情况。

在其他领域方面，能连接还能在许多其他领域带来意想不到的创新。例如，基于云计算的游戏服务器可以让玩家在无须购买笨重且昂贵的设备的情况下就可以轻松享受游戏，而通过 AR/VR 头盔以及触觉反馈装置更是能为玩家带来身临其境的体验。即使无法亲临现场，用户舒服地坐在家里，就可以通过3D全息显示技术体会到身处体育馆和音乐会现场的真实感觉。AI和5G网络的结合将进一步提高从传感网络中采集和分析数据的能力，这将帮助我们提升能源的使用效率，在灌溉农田或运输货物时减少浪费和污染。

然而，从愿景到现实，还有较长和路要走。目前宣布智能经济来临还为时过早。在智能时代来临之前仍有大量的工作需要去做，例如技术必须更加成熟、政策必须更加完善，相对应的资金投入。不过，只要各方共同努力，这一目标终究会实现。当前，我们重点是要把数字经济的基础打牢、底盘做强。

这里需要说明的是，本专著论述的数字经济是广义的，包含智能经济；本人认为，智能经济是数字经济的高级形态，是数字经济的必然结果，不应该把数字经济与智能经济割裂开来。

8.1 当前中国数字经济发展指数

全球正处于新一轮科技革命和产业变革之中，以互联网、大数据、人工智能等为代表的数字技术向经济社会各领域全面渗透，全球已进入以万物互联、数据驱动、软件定义、平台支撑、智能主导为主要特征的数字经济时代。

根据腾讯研究院及工信部电子科学技术情报研究所联合发布的《数字白皮书》提出的观点，"数字经济"中的"数字"根据数字化程度的不同，可以分为三个阶段：信息数字化、业务数字化、数字转型。概括来讲，数字经济其实就是整个经济系统的数字化，包括信息数字化、商务活动数字化、生产销售数字化，这些数字化的技术下产生的商品和服务都是数字经济。数字经济有两个重要分指数，一个是智慧民生指数，一个是产业指数。

数字经济作为拉动经济增长的新动能和促进经济高质量发展的新引擎，其发展水平测算既要兼顾当前发展规模，更要注重测定其未来发展潜力。联合国《2019年数字经济报告》指出，当前数字经济在世界国内生产总值的4.5%至

15.5% 之间,但其准确规模难以测算。

中国电子信息产业发展研究院在《2019 年中国数字经济发展指数》(下称
"指数报告")中,将中国数字经济发展指数分为了基础指标、产业指标、融合指
标、环境指标等 4 个指标,对全国 31 个省、直辖市和自治区(不包括港、澳、台地
区,以下简称"各省市区")的数字经济发展水平进行评价。

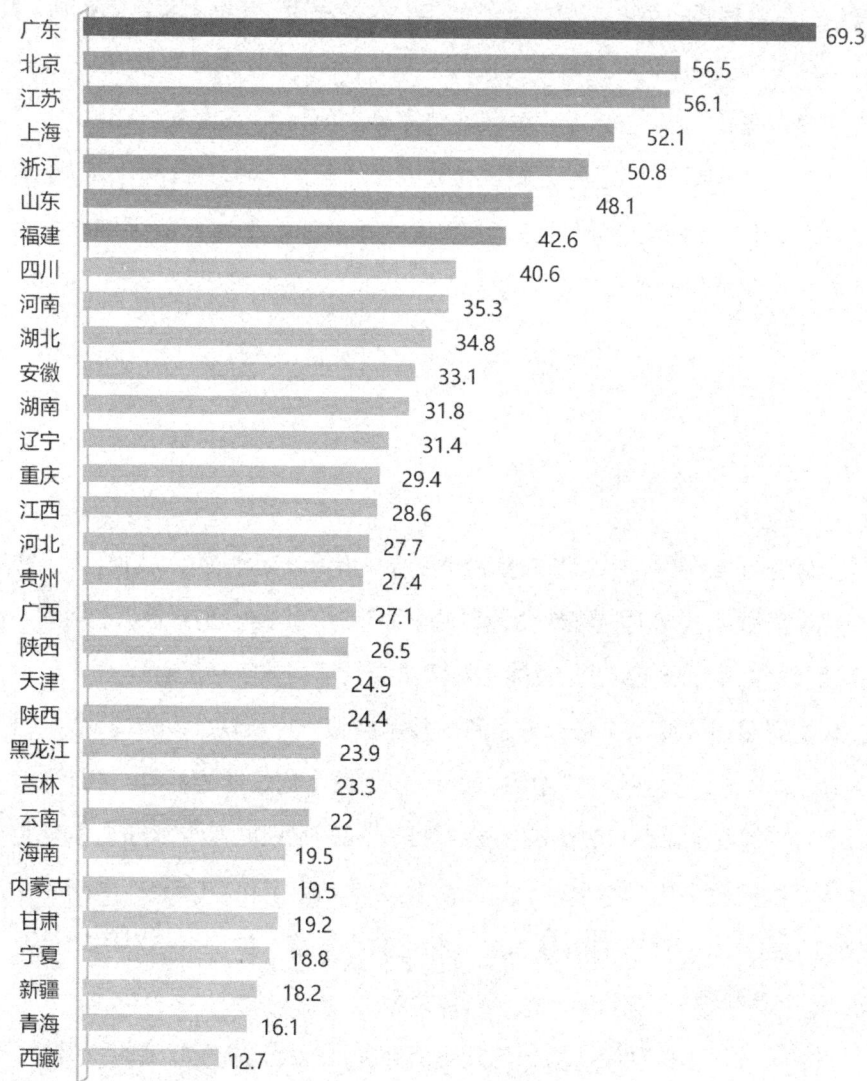

省份	指数
广东	69.3
北京	56.5
江苏	56.1
上海	52.1
浙江	50.8
山东	48.1
福建	42.6
四川	40.6
河南	35.3
湖北	34.8
安徽	33.1
湖南	31.8
辽宁	31.4
重庆	29.4
江西	28.6
河北	27.7
贵州	27.4
广西	27.1
陕西	26.5
天津	24.9
陕西	24.4
黑龙江	23.9
吉林	23.3
云南	22
海南	19.5
内蒙古	19.5
甘肃	19.2
宁夏	18.8
新疆	18.2
青海	16.1
西藏	12.7

8-1:全国各省数字经济发展指数

指数报告显示：（1）在基础指数方面，东南沿海省份表现突出；（2）在产业指数方面，广东省得分高达 95.4，领跑全国，另有北京、江苏、上海、浙江四个省市在数字经济产业指标方面普遍高于其他地区；（3）在融合指数方面，整体呈现从东南沿海向西北内陆的阶梯化分布态势；（4）在环境指数方面，呈现东强西弱、南强北弱的特征。

指数报告对全数字经济发展指数的总体情况进行了分析。各省市区数字经济发展指数平均值为 32.0，其中 11 个省市指数在平均值之上。广东省以总指数 69.3 居全国榜首，北京、江苏位列第二、三名，分别得分 56.5、56.1。

通过指数分析，指数报告对全国数字经济总体情况得出两点结论：

（1）尚未打破胡焕庸线划分，但正成为后发省份弯道超车重要机遇。全国数字经济发展呈现从东部沿海向西部内陆逐渐降低的趋势，基本符合胡焕庸线格局（胡焕庸线是中国地理学家胡焕庸 1935 年提出的划分我国人口密度的对比线。这条线从黑龙江省黑河市到云南省腾冲市大致为倾斜 45 度基本直线。线东南方 36% 国土居住着 96% 人口，而线西北 64% 的土地仅供养 4% 的人口。这条线在某种程度上也成为城镇化、经济水平、文明程度的分割线）。以胡焕庸线为界、根据省会城市进行划分，东南各省市的数字经济总指数占全国 31 个省区市总指数的 89.5%。西北各省市的数字经济平均指数低于全国平均指数。数字经济发展与人口比例、生产要素分布关系较为紧密。数字经济正成为后发城市经济发展的重要引擎，有望推动地区发展差异缩小。各省市区数字经济指数与 GDP 分布趋势大体相同，但并非简单的正相关关系，部分地区数字经济发展水平与经济规模存在较明显差异。如贵州省 2018 年 GDP 实现 1.48 万亿元，占全国总量的 1.6%，而数字经济总指数 27.4，位居全国第 17 位，高于 GDP 排名的第 25 位。

（2）各大重点区域特色鲜明，长三角、泛珠三角成为发展前沿地带。对接国家重大战略布局，聚焦京津冀、长三角、泛珠三角、东北老工业基地等重点区域，评估各区域数字经济发展水平。具体来看，京津冀地区形成了以北京为中心的发展格局，数字经济基础设施建设成效突出，数字产业发展与行业融合应用并重，但政策环境有待提升。河北、天津稍显落后，但河北省基础设施建设成效显著。长三角地区形成了以江苏为龙头、各省市齐头并进的格局，整体发展水平高于其他地区，四项分指标全面领先。泛珠三角地区发展均衡。广东成为泛珠三角和全国的数字经济发展"领头羊"。东北地区，辽宁省成为东北老工业基地数字经济振兴发展的中坚力量，尤其是其环境指数表现突出，跻身全国第 5 位。数字经济作为拉动经济增长新动能和促进经济高质量发展新引擎，既要兼顾当前发展规模，更要注重其未来发展潜力，超前谋划，积极应对数字经济带来的机遇与挑战。

从指数报告可以看出，中国数字经济的发展程度普遍偏低，离智能经济差距甚远。但我们要放眼未来，提前谋划，扎实工作，向前推进。

8.2 迎接智能经济时代

在论述智能经济时，我们有必要先分清智慧经济与智能经济的区别。有经济专家认为，智能经济是以智能机和信息网络为基础、平台和工具的智慧经济，是智慧经济形态的组成部分，突出了智慧经济中智能机和信息网络的地位和作用，体现了知识经济形态和信息经济形态的历史衔接。智慧经济是创新性知识在知识中占主导、创意产业成为龙头产业的知识经济形态，是完整的、真正意义上的知识经济形态。

我们常说的智能经济，应该是以大数据、人工智能等新一代信息技术为核心驱动力的数字经济新形态。百度创始人、董事长兼 CEO 李彦宏在 "2019 年第六届世界互联网大会" 上提到智能经济这一概念。他认为，智能经济是以效率、和谐、持续为基本坐标，以物理设备、电脑网络、人脑智慧为基本框架，以智能政府、智能经济、智能社会为基本内容的经济结构、增长方式和经济形态。他表示，数字经济在经历了从 PC 的发明和普及，到 PC 物联网，再到移动互联网，今天已经进入了以人工智能为核心驱动力的智能经济的新阶段。智能经济将给全球经济带来新的活力，是拉动全球经济重新向上的核心引擎。

他认为，人工智能驱动下的智能经济将在三个层面带来重大的变革和影响。

（1）人机交互方式的变革。在智能经济时代，智能终端会远远超越手机的范围，包括智能音箱，各种可穿戴设备，无处不在的智能传感器等等，应用和服务的形态都会发生相应的变化，人们将会以更加自然的方式和机器、工具进行交流。即使是大家每天都在用的搜索，在人工智能时代也将焕发出巨大的潜力。过去的搜索，是一个问题给十条链接，用户自己去选。在人工智能时代，人机交互的平台已经远远不止手机，很多的设备没有屏幕，那么搜索就必须要做到足够的智能，给出唯一的答案。未来如果有一天 99% 的用户的问题都可以用一个搜索结果来满足，那么搜索将不仅限于搜索框，不仅限于设备，也不限于服务，搜索将变得无时不在，无处不在。未来的搜索形式会不断地发生变化，但是它的市场规模之大，恐怕远超很多人的想象。

（2）基础设施层面的巨大改变。传统的 CPU、操作系统、数据库将不再成为舞台的中央，新型的 AI 芯片、便捷高效的云服务，在各种各样的应用开发平台开放深度学习框架，通用的人工智能算法等，都将成为这个时代新的基础设施。

（3）智能经济催生新的业态。交通、医疗、城市安全、教育等等，各个行业正在快速地实现智能化。新的消费需求，新的商业模式将层出不穷。人工智能正在渗透到各个不同的产业，切切实实融入了我们的生活、生产，看得见，摸得着。日前，长沙市已试运营自动驾驶出租车，在市区 100 公里的范围内，普通市民可以通过 App 一键呼叫自动驾驶汽车。这不仅对于智能网联汽车行业的发展是一个推动，更将倒逼城市交通的基础设施，尤其是软件层面大规模地升级换代。

8.3 智能经济的核心驱动力是 AI

2020 年 6 月 18 日，中国发展研究基金会联合百度发布了《新基建，新机遇：中国智能经济发展白皮书》。作为业内首个全方位构建智能经济新时代版图的白皮书,对智能经济的发展趋势给出了新的预判:数据驱动、人机协同、跨界融合、共创分享的智能经济,将在更大范围内催生出新技术、新业态、新模式和新产业。

当然,人工智能是智能化的关键核心技术,但智能化又不仅仅是人工智能。智能经济发展需要基于数字化、网络化的信息技术成果,融合物联网、大数据、并行计算等一大批新一代信息技术。除了要通过算法创新、模型突破在新一代智能技术方面形成核心竞争力,同时,也要推动大数据发展,夯实智能经济发展的数据基础,并综合利用工业领域、材料领域、能源领域最新技术成果,才能将人工智能技术真正落地,开拓出全新的经济增长空间。

大约从 2019 年 10 月份开始,"智能经济"逐渐成为业界讨论的焦点,只是彼时对智能经济的发展趋势似乎还没有统一,有人将智能经济视为下一步增长的核心动力,从上到下开始了新一轮的统筹布局;也有人认为智能经济还相当遥远,仍处于观望状态。中国发展研究基金会作为国务院发展研究中心发起成立的全国性公募基金会,所发布的智能经济白皮书,无疑向外界传递了一个积极信号:在"新基建"的驱动下,智能经济的巨轮已经扬帆起航,整个社会的经济结构正在步入新的拐点。

智能经济的盘子有多大? 智能经济以人工智能为核心驱动力,以 5G、云计算、大数据、区块链等新一代技术体系为支撑,推动生产生活方式和社会治理方式智能化变革的经济形态。厘清了这一点,至少可以从三个维度洞悉智能经济的想象空间。

(1)智能经济的潜在体量。按照中国信息通信研究院的数据统计,当前智能经济在国内 GDP 中的比重约为三分之一,相较于美国、德国等发达国家超过 50% 的 GDP 占比,仍然有相当大的增长区间。2019 年国内 GDP 约为 99 万亿元,如果智能经济的占比逐步达到 50% 的比重,每年潜在的体量就高达 17 万亿元。同时可以确定的是,中国的 GDP 还将持续稳步增长,50% 也绝非是智能经济占比的天花板,倘若生产生活方式和社会治理方式全面转向智能化,经济体量不乏进一步翻倍的可能。

(2)智能经济的基础投入。2020 年 3 月,就有 13 个省市陆续给出了 2020

年重点项目投资计划,列举了超过 1 万个投资项目,涉及的金额高达 34 万亿元,这还不包括其他 20 多规格省市的计划。同样是在这个月,作为智能经济驱动引擎的"新基建"被视为经济增长的重要抓手,5G、人工智能、大数据中心等被纳入范畴。根据中泰证券的测算,新基建在 2020 年的市场投入大概在 3.5 万亿左右。国泰君安也在报告中指出 2020 年的投入规模在 3 万亿—3.5 万亿之间,并表示中国基建投资增速将回升至 10% 以上。

(3)智能经济的应用场景。与以往的知识经济、信息经济不同,智能经济不是某一个行业的局部作战,而是新旧动能转换的全面战役,涵盖智能交通、智慧城市、智能安防、智慧医疗、智慧教育等应用场景。仅以智能交通场景为例,一旦智能交通的场景被打通,交通堵塞将减少 60%,现有道路的通行能力将提升 2—3 倍,行车时间减少 15%—45%,车辆的使用效率提高 50% 以上。对应到市场规模方面,2019 年国内智能交通的规模就有 800 亿元,预计到 2023 年时有望达到 1590 亿元,增长潜力可见一斑。回到商业的视角上,智能经济注定是新的商业基础,各行各业寻找增量的机会窗口,同时也是科技巨擘们必须拿到的"船票"。

智能经济有着怎样的特殊行业格局?正如《新基建,新机遇:中国智能经济发展白皮书》中所提到的:"以人工智能为核心驱动力的新一轮科技革命与产业变革,正在形成从微观到宏观各领域的智能化新需求,引导经济向高质量发展阶段跃升。"

在这样的背景下,智能经济已经上升为国家重大发展战略,正成为一场关乎国运的产业化革命。但同时也面临着一系列的挑战,比如技术创新的瓶颈、人才体系的薄弱、数字安全的风险等等,也就注定了智能经济时代的行业格局:不会再次上演互联网生态中寡头林立、各自为战的局面,竞合将成为一种新常态。就像人们口头流行的 BATH"承包"新基建的话题,可能就是智能经济时代的一隅:从基础技术到应用场景,BATH 找到了各自的独特定位。

百度抓住了最为核心的人工智能,百度大脑、飞桨、百度智能云、Apollo 等 AI 平台,让百度构建了独一无二的 AI 能力;然后将人工智能与现有的基础设施进行融合升级,在智能交通基础设施方面牢牢占据了一席之地;而飞桨的开源开放、与产业智能化趋势的同频共振,抢先完成了创新基础设施的卡位。

阿里抓住了云计算的先发优势,在某种程度上承担了新基建的"云基础",逐步完成了数字基础设施的布局,在阿里云之外给出了达摩院、钉钉、城市大脑等数字化矩阵,并且将阿里内部的技术、商业、服务体系打通后,形成了有阿里风格的"商业操作系统"。

腾讯抓住了社交连接的基石,朝着产业互联网的大方向打造了腾讯云、腾讯会议、企业微信等产品。或许在新基建的范畴内,腾讯的核心优势还偏向于C端的"数字化",单从5000亿加码新基建的野心来看,腾讯在C2B领域的竞争力不可小觑。

华为抓住了5G的绝对优势,围绕新基建的布局也偏向于底层,5G标准、鲲鹏处理器、昇腾系列芯片等均是如此。不过华为并没有局限于"连接"层面,华为云和阿里有着直接竞争,全栈全场景AI有意对标百度,华为云WeLink则是向应用层布局的信号。

但从本质上来说,BATH不会重蹈互联网时代的赛制,典型的例子就是百度飞桨和华为麒麟的深度合作。毕竟和智能经济相比,互联网经济的基础设施要简单得的多,以至于互联网在很长一段时间里以"虚拟世界"的身份独立于物理世界之外,而智能经济是一个庞大的系统工程,需要各种不同的玩家参与其中。

那么,是否意味着所有的玩家都能从中分一杯羹?智能经济着实有着大量的机会,只是绝大多数都属于底层技术的创新融合。与历次工业革命相同,智能经济也是一场漫长的产业革命,一场技术驱动的产业升级,如果没有过硬的技术实力,大概率会与智能经济的红利失之交臂。

可以笃定的是,智能经济将是下一个十年中最重要的主题,基础设施将被重构、切换、迁徙,然后生长出新的商业生态。

智能经济最大的"诱惑"也在于此。与物理世界尚未全面融合的互联网经济时代,千亿美金的市值可能是大多数企业的天花板。可到了智能经济时代,在基础设施层面抢先占据主场的玩家,可能会出现成为生态圈中心的一幕,映射到企业市值上的话,可能会出现万亿市值的超级玩家。

8.4 智能经济的特点的发展趋势

智能经济作为一种新的经济形态,它有什么样的特点和趋势? 对此,中国科学技术发展战略研究院副研究员李修全博士进行了研究和归纳。他认为, 未来智能经济的特征和发展趋势主要表现为五个方面。

(1) 数据和知识成为经济增长的关键要素

从20世纪50年代电子计算机发明开始,电子化数据就应运而生。PC时代,主要解决数据的保存、运算和查询问题, 称之为数字化时代。数据由模拟到数字, 物理世界的业务流转换到虚拟空间。整体业务流没有本质上的变化。但数字化的存储、查询、传输效率大大提升,从而创造了数据的经济价值。PC机、服务器的生产,办公软件和生产管理软件的开发成为当时重要的产业模式。

20世纪90年代以来, 互联网逐步进入应用。尤其是2000年以来,网络化加速发展。通过互联网, 实现了数据在大范围内的交换和流动。解决信息的可获得性和信息不对称,创造了新的信息流、改造了原有业务流,发展起了BAT、O2O、滴滴打车、共享单车等一大批新的产业模式,推动信息技术革命进入网络化时代。

大数据尤其是人工智能技术的发展, 对数据的开发利用从信息交换进入到挖掘利用阶段,基于数据及数据之间的联系,发现规律、生成知识、形成认知、产生决策。数据和知识的经济价值得以进一步发掘。当前, 大数据驱动已经成为智能计算的主流模式,基于海量数据、知识库和知识图谱的智能应用在医疗、教育、金融等领域不断拓展。因此,数字经济以数据为要素,而智能经济是其未来发展的高级阶段,数据和知识成为经济增长的关键要素。中国拥有全球最多的网民数量,通过网络化阶段的发展积累了海量的网络数据,各行各业也积累了丰富的行业数据,为中国下一步发展智能经济打下了非常好的基础。

(2) 人机协同成为主流生产和服务方式

感知技术成为当前人工智能产业化的主要内容,尤其是图像识别技术和语音交互类技术进入产业应用阶段。通过感知技术的成熟, 机器能够以全新的人机交互模式感知人类,与人进行交互。比如说在制造领域,感知技术的成熟将推动传统的自动化生产设施和工业机器人向智能化升级。之前的工业机器人还不具备很强大的感知能力，这时候的机器人还需要在一个围栏里使用，避免对人的误伤。随着感知能力和人机协作能力的提升，未来就会走向人机协同生产的趋势。同时，在会计、金融、教育、医疗等各行业，大量岗位将会随着人工智能技术的发展改变其工作模式，各种类型的能力强大的智能助手的出现，使得大量简单、烦琐、重复性的工作由智能助手完成，人们只需要完成其中的技能性、创造性更强的部分。通过人机协同，不仅人们的工作舒适度将大幅提高，工作效率和工作质量也会大大提高。这种人机协同模式将覆盖到从决策到运营，从生产到服务的经济活动全链条，成为未来智能经济中一个重要的特征。

（3）跨界融合成为重要经济形态

相比以往的信息技术，人工智能具有更强大的垂直渗透和横向整合能力。如今，人工智能已经逐渐渗透到各行各业，在医疗、汽车、金融、零售、安防、教育、家居等行业都有了具体的落地产品，通过人工智能＋的方式，推动信息技术与传统产业深度融合。另外，数据作为新的生产要素，也会改变原有的产业链结构。跨界获取数据将会极大增强自身产品的竞争力，将自身数据应用于别的行业，也可能衍生新的商业模式和产品。行业之间的界限变得模糊，跨界、跨行业的融合发展正在成为经济发展的新形态。

（4）共创分享成为智能经济生态基本特征

网络时代开始，基于互联网的共创分享模式已经快速地发展起来，在网络化时代，随着基于互联网的群体智能技术的发展，不同个体之间智力的分享和协同可能成为可能，众创、众包、众服成为组织经济活动的基本方式。在大数据驱动的基本模式下，随着智能可穿戴，数字孪生体技术的进一步应用，智能化应用向平台化、生态化发展，这类智能化产品的用户既是产品的使用者，同时也是产品创造者，智能化应用的共创分享特征将越来越明显。

（5）个性化需求与定制成为新的消费潮流

通过用户画像技术、个性化制造技术的应用，在营销环节、生产环节、新闻内容提供、广告投送中将普遍实现定制化，医疗服务、金融服务等都会采取个性化的方式提供更高匹配度的产品和服务。个性化定制会成为智能经济中基本的产品提供模式。所以说，通过发掘数据和知识作为新的生产要素的价值，通过发掘智能算法作为新的生产力的价值，通过变革生产、营销、服务的组织模式，都会极大地提高各行各业的生产效率，也会创造出新的产业增长空间。

8.5 中国智能经济发展的机遇与挑战

国家工业信息安全发展研究中心发布的《2019中国大数据产业发展报告》显示，2019年，我国大数据产业规模超过8000亿元，预计2020年将超过万亿元。近年来，数字中国建设成效显著，信息基础设施建设加快推进。根据中国互联网络信息中心（CNNIC）《中国互联网络发展状况统计报告》，截至2020年3月，我国网民规模已经达到9.04亿，较2018年年底增长7508万。

我国发展智能经济在具备较好基础的同时，也面临着一些艰巨挑战，主要表现在以下几个方面：

（1）智能经济的统筹推进有待加强。智能经济作为新经济的代表，涉及的产业链条更长、产业融合更深入，需要针对性地谋划统筹资源配置和管理机制，进一步分清政府与市场的界限，避免政府职能的"越位、缺位、错位"。目前，政府、高校、企业等社会各界对智能经济的内涵、产业领域和表现形态等已基本形成共识，但是不同地区的具体发展路径仍在探索中，尚未建立起统一的智能经济协调发展机制。

（2）智能经济的技术创新应用亟待突破。一方面，智能经济时代网络的承载量、数据存储量和信息的处理速度都将呈现几何级倍数的增长，对信息通信和智能技术的突破性进展提出了更高、更迫切的要求。另一方面，我国很多企业对技术创新应用重视程度不够。智能经济是基于智能技术的经济模式，但智能技术的研发、应用往往投入大、收效慢，导致部分企业（特别是中小微企业）对智能领域的研发投入积极性不高，关键技术储备不足，技术创新应用能力不强。

（3）智能经济的市场规模仍需提升。经过多年发展，我国智能经济市场规模大幅增加。中国信息通信研究院的数据统计显示，智能经济占我国GDP比重逐年增加，目前已接近1/3。但相对于美、德、英等发达国家超过50%的GDP比重，仍有很大提升空间。此外，我国虽然培育出一批成长性较好的新经济代表性企业，但在企业规模、品牌知名度、市场竞争力等方面与发达国家相比差距明显，缺少能引领智能经济发展的大型龙头企业。

（4）智能经济的技术创新支撑体系有待完善。当前，我国智能经济技术创新体系建设中还有许多问题亟待解决。例如，现有的技术创新载体众多，创新资源较为分散。另外，智能经济产业创新主体角色比较模糊，存在功能性的缺陷；产学研合作良性互动的机制没有完全形成；技术市场发展相对落后；资本市场不完善，智能经济企业融资渠道不畅，直接融资门槛过高导致融资结构严重失衡。

（5）智能经济的人才体系亟须完善。我国重点高校和科研院所数量不足，对智能经济领域人才的培养能力较弱，人才储备不足，智能经济研发应用型人才供需缺口较大，严重制约了企业的转型发展。智能经济是融合型经济，涉及产业发展、技术创新、金融商务等方方面面，是多学科、多领域、多种技术的集成应用，需要懂管理、懂技术、懂经营的复合型人才，而这类人才目前极为稀缺。汤森路透公司数据显示，2018年美国人工智能领域高级专业人才超过1.3万人，而中国不足0.5万人，两国仍有较大差距。

（6）数字安全面临着严峻的挑战。随着我国智能经济的逐渐发展与壮大，安全威胁、高危漏洞、网络攻击也在日益增多，基础设施面临着严重的威胁，金融、能源行业更是成为重灾区。根据美国通信服务机构Neustar的数据，与2018年第四季度相比，2019年第四季度DDoS攻击增加了168%。每年各种网络犯罪、攻击给全球经济造成的损失高达4000亿美元。

（7）全球地缘政治竞争加剧带来了巨大风险。当前，全球保护主义和民粹主义逆流涌动，大国博弈明显升温。首当其冲的经贸领域更是摩擦不断。伴随贸易战的升级，争端已经开始向知识产权、数字经济、国家安全等诸多领域延伸。全球产业链因此变得支离破碎，导致全球科技和创新合作进一步受阻。此外，作为智能经济的关键要素，数据在地缘政治和地缘经济竞争方面的相关性日益增强。国家之间广泛存在的数据壁垒、全球数据治理体系的缺乏,都将阻碍数据的共享和开放,构成制约智能经济长远发展的诸多挑战。

8.6 发展人工智能助推智能经济

人工智能作为当前时代最为前沿的技能之一,其发展将极大地提升和扩展人类的能力边界,对促进技能创新、提升国家核心竞争力乃至推动人类经济社会发展将产生深远影响。当前,人工智能将迎来新一轮创新变革和发展浪潮,欧美日等发达国家和地区纷纷从国家战略层面加快布局,以期在未来国际竞争中占据优势地位。我国需要加强统筹布局和顶层设计,以技能、平台、应用为三大着力点推动人工智能突破发展,抢占全球科技制高点。

(1)技能层面:以骨干企业为创新主体,联合高校、科研院所等智力资源,着力突破一批重大共性关键技能。

自然语言处理。研发自动分词、命名实体识别、词性标注等自然语言处理基础技能,开展语法分析、语义分析、对话管理、意图检测等深度技能研讨,重点突破对话级别的语义理解及知识问答技能,语篇级别的语义理解分析技能和高精度的文本情感分析技能等。

计算机视觉。利用深度学习技能提升识别效果,研发面向电视遥控、手机遥控、汽车导航等交互领域的手势识别技能;研发面向人数估计、拥堵分析、指标跟踪、异常检测等的大规模人群视频监控与智能分析技能,变成具有国际先进水平的、完整的自主知识产权、可转移转化的计算机视觉软件系统。

机器学习。通过实现能够灵活变换的网络拓扑结构,应对不同类型数据的隐层模型、百亿级别的数据处理能力和模型尺度;赋予机器类人脑的时空认知能力,变成机器学习的时空建模框架和更接近人类感知系统的神经网络。

知识图谱。面向教育、互动娱乐、智能客服等特定领域,研讨大规模知识图谱中不同类型知识的表示框架与学习机制,从非结构化或半结构化的互联网信息中获取有结构的知识,探索多源异构信息的知识获取与融合表示,自动构建知识图谱,并研讨知识表示驱动的推理技能。

(2)平台层面:依托统一平台实现智力、数据、技能和计算资源的高效对接,促进产学研用结合创新。

人工智能共性技能研发平台。加强智能语音处理、计算机视觉、生物特征识别、自然语言处理、机器翻译、知识图谱、智能逻辑推理、机器自主学习、智能机器人等重大共性关键技能研发,为行业及有潜力的应用创新开发企业和个人提供核心技能支撑,提供成熟的智能人机交互、自然语言处理、自动知识检索等共性技能引擎及产品。

人工智能开放支撑服务平台。基于面向人工智能领域的大规模分布式软硬件基础设施,汇聚企业、高校、科研院所以及创业者等社会多方力量,建设面向全行业和创新应用开发者提供人工智能算法和服务支撑的云服务平台,实现技能向家当活动和经济发展的高效转化,推动传统家当和社会服务向智能化方向发展。

人工智能家当公共服务平台。支持和鼓舞业内政产学研用等单位,整合业内相关资源,建立涵盖战略研讨、咨询服务、标准制定、评测认证、应用示范等功能于一体的家当公共服务平台,为行业发展提供全面支撑。

(3)应用层面:联合共性技能研发和平台建设实际,优先推动在服务机器人、无人驾驶、信息平安等领域示范应用。

智能客服:研发面向智能客户服务的智能语音、语义理解等共性关键技能,构建特定领域知识库,研发自助客服、商业智能、生物特征识别认证等平台系统。

服务机器人:重点研发面向家庭环境的语音增强、室内定位和导航跟踪等共性关键技能,整合传感器和机械抑制相关技能成果,实现软硬件一体化的服务机器人综合系统,并在家庭、教育、医疗等方面变成示范应用。

无人驾驶:实现无人驾驶汽车与智能交通系统联网,促进城市道路上的无人驾驶/自动驾驶的智能感知与规划抑制等应用。基于无人驾驶汽车的应用开发环境及工具,实现基于无人驾驶汽车平台的应用示范。

信息平安：研发面向信息平安及互联网音视频监管的智能音视频监控业务系统，实现多语种多场景情报抽取分析，变成信息平安和舆情监控领域综合应用解决方案。

8.7 各类政策合力打造智能经济引擎

阿里数字经济系列报告提出，数字经济 1.0 的核心是 IT 化，互联网刚刚开始发育。在这个阶段，信息技术在传统的行业和领域得到推广应用，属于 IT 技术的安装期。通过推广应用 IT 技术，大大提升了原有经济系统的运行效率，降低了运行成本。同时，成长起了以 IT 设备制造和相应软件业为主体的信息产业，互联网开始兴起并得到初步应用，但是没有能在全社会形成成熟的互联网商业模式。近年来，基于数字技术、以互联网平台为重要载体的数字经济发展开始兴起，阿里研究院将其称之为 2.0 时代。数字经济 2.0 的核心是 DT 化，即万物

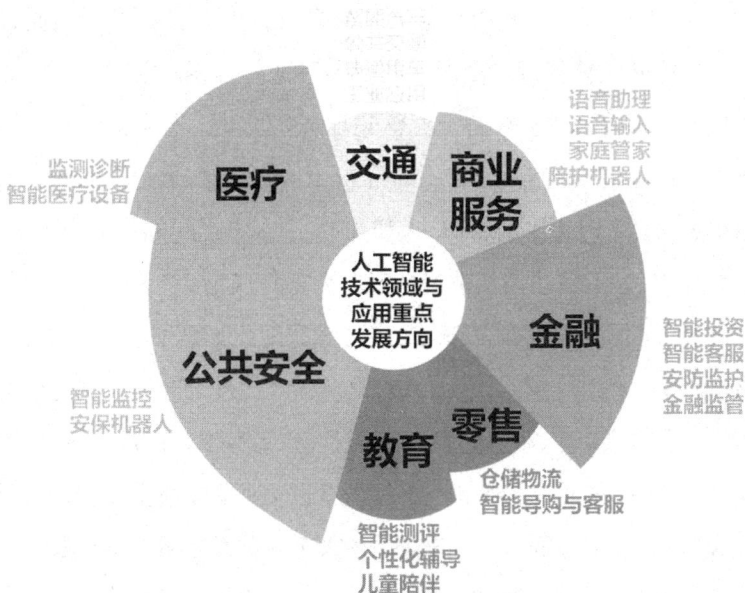

8-2：人工智能重点应用领域

在线互联,以前所未有的速度增长,数据成为驱动商业模式创新和发展的核心力量。数字经济 2.0 架构在"云网端"新基础设施之上,生长出互联网平台这一全新的经济组织,并带来了商业模式、组织模式、就业模式的革命性变化。以此类推,我们可以把智能经济称为数字经济 3.0 抑或 4.0。

面对经济形态的变化,如何出台新政策,扶持新技术、新产业、新组织、新业态的发展,成为中央和地方政府面临的新课题。出于对人工智能的高度重视,我国的政策布局较早,指导人工智能和实体经济深度融合的政策体系不断完善。

2017 年 7 月和 11 月,国务院相继公布《新一代人工智能发展规划》和《促进新一代人工智能产业发展三年行动计划》,在进一步对人工智能产业发展做出规划的同时,提出加快推进人工智能产业和已有各类产业融合。

2018 年 11 月,工信部印发《新一代人工智能产业创新重点任务揭榜工作方案》,"揭榜挂帅"的工作机制充分调动了产、学、研、用等各方的积极性。

接下来,随着中央层面产业政策不断出炉,各地对人工智能产业的发展也日益重视。目前,我国已有北京、上海、天津、浙江、安徽、吉林、贵州等 20 个省份出台了人工智能产业政策。

2019 年 3 月 19 日,中央全面深化改革委员会第七次会议审议通过了《关于促进人工智能和实体经济深度融合的指导意见》(下称《意见》),成为一份高规格的"智能 +"促进文件。中央全面深化改革委员会第七次会议要求,要把握新一代人工智能发展的特点,结合不同行业、不同区域特点,探索创新成果应用转化的路径和方法,构建数据驱动、人机协同、跨界融合、共创分享的智能经济形态。这意味着,人工智能与实体经济深度融合将成为大趋势。

与此同时,我国相继发布"互联网 +"、大数据、创新驱动、人工智能等多个国家战略,对智能经济相关重点领域展开布局。《促进大数据发展行动纲要》提出要探索大数据与传统产业协同发展的新业态、新模式,促进传统产业转型升级和新兴产业发展,培育高端智能、新兴繁荣的产业发展新生态,并提出要大力发展工业大数据,打造智能工厂。《新一代人工智能发展规划》中提出,培育高端高效的智能经济,包括发展人工智能新兴产业、改造和提升传统产业、大力发展智能产业三个层次。该规划指出,要抢抓人工智能发展的重大战略机遇,构筑我国人工智能发展的先发优势，加快建设创新型国家和世界科技强国。《规划》还提出智能经济发展三步走的目标，到 2030 年预计人工智能核心产业规模达到一万亿，带动相关产业规模发展超过 10 万亿。

通过出台有针对性的具体政策，一方面，可以促使人工智能技术快速应用，加速人工智能应用市场成型；另一方面，有助于产学研快速整合，形成完备的人工智能产业生态，有利于人工智能产业做大做强。

2020 年，在全国各地，从产品设计、生产加工到运输流通，头部企业正积极转型智能制造，并围绕 5G、人工智能等新一代信息技术展开新一轮布局，锻造竞争新优势。与此同时，央地加强版支持举措密集出台，强化资金、技术、支撑平台等举措，推进新一代信息技术和制造业融合发展，加快工业互联网发展，培育智能制造特色产业集群，进一步驱动产业变革，推动制造业转型升级。走进位于武汉的联想产业基地无尘车间，一群工业机器人正与工作人员一道，完成手机组装、测试、检验产出等多个环节的生产工序。据联想武汉产业基地园区管理人员介绍，这条生产线名为"量子线"，由许多外形一样、功能不同的自动化模块嵌入组成，通过不同生产模块间的灵活互换，可快速调整生产线的工艺流程及参数。在湖南三一重工 18 号厂房，这里被称为智能化"灯塔工厂"，该厂房已成功建设港口机械、路面机械等多个工程机械设备装配生产线，实现生产周期压缩 40%，产能提升 50%。在甘肃，甘肃电信和华天电子依托 5G 技术改造了生产车间的 AGV 小车，可根据指令将物料运输至指定地点并实现快速移动不中断。

越来越多的行业和企业认识到，智能制造不仅能够大幅提高生产效率，而且保证了产品质量和稳定性，是增强竞争力的重要着力点。5G、人工智能等通用技术的广泛应用，为制造业提供了科技赋能的新机会，将进一步推动智能制造扩能、提质、增效。

中央全面深化改革委员会第十四次会议指出，加快推进新一代信息技术和制造业融合发展，要顺应新一轮科技革命和产业变革趋势，以供给侧结构性改革为主线，以智能制造为主攻方向，加快工业互联网创新发展，加快制造业生产方式和企业形态根本性变革，夯实融合发展的基础支撑，健全法律法规，提升制造业数字化、网络化、智能化发展水平。

数字经济

第九章

全球数字经济发展启示

　　根据牛津经济研究院起草发布的《数码社会指数 2019》，全球数字经济排名前十的是：新加坡、美国、中国、丹麦、英国、荷兰、挪威、芬兰、爱沙尼亚、德国。该指数统计的项目包括公众获取数字服务指标、对数字经济的信心以及数字经济发展活力等。来自 24 个国家的 4.3 万人参与了这一年度调查。在关于中国数字经济的调查中，以下数据表现出人们对数字化的认同、接受和肯定。在基本电子需求（互联网访问和移动通信）满意度及个人资料保护信任度方面，中国排名居首，全球平均 49% 的受访者对此问题表示满意和信任。

数字经济

数字经济,风起云涌。世界各国数字经济建设发展情况是怎样的呢?

根据牛津经济研究院起草发布的《数码社会指数 2019》,全球数字经济排名前十的是:新加坡、美国、中国、丹麦、英国、荷兰、挪威、芬兰、爱沙尼亚、德国。该指数统计的项目包括公众获取数字服务指标、对数字经济的信心以及数字经济发展活力等。来自 24 个国家的 4.3 万人参与了这一年度调查。在关于中国数字经济的调查中,以下数据表现出人们对数字化的认同、接受和肯定。在基本电子需求(互联网访问和移动通信)满意度及个人资料保护信任度方面,中国排名居首,全球平均 49% 的受访者对此问题表示满意和信任。受访中国人中的 62% 表示,数字经济有益于其自我发展,使其有机会获得新技能、接受教育和进行就业,而全球平均 45% 的受访者对此问题给予了肯定答复。受访中国人中的 76% 积极评价技术对社会所带来的影响,认为科技有助于解决全球各类难题,而全球平均 49% 的受访者抱有相同观点。受访中国人中只有 27% 的人认为,数字环境使自己的心理需求得到满足,对个人健康和幸福影响积极,而全球平均 38% 的受访者也是这么认为的。

同年,199IT 互联网数据认证机构在纽约联合国总部发布了《2019 年数字经济报告》。报告显示,美国和中国在全球数字经济发展中保持领先,全球数字财富高度集中于这两国的商业平台。报告呼吁各国重视数字经济,共同缩小数字鸿沟。两国的领先地位体现在多个方面。比如,两国占区块链技术所有相关专利的 75%,全球物联网支出的 50%,云计算市场的 75% 以上,全球 70 家最大数字平台公司市值的 90%。报告说,近年来全球互联网产生的数据流量激增,反映出使用互联网的人数增加,以及互联网对前沿技术的吸收,如区块链、人工智能、物联网和云计算等。报告指出,一个全新的"数据价值链"已经形成,构建数字平台的企业在数据驱动型经济中拥有巨大优势。全球市值最大的 20 家数字企业中,有 40% 拥有基于平台的商业模式。七大"超级平台"——微软、苹果、亚马逊、谷歌、"脸书"、腾讯和阿里巴巴,占有前 70 大平台总市值的三分之二。这些数字平台不断成长,并主导了关键的细分市场。报告呼吁各国采取政策措施,鼓励和规范数字经济发展。而且,在区域及全球层面,应确保发展中国家的充分参与,以有效应对相关挑战。报告还建议通过加强援助、共同创造有利环境等,在全球范围内缩小数字鸿沟。

以下,对数字经济排名前几位的部分国家进行分述,以便掌握情况,学习经验。

9.1 新加坡:欲建世界首个"智慧国"

新加坡凭借在东南亚便捷的连通性、一流的营商环境、强大的基础设施、高素质的劳动力,在 2019 年世界经济论坛(WEF)发布的《全球竞争力报告》中超越美国,成为全球最具竞争力经济体。同时,新加坡又是亚太地区最具吸引力的数据中心枢纽,为数字经济发展提供了有力支撑。新加坡积极构建数字经济行动框架,聚焦数字治理、数字产业、数字贸易、数字生活等领域,雄心勃勃计划建成世界首个"智慧国"。

在数字治理方面,新加坡廉洁高效的治理模式为人所称道,除了强有力的政治领导外,实际上背后已形成一套以数据为支撑的科学治理系统。2015 年新加坡政府与达索系统、西门子等多家公司合作,完全依照真实物理世界中的新加坡,打造一个汇集所有物联网传感器的大型城市数据模型。平台于 2018 年面向政府、市民、企业和研究机构开放,广泛应用于城市环境模拟仿真、城市服务分析、城市规划与管理决策、科学研究等领域。

在数字产业方面,新加坡在 ICT 技术上的积累使其有足够底气开展产业的升级换代，通过连续性的发展政策，推进创新技术商业化，实现产业"数字化"。2016年，新加坡提出涵盖能源化工、航空业、医疗保健、金融、教育等23个具体行业的转型措施及发展目标，并成立未来经济署（Future Economy Council）来负责整个蓝图的制定和执行。国家成立"数字产业发展司"。2019年6月经济发展局、企业发展局和信息通信媒体发展局联合成立 Digital Industry Singapore（简称 DISG），协助新加坡电子商务、金融科技等领域企业进入亚洲市场，推广新加坡在网络安全、人工智能、云端科技等领域解决方案。新加坡积极推进虚拟银行的落地，开放数字全银行、数字批发银行牌照申请。新加坡努力发展为亚洲区块链技术和数字货币的新型数字金融中心，颁发数字货币经营牌照。

在数字贸易方面，新加坡政府加快在贸易和商业中部署数字技术，从而降低贸易成本、便利服务贸易。参与制定数字贸易规则，致力于国家之间寻求更大程度的互联互通，为电子商务、数字货币、知识产权保护和数据管理制定法律框架和标准。搭建 NTP（互联贸易平台），驱动全行业的数字化转型。

在数字生活方面，新加坡政府广泛应用数字和智能技术，实施国家数字身份、电子支付、传感器平台、智慧交通、生活时刻、数码平台等六大关键的国家战略项目，加快步入"数字化生活"，其背后凸显新加坡政府推动国家计划的务实性格。

总之，新加坡加快推进"智慧国"建设，以"有用"为标准，探索治理新方式、产业新业态、贸易新框架、生活新面貌，走出了一条特色的数字化发展道路。我们主要应该从以下角度向新加坡学习：

（1）重视城市的智慧治理。从"经验决策"转向"数据决策"，建立可实时感知可历史溯源的系统。"不能好了伤疤忘了痛"，要未雨绸缪，前瞻构建风险评估体系

（2）重视产业数字化转型。开足马力，推出能感知、有温度的措施，助力中小企业数字化，提升产业链韧性，争取弯道超车，打破空间、产业界限，重新定义产业生态。

（3）重视数字贸易及战略应对。拓宽朋友圈，打破数字贸易定义乱、规则缺、标准无、共识少的局面，从贸易规则的跟随者转变为数字贸易规则的制定者。

（4）重视将数字经济融入民生。把增进民生福祉作为发展经济的根本目的，以数字为核心，用心、用情、用智慧，开辟"数据惠民"之道。

9.2 美国：形成产业聚集区

美国数字经济发展较早，数字经济规模处于世界领先水平。早在 2017 年，美国数字经济就占据生产总值的 60%，产业数字化规模占数字经济规模的 88%。当年地区生产总值 19.3 万亿美元，数字经济产业规模约 11.50 万亿美元，其中，产业数字化规模达到 10.11 万亿美元。为了促进数字经济产业发展，美国联邦政府聚焦数字经济前沿技术，制定了《联邦大数据研发战略计划》等战略；为促进市场公平竞争，严格执行三部反垄断法，营造良好的市场营商环境；为鼓励创新创业，严格执行《美国发明家保护法案》等法案，加强知识产权保护。经过多年发展，形成了加州硅谷、128 公路等数字经济产业集聚区。

与美国相比，中国数字经济产业方面的优势主要在数字消费者庞大，市场空间广阔，主要不足表现在产业规模、科技创新、人才支撑、政府管理等方面。一是中国数字经济规模较小，结构仍有待优化。二是市场主体不强，中国互联网企业与美国的谷歌、亚马逊、"脸书"、微软等差距较大。三是要素资源比较优势不明显，数字人才缺口较大，而且结构不匹配，地域之间分配不合理。四是中小企业在融资方面相对困难，发展受限。

中国与美国之间的差距既有客观方面的原因，也有主观方面的原因。从客观方面看：一是中国城市化进程尚未完成，城乡之间差距依然较大，城乡间数字鸿沟依然是阻碍中国扩大数字消费市场的重要原因之一。二是转型时期市场波动较大，中国在 40 年的时间里要走完发达国家几百年要走完的工业化之路，这对中国劳动者而言，具有极大挑战。数字化发展需要更加专业化的人力资源，而这种专业化人才的培养绝非旦夕之间，因此中国发展数字经济的劳动力资源优势并不明显。三是面临更加复杂的国际环境，中美贸易战以来，国际环境更加复杂,中国利用国外市场发展变得更加困难。从主观方面看:一是政府顶层设计能力有待提高,我国各地区都在发展数字经济,都在搞产业园区,这些措施不仅低效,而且造成了极大的浪费;二是体制机制相对僵化,很多数字经济企业属于国有企业,办事效率较低,市场敏感度较差,创新能力和活力较低;三是企业走出去经验不足,在国际金融、财务、法律等方面仍然缺乏大量的专业素质人才。

总而言之,为了促进中国数字经济产业更好更快的发展,中国当前应该做好以下四方面的工作。

(1)继续深化改革开放,抓住"一带一路"倡议机遇,努力拓展海外市场,帮助欠发达地区完善基础网络设施建设,加快跨境电商平台建设,加速跨境结算中心建设,推动人民币国际化。

(2)不断完善升级网络基础设施,优化数据中心布局,不断扩容升级互联网骨干网和城域网。继续加强农村网络设施建设,缩小城乡之间的数据鸿沟。

(3)加强数据安全立法,保护网络用户的信息安全;加快推出政务数据公开范围和标准,促进政务信息公开;继续推动公务员聘任制改革,允许更多的掌握数字产业发展动态的人员参与决策治理。

(4)加强顶层设计,根据各地比较优势,统筹布局数字经济产业,减少各地横向竞争。

9.3 英国:数字经济成最大产业

英国经济与商业研究中心的最新统计显示,数字经济已经超越制造业、采矿、发电等工业部门,成为英国最大经济部门。彭博社报道称,由媒体、互联网和电影、音乐、广告等创意产业所构成的数字经济已成为英国最大的经济部门,占英国经济增加值总额的14.4%。英国数字产业增长4.6%,是GDP增长速度的三倍多。

根据英国政府发布的《英国数字战略》，英国将打造世界一流的数字经济，并对未来如何推进数字转型做出了全面的部署。主要包括：连接战略、数字技能与包容性战略、数字经济战略、数字转型战略、网络空间战略、数字政府战略和数据经济战略等七大战略。

本书主要对英国数字经济相关内容进行摘录。

（1）数字技能战略：为每个人提供所需的数字化技能。要成为世界领先的数字经济体，并造福于全英人民，关键的一点就是每个人都具备必要的数字技能和数字素养，这对于融入现代社会尤为必要。因此，政府从以下几点发力：一是培养数字能力。二是把数字技能融入学校教育当中。三是促进数字劳动力的多元化。四是各界通力合作，提升数字技能。

（2）数字经济战略：大力推动数字经济创新发展。一是支持创新。建立极具创新的税收系统，并引进了一系列税法政策鼓励企业创新。敞开大门，吸引来自世界各地的数字科技人才来英就业。每年在数字研发方面的投资达13亿英镑，确保了在全球科技领域的领先地位。二是支持数字企业。推动创新观点的商业化：尽管英国在研究和创新方面世界领先，但在研究成果的商业化方仍面临着挑战，《工业战略》绿皮书的制定可以解决商业化不足的问题。支持新兴科技的发展：从物联网到自动驾驶，从人工智能到虚拟现实，英国在新兴技术的开发和使用方面领先于世界，政府可以通过战略干预的方式支持这些新兴技术的发展。加大投资规模，吸引世界各地的科技创新企业来英发展。三是扩大政府采购。英国通过政府采购手段在公共部门和私人产业供应链中驱动创新和创造价值。

（3）数字转型战略：帮助每家英国企业成为数字化企业。数字化带来的好处不仅局限于数字经济领域。无论何地，数字化转型都能够让各领域企业的生产效率得到提升。大部分企业要保持竞争力，就需要完成四个核心的数字化活动：①活跃于互联网上；②进行网络销售；③使用云科技；④将后勤部门的工作数字化。英国企业现在可以获得许多工具和培训计划，来更好地理解和实现数字化工作方式的高效率。推行众多方案，旨在缩小不同行业之间在数字化上的差距，基于此去解决具体行业面临的具体问题。采用数字技术以及数字化工作方式可以帮助英国企业打入其他国家的市场。英国政府发起了"非凡出口"活动（Exporting is Great campaign，"非凡英国"行动的一部分），旨在 2020 年前激励和支持 10 万新出口商，该活动已将智慧城市确定为英国出口的关键增长领域。

（4）数据经济战略：释放英国经济中的数据潜力，提升公众对数据的信心。政府支持数据经济，通过数据管理平台，政府将为各企业创造新的机会，让它们可以使用数据来创造新产品以及公共服务产品。政府促成有效利用政府数据。政府的数据产生并储存于不同的部门、机构或组织。如果政府想要为市民提供更为优质的服务，那么需要建立基础设施，让所有部门在其需要的时间内可以获得所需要的信息。数据只有开放给他人使用，才可能开发其潜力。英国在数据的开放性上引领世界，而且在共享地理空间数据的质量上世界一流。英国也将继续支持创新者和各行业使用这些数据，同时确保数据在公共部门不同领域得到共享。

9.5 日本：明确推出"数字新政"

数字经济正在引发世界经济变局，同时也使数字经济治理成为全球治理的新焦点。2019 年各国数字产业规模统计显示，中美已经成为全球数字经济的"两极"，日本则是"第三极"的主要构成力量。过去两年，日本在这方面表现积极，不仅明确推出"数字新政"，还将"建构数字经济领域相关规则"视为外交新任务之一。除了助推国内经济的考虑，日本还希望能在其中发挥引领作用，帮助实现自身"政治大国"的战略梦想。

第一，针对全球数字经济治理，日本积极提出符合自身国家利益的战略理念，并竭力在多边或全球外交舞台推广这一理念。2019 年初，首相安倍晋三就代表日本高调提出所谓"数据在可信任条件下自由流动"原则，即"DFFT"（datafree flow withtrust），着重强调数据流动的自由度、安全性和完整性。同时，日本还希望普及数据"公开化"原则，尤为强调政府数据的公开化、透明化和可获取化。由此，"DFFT"原则成为日本参与全球数字经济治理的基本理念，日方官员不断在 G20 等场合解释、宣传这一理念的内容与价值。

第二，日本积极在多边或小多边层面构建所谓"数字经济治理同盟"，逐步将自身战略设计转变为具有实际约束力的规则条例。其中，日美欧三边贸易部长会议就是日本意图实现上述战略目标的主要路径之一。该机制起步于 2017 年 12 月，是日美欧三方为研讨并协商解决全球贸易公平性问题而设立的三边会晤机制。2018 年 9 月，第四次"日美欧三方会谈"首次将数字贸易和电子商务等议题纳入商讨范围，标志着日美欧三边就数字经济治理这一新兴议题正式谋求战略性共识。2019 年 5 月第六次会议上，三方就共同制定更多 WTO 成员参与下的高标准协议达成共识。由此，日美欧三边围绕数字经济治理议题的协商机制日渐成熟、完善。而能与美国、欧盟这两大主要经济体构建数字经济治理合作平台，本身已被日本视为经济外交的突破性成果。

第三，除参与日美欧三边机制合作与谈判，日本还独辟蹊径，与美国在去年率先达成双边性质的所谓高标准且全面的"数字贸易协定"。应该说，日美同盟是战后历届日本政府考量并制定外交政策的基本立足点。稳固并发展日美关系，服务好美国全球战略的部署与实施，是日本外交政策的要务之一。基于这一战略认知，日本在数字经济治理议题上也倒向美国，并在数字关税、数字产品的非歧视待遇、跨境数据传输、数据本地化、计算机源代码和算法、使用创新机密技术等颇具争议的问题上对美进行妥协。显然，日本此举一方面有助于稳固日美关系，另一方面也符合日本率先在数字经济板块抢占"规则制高点"的战略盘算，帮助其在未来全球数字贸易中构建制度竞争优势。

综上所述，日本希望以数字经济治理议题为切入点，以小推大，构建所谓"大国"政治形象，而"政治大国"也是战后日本保守政治势力锲而不舍的追求目标。但日本能否通过参与并引领全球数字经济治理，实现所谓"政治大国"的国家战略，还取决于多方面因素。这不仅需要日本国内数字经济产业及相关高新技术的强力支撑，更取决于全球政治经济局势的动态发展。前者是内因，是关键，后者是外因，也是重要决定条件。

9.6 全球数字经济发展的启示

自 20 世纪 90 年代以来，经合组织（OECD）便开始监测和跟踪各国数字经济的发展，在产业测算和产业发展上积累了较为丰富的经验。通过分析全球数字经济的发展现状和未来方向，可以更加清晰地呈现出我国数字经济的发展方向，并为制定我国发展目标和政策提供依据。

9.6.1 全球数字经济现状

当前，全世界数字经济发展的主要情况有以下几点。

（1）数字经济规模不断扩大，为经济发展带来新动能。世界正在进入一个全新的数字时代，数字经济细分领域的规模正急剧扩张。据 OECD 组织 2017 年报告指出，当年全球信息通信技术产品和服务的产量约占总 GDP 的 6.5%，仅 ICT 服务一项就吸纳约 1 亿人就业。与此同时，新一代信息科技产品市场规模也高速增长，2016 年全球 3D 打印机的出货量，同比增长超过 100%，已达 45 万台（UNCTAD，（2017）。在数字经济时代，信息通信技术是建立通信和连接的基础，也已成为日常生活和科技创新的重要领域。一方面，纵观当前 OECD 成员国家，均在不断完善数字基础设施，以应对新一轮数据升级的需求；另一方面，作为创新的关键驱动力，超过 30% 的专利申请集中在 ICT 领域，信息通信技术已成为科技创新领域的新热点。

（2）各国高度重视数字经济，积极推进国家发展战略和政策。当前，数字经济已成为推动经济和社会持续转型的重要力量，引起全球各国政府的高度重视。各国政府正逐步推进"国家数字化战略"（NDSs），归纳起来，具体措施主要有以下三个方面：第一，在数字应用上率先推动政府服务的数字变革，通过内化 ICT 工具和提供在线服务等，发挥先行引导作用。一方面，政府通过提供的培训和津贴等政策，推进电子政务，完成行政请求的在线处理。另一方面，发达国家政府不断通过文化资源数字化共享和图书馆在线阅览等措施，拓展数字资源深度应用。第二，在改善数字创新的政策环境方面，OECD 成员国主要对创新网络实施政策支持和提供更便捷的融资渠道。然而，针对波诡云谲的数字经济市场,各国政府在推进 ICT 或知识资本投资的创新政策方面,尚缺乏应有的重视。第三,大部分 OECD 国家都已专门制定国家数字安全战略,加强保护个人隐私和网络安全。政府通过教育提升劳动者的数字素养,推进普及数字经济的专业化教育,使大众安全地使用信息技术;同时,政府也通过提高用户的数字安全风险意识和加强国际合作等措施,多管齐下,切实强化数字化安全。

9.6.2 数字经济带来多领域变革

数字经济通过不断创新融合,驱动多领域升级变革,正在为社会发展创造新的发展机遇。

(1)数字转型驱动传统部门转型升级。随着传统产业的数字转型,数字技术在科学、医疗、农业和城市管理等领域正得到创新融合应用。比如,在科研领域,随着海量研究数据的收集分析和研究结果的共享扩散,正形成开放获取期刊和同行审查的新模式;在健康领域,越来越多地移动健康 App 和电子健康记录,为优化和改善临床管理带来新的机遇;在农业方面,通过精确的农业和自动化,深刻地影响传统的模式;同时,城市也抓住数字应用契机,在交通、能源、水和废物系统等领域,不断挖掘数字创新的潜力来改善自己的规划和决策。

(2)数字革命深刻改变就业市场。传统的经济理论对技术进步与就业关系尚存争论,在现实中,新一代数字技术对就业的复杂影响也已开始展现——在大多数 OECD 国家,ICT 投资会导致在制造业、商业服务和贸易、交通和住宿方面的劳动力需求下降;而在文化、娱乐和其他服务建设方面出现增长(OECD,(2017)。此外,数字技术的使用引起了就业结构和就业性质新的变化。例如,越来越多的新兴就业群体乐于通过网络交易平台从事灵活的、临时性和兼职的工作。

(3)数字经济正重塑国际贸易格局。数字化技术正在重塑贸易格局,尤其是对服务业影响尤为巨大。其一,ICT 技术可以提高产业生产力和国际竞争力,并通过在研发活动中加强协作等方式来转化为效益;其二,ICT 技术的使用还可以增强客户关系,并改善供应链管理,这最终将导致生产率提高和市场份额的提高,并且有助于在国际竞争中处于优势地位。OECD(2017)报告指出,制造业出口中所增加的制造 ICT 附加值较高的经济体,未必在出口中增加高份额的 ICT 服务价值,反之亦然。报告进一步指出,高效率的 ICT 服务,有助于提高生产率、贸易和竞争力;但在一些国家,经济以及与贸易有关的限制(包括电信和计算机服务限制),却仍然十分普遍。

9.6.3 全球数字经济的风险和挑战

专家们认为,全球数字经济的风险和挑战主要有以下几点:

(1)数字经济对使用技能提出更高要求。近年来,全球数字技术的使用率在飞速攀升,对使用技能提出了更高要求。据 OECD 统计,2016 年,95% 的 OECD 国家公司均有宽带连接,73% 的人每天使用互联网,并超过一半的人在线购物,不过,仍有超过一半的 55 岁—65 岁的居民仍缺乏 ICT 核心技能和电脑经验。特别是对于复杂度的较低的蓝领工作和可以被机器替换的简单重复劳动岗位,掌握更高的技能对于适应不断变化的工作越来越重要。无独有偶,2017 年,BBC 的调研报告对未来 365 项具体职业被人工智能取代的前景进行了展望,那些第一、第二产业的工作,被机器人取代的概率约在 80%—60% 之间。

(2)新型的"数字鸿沟"正在出现。虽然从全球来看,个人对 ICT 技术的使用率不断提升,已有超过 70% 的 OECD 国家为学生购买 ICT 产品和服务——但在各经济体中分布严重不均。例如,据 UNTCAD 报告统计,在一些发达国家中,在线购物的人口超过 70%,而在最不发达国家中,这一比例却只有不到 2%。数字鸿沟之所以产生,其一是因为数字化提升了许多的"软"技能的重要性,如社交网络和电商平台上留言交流等,需要更抽象的读写能力和沟通技巧。其二是由于大企业(相对于中小微企业)本身内部业务流程较为复杂,更有可能利用先进的信息通信技术应用(如 ERP 软件,云计算和大数据)等;而中小微企业缺乏采用的技能并且面临更大的经济压力则较少采用,因而数字经济技术的运用仍存在很高的使用壁垒。

(3)安全和隐私风险抑制了数字经济充分发展。消费者对网络诈骗、个人隐私和网上购物质量的担忧,可能会限制数字经济进一步的充分发展。2014 年针对欧盟的调研显示,64% 的互联网用户比一年前更关心隐私问题,其中最担心的两个问题是滥用个人数据和网上支付的安全性。近年来,全球数字安全事件的复杂性、频率和影响程度在增加,严重的安全事件会波及大部分的用户,造成其对数字技术糟糕的体验和使用抵触。

9.6.4 世界经验对中国的启示

以新一代信息技术为代表的数字经济变革,深刻改变了社会的生产生活方式,极大地推动了经济发展的质量变革、效率变革和动力变革。我们也要看到,数字经济给经济和社会带来了新动力的同时,也引发了网络安全和隐私保护等新的挑战。通过分析 OECD 国家数字经济的发展现状、机遇和挑战,可以对我国数字经济战略提供以下几点启示:

(1)将数字经济上升到国家战略高度,加快形成经济发展新动能。借鉴发达国家的发展经验,我国应重视数字经济对经济社会的全方位辐射带动作用,从宏观层面科学制定数字经济发展目标和战略。首先,创新是引领发展的第一动力,无论是基础科技创新还是尖端科技创新,都离不开数字网络基础设施建设(尤其是移动互联基础设施建设)。政府需要在加快推动网络基础设施建设,支撑海量数字经济数据需求,使企业在数字技术领域的创新潜能全面释放。其次,以工业互联网为重点,推动互联网与实体经济的深度融合,实现新旧动能顺利转换。我国应以深入实施《中国制造 2025》为抓手,面向重点领域加快布局工业互联网基础设施和平台建设,推动数字经济的力量由消费端到生产端拓展,大力推进"互联网 + 制造业",使融合性的数字经济产业成为经济发展的新动能。最后,合理制定税收政策,为数字经济发展提供宽松的发展环境。中小企业是创新创业的关键,但当前承担的税负普遍偏重,与我国当前新经济的发展阶段不相适应。为此,国家可以借鉴发达国家发展经验,出台针对数字产业领域中小企业税收优惠政策,对企业研发及推广费用施行税收抵扣,降低中小企业研发成本,充分出发挥对数字经济的带动作用。

(2)加强网络安全控制能力,完善数据资源保护机制。大数据、物联网、云计算和人工智能等新兴网络技术已渗透到我国社会经济的各个方面,但我国网络安全防御技术的发展尚难以应对当前网络虚拟空间的挑战,成为网络攻击的主要受害国。2017年,国家网络应急中心发现移动互联网恶意程序数量253万余个,同比增长23.4%。其中,全球范围内的APT组织(AdvancedPersistentThreat,高级持续性威胁)如"海莲花""白象""蔓灵花"等,已经逐渐成为我国经济乃至政治安全的最大威胁。因此,一方面需要需高度重视信息安全,加强关键信息基础设施安全保护,强化对网络攻击等犯罪行为的预警和执法力度(钟春平与刘诚等,(2017),通过各国更广泛的合作交流一起应对,实现数字经济的平稳可持续发展。另一方面,政府可以考虑加快推进数据资源领域的立法工作,制定数据资源确权、开放、流通、交易相关制度,维护国家数据主权。

(3)提高全民数字素养,使数字经济的"红利"惠及大众。一是亟须减少城乡"数字鸿沟"带来的潜在不均等问题。虽然近年来,我国移动支付、网络购物等新兴技术加速向农村渗透,但城乡之间仍存在明显的"数字鸿沟"问题。另一方面,外卖、网约车、共享单车等具有明显区域化特点的应用,城乡差别问题更加突出,各种应用使用率均超过农村地区20个百分点以上。因此应通过加大对农村群体、中低收入群体以及老年人群体的培训,支持农村及偏远地区宽带建设,尽量缩小数字鸿沟带来的新的不平等。二是要关注数字经济带来的就业结构调整的问题。数字技术对国民就业的影响较为复杂,体现为在总量上"创造效应"和"破坏效应"并存,对就业结构也会产生重要影响。因此,要通过对数字经济服务业等新型业态培育,增强高等教育机构办学自主性和灵活性,以及鼓励中高端人才创新创业等措施,使数字经济创造更多就业岗位。三是注重应用数字经济推进"数字民生",优先发展"互联网+教育""互联网+医疗""互联网+文化"等惠民工程。另外,需加强贫困人口数据信息采集、统计和检测,构建全国统一的"精准减贫"大数据平台,形成高效透明的资金的划拨流转、落实跟踪和效果评估机制,确保"十三五"期间脱贫攻坚总目标顺利实现,使数字经济的红利惠及民生。

(4)创新和完善数字经济监管,切实保护消费者权益。数字经济时代的新业态在不断出现,在提高资源配置效率和方便消费者的同时,在我国也随之衍生出许多前所未有的新问题。因而政府需要依据新经济新业态的特点,努力营造公平竞争的市场环境,并探索形成多方协同的治理模式,维护消费者权益,使其负外部性最小化。一方面,政府要提升对数字经济新业态的响应速度,及时制定实施适宜的管理细则和对策。以网约车和共享单车为例,在提高了周转率和使用效率的同时,也带来无序融资、恶意竞争、乱停乱放等一系列外部性问题。要解决这些问题,就要发挥政府和企业的共同作用,创新监管方式、完善监管体系,采取既具弹性又有规范的管理措施。另一方面,政府要加强数据安全、隐私和消费者保护。目前,我国由于个人信息泄露导致的电信骚扰、网络诈骗问题正成为数字经济发展的"痼疾",近年来甚至出现多起企业和从业人员将用户信息用于不当牟利的事件。对此,国家要进一步加大对数据隐私泄露犯罪的打击力度,提高相关网络犯罪的违法成本,同时积极开发增强信任的技术(如隐私增强技术、数字安全工具和区块链技术等),提升消费者对数字应用的信任度,从需求端进一步促进数字经济良性发展。

(5)利用好"一带一路"等的发展机遇,强化数字经济国际合作。在当前数字经济的大环境下,各国之间避免"闭门造车"尤为重要。为此,应该积极寻求合作和交流经验,共同搭乘互联网和数字经济的"快车"。

"一带一路"一朵云

18个地域 43个可用区

2017年11月
芬兰首都赫尔辛基成立联合创新中心
为创新企业提供技术支持
芬兰赫尔辛基

2017年8月
支持澳门特别行政区构建智慧城市

欧洲中部

华北5
华北3
华北2
华北1
华东2
华东1
华南1

2018年2月
阿里云ET奥运大脑亮相冬奥会
推动奥运数字时代升级

美国西部　美国东部

2017年4月
支持土耳其
数字化转型

土耳其

韩国　日本

2018年3月
成立"阿里云港澳生态联盟"
打造港澳最大云端生态系统

中东

印度

澳门　香港

吉隆坡　新加坡

2017年9月
与新加坡新跃社科大学(SUSS)合作
为年轻人提供前沿科技和创业指导

2017年12月
同"中东MIT"Khalifa大学合作
人工智能技术挖掘新经济的"石油"

印度尼西亚

2018年1月
ET城市大脑落地基隆坡
人工智能解决当地交通拥堵

澳大利亚

2017年12月
印度尼西亚大区正式开服运营
支持东南亚数字化转型

9-1:"一带一路"一朵云

对于我国当前发展而言,可以利用好"一带一路"和"二十国数字经济发展与合作"倡议的发展机遇，切实提升国际合作水平，在数字经济基础设施建设和新一代信息技术等方面实现"引进来"和"走出去"。一方面，注重加强与欧盟、英国等发达经济体之间的合作，推动中欧信息基础设施合作、数字技术联合研发和数字合作试点城市（项目）等项目开展，将一批高层次人才、先进技术及优质企业"引进来"。另一方面，借助"一带一路"倡议和《二十国数字经济发展与合作倡议》，通过与"一带一路"等国家实施广泛数字经济领域的合作，鼓励企业以参股、并购以及境外上市等方式开展对外投资，推动我国数字经济模式"走出去"，促进国内数字经济在竞争与合作中健康发展。

参考文献

[1] 发展信息经济促进经济社会转型. 中国政府网. 2019-11-10.

[2] 陈世清：对称经济学术语表. 光明网. 2019-08-28.

[3] 新零售：研究述评及展望. 知网. 2020-09-12.

[4] 政府工作报告. 新华网. 2020-05-22.

[5] 普华集团翟山鹰：从大国角力看2020年世界经济情况. 新浪网. 2020-04-17.

[6] Carl Shapiro and Hal R. Varian（1999）. Information Rules. Harvard Business Press. ISBN 0-87584-863-X.

[7] 摩尔定律是什么. IT百科 .2019-10-22.

[8] 管理词典：达维多定律.

[9] 科斯定理. MBA智库百科 . 2012-06-18.

[10] 国家发展改革委解读《中国产业数字化报告2020年》.2020.07.15.

[11] 京东数科 沈建光. 产业数字化迎来全新发展局面.

[12] 知识分子掌上精神家园. 光明日报 .2020-08-11.

[13] 单志广. 产业数字化重塑中国增长的增长范式 . 2020-08-10.

[14]《关于推进"上云用数赋智"行动 培育新经济发展实施方案》的通知（发改高技〔2020〕552号）. 国家发展和改革委员会 .2020-08-09.

[15] 第四产业产业升级与划分. 中华网 .2013-04-12.

[16] 一夜之间,10万人就业！地摊经济火了：总理亲自点赞！ . 中国政府

网 .2020-06-04.

[17] 第四产业发展简述 . 中华网 .2013-04-12.

[18] 刘松 . 推动产业化与数字化相互促进 . 人民日报 .2020.7.30.

[19] 人工智能与数字农业创新 .iNote. 2019-07-29。

[20]《数字农业农村发展规划（2019—2025 年）》（农规发〔2019〕33 号）.

[21] 关于开展国家数字乡村试点工作的通知 . 中国政府网 .2020-07-18 19：20。

[22] 工信部：智能制造是中国制造 2025 突破口 . 电缆网 .2016-1-11 .

[23] 智能制造："互联网 + 制造业"的六大生态 .OFweek 工控网 .2016-2-29 .

[24] 中国如何破解工业 4.0 这四个难题？ OFweek 工控网 .2016-2-29 .

[25] 工业互联网究竟是怎样一张"网" . 中国政府网 .2019-03-26.

[26] 工业互联网标识解析国家顶级节点（重庆）在渝启动 . 中共中央网络安全
  和信息化委员会办公室 .2018-12-08.

[27] 什么是工业互联网？ 网易新闻 .2016-08-12.

[28] 何为工业互联网的真正概念？ 物联网在线 .2013-07-30.2013-08-02.

[29] 中国信通院余晓辉：数据是工业互联网的核心 . 通信世界网 .2016-09-26.

[30] 国务院关于印发《中国制造 2025》的通知 . 中国政府网 .2015 年 5 月 19 日 .

[31] 从无人工厂到跨国巨头 . 中国政府网 .2015-05-19.

[32] 三次产业划分规定 . 国家统计局设管司 . 2013-01-14.

[33] 王一鸣 . 推进生活服务业数字化转型 . 学习时报 .2020-05-27.

[34] 批发市场搭乘"数字快车"转型升级 . 东方财富网 .2019-12-01.

[35] 广州推进专业市场数字化转型 . 经济日报 .2020-04-03.

[36] 2020 年零售业数字化转型的五大趋势 . 搜狐 .2019-09-02

[37] 交通运输部 .《数字交通发展规划纲要》（交规划发〔2019〕89 号）.2019-
  07-25.

[38] 新零售时代下国内首个仓储中台数字化产品带来哪些变革 . 物流沙龙
  号 .2019-06-21.

[39] 快递业瞄准"数字化" . 央广网 .2019-06-19.

[40] 佚名 . 房地产行业数字化巨变前夜 . 中国日报中文网 .2020-09-04.

[41] 数字化赋能酒店住宿业迎新变革 . 中国商报 .2020-08-25.

[42] 天财商龙 . 搜狐 .2020-05-23.

[43] Everything You Need to Know About 5G. IEEE SPECTRUM.2019-06-07.

[44] 杨凌,高楠 . 5G 移动通信关键技术及应用趋势 . 电信技术,2017（5）.

[45] 大数据究竟是什么？一篇文章让你认识并读懂大数据 . 中国大数据 .2015-
10-29.

[46] CIO 必须知道的十个大数据案例 . 中国大数据 .2015-10-29.

[47] 大数据对企业重要性 . 中国大数据 . 2016-3-15.

[48] 国务院印发行动纲要促进大数据加快发展 . 中国经济网 . 2015-09-06

[49] 国家十三五规划纲要(全文). 新华网 .2017-04-07.

[50] 2020 年中国大数据产业规模有望突破 10000 亿元 . 中商产业研究院 .2020-
03-09.

[51] 大数据产业极具潜在价值 三大方面推动经济高质量发展 . 前瞻产业研究
院 .2018-11-27.

[52] 为什么人工智能(AI)如此难以预测？. 腾讯科技 . 2014-12-29.

[53] 人工智能立法提速 把握"边界"是关键 . 人民网 .2019-03-05.

[54] 中国人工智能市场规模预计到 2020 年达到 990 亿 . 新浪财经 .2019-08-20.

[55] 2019-2023 年中国人工智能行业预测分析 . 搜狐 .2019-05-21.

[56] 罗晓慧 . 浅谈云计算的发展 . 电子世界,2019,(8): 104.

[57] 李文军 . 计算机云计算及其实现技术分析 . 军民两用技术与产品,2018,
(22): 57-58.

[58] 许子明,田杨锋 . 云计算的发展历史及其应用 . 信息记录材料,2018,19(8):
66-67.

[59] 黄文斌 . 新时期计算机网络云计算技术研究 . 电脑知识与技术,2019,15(3):
41-42.

[60] 2020 年全球及中国云计算产业规模及行业发展趋势分析 . 中国产业信息
网 .2020-01-16.

[61] 晨曦 . 说说物联网那些事情 . 今日科苑,2011（ 20): 54-59.

[62] 陈天超. 物联网技术基本架构综述. 林区教学, 2013（3）: 64-65.

[63] 甘志祥. 物联网的起源和发展背景的研究. 现代经济信息, 2010（1）.

[64] 黄静. 物联网综述. 北京财贸职业学院学报, 2016（6）.

[65] 2020年中国物联网产业市场规模及发展趋势预测. 中商情报网. 2020-02-21.

[66] 深圳创新设计研究院. 盘点智能连接在5大领域的12个典型案例. 电子发烧友网. 2019-03-03.

[67] 2019年中国数字经济发展指数分析. 搜狐. 2019-12-25.

[68] 陈世清: 智慧经济与智能经济. 大公网. 2016-03-15.

[69] 李彦宏: 智能经济底色是技术创新. 人民日报客户端. 2019-10-20.

[70] 李彦宏首提"智能经济": 未来20年"手机依赖"将不断降低. 东方网. 2019-10-20.

[71] 李彦宏乌镇大会首提智能经济 三大层面引发重大变革. 光明网. 2019-10-20.

[72] 深度解读《中国智能经济发展白皮书》. 新浪财经. 2020-06-22.

[73] 李修全. 从五个方面看未来智能经济的发展特征. 亿欧网. 2017-12-14.

[74] 我国智能经济发展的机遇与挑战. 人民网. 2020-07-03.

[75] 通过技能、平台和应用三个层面推动人工智能发展. DSDN. 2019-02-13.

[76] 全球数字经济排名中国位列第三. 中国商务部网站. 2019-04-19.

[77] 199IT互联网数据. 2019年数字经济报告. 2019-09-11.

[78] 拥抱数字经济的新加坡. 澎湃新闻·澎湃号·政务. 2020-02-27.

[79] 郭霖. 中美数字经济产业比较. 现代经济信息. 2019年7期.

[80] 王会聪. 环球网. 2019-04-02.

[81] 英国数字战略. 搜狐. 2017-03-29.

[82] 陈友骏. 数字经济变局下的日本"大国梦". 搜狐 2020-09-10.

[83] 于潇宇, 陈硕. 全球数字经济发展的现状、经验及对我国的启示. 搜狐. 2018-11-11.

致谢

十年磨一剑,苦乐我自知。

十年来,在研究和写作过程中,获得了新的知识,有了新的开悟,也有过诸多次惶恐和豁然开朗的惊喜,得到过诸多的帮助,收获过诸多的感动。

本论著是在诸多专家学者的帮助指导下完成的。他们渊博的专业知识、严谨的治学态度、精益求精的工作作风、诲人不倦的高尚品德,以及严于律己、宽以待人的崇高风范,朴实无华、平易近人的人格魅力,都对我影响深远。不仅促使我树立了远大的研究目标、掌握了更多的研究方法,还使我明白了许多为人处事的道理。这套论著从选题到提纲,从润色到校对,从起草到完成,都倾注了大家的心血。在此,谨向所有提供帮助的专家学者们表示崇高的敬意和衷心的感谢!

在调研过程中,还要感谢广东省政府、浙江省政府、贵州省政府、佛山市政府、宜昌市政府、襄阳市政府,清华大学、信息产业研究院、国脉公司、中国网联,在研究中给予的大力支持。同时更要感谢参考文献中的那些专家学者和媒体,他们为我们的研究提供了丰富而翔实的基础材料。

路漫漫其修远兮,吾将上下而求索。在未来的日子里,我会更加努力地向着已经确定的研究方向不断进取,不辜负各界朋友对我的殷殷期望!以实际行动报答他们的深恩厚谊。

"生命不息,奋斗不止。"这是我的座右铭。就用这话作为论著的结尾,告诫自己心怀梦想,永不放弃,心之所向,无问西东。

由于时间关系及本人水平有限,论著中难免存在诸多不足之处,敬请各位专家学者批评指正。

严谨

2020 年 10 月 1 日于佛山

① 数据赋能与精准营销
②
③

↑ 创新性专著3册 ↑

《趣论人工智能》

《趣论物联网应用》

《趣论大数据分析》

↑ 技术性专著3册 ↑

《智慧社会》

《数字经济》

《数字政府》

↑ 知识性专著3册 ↑

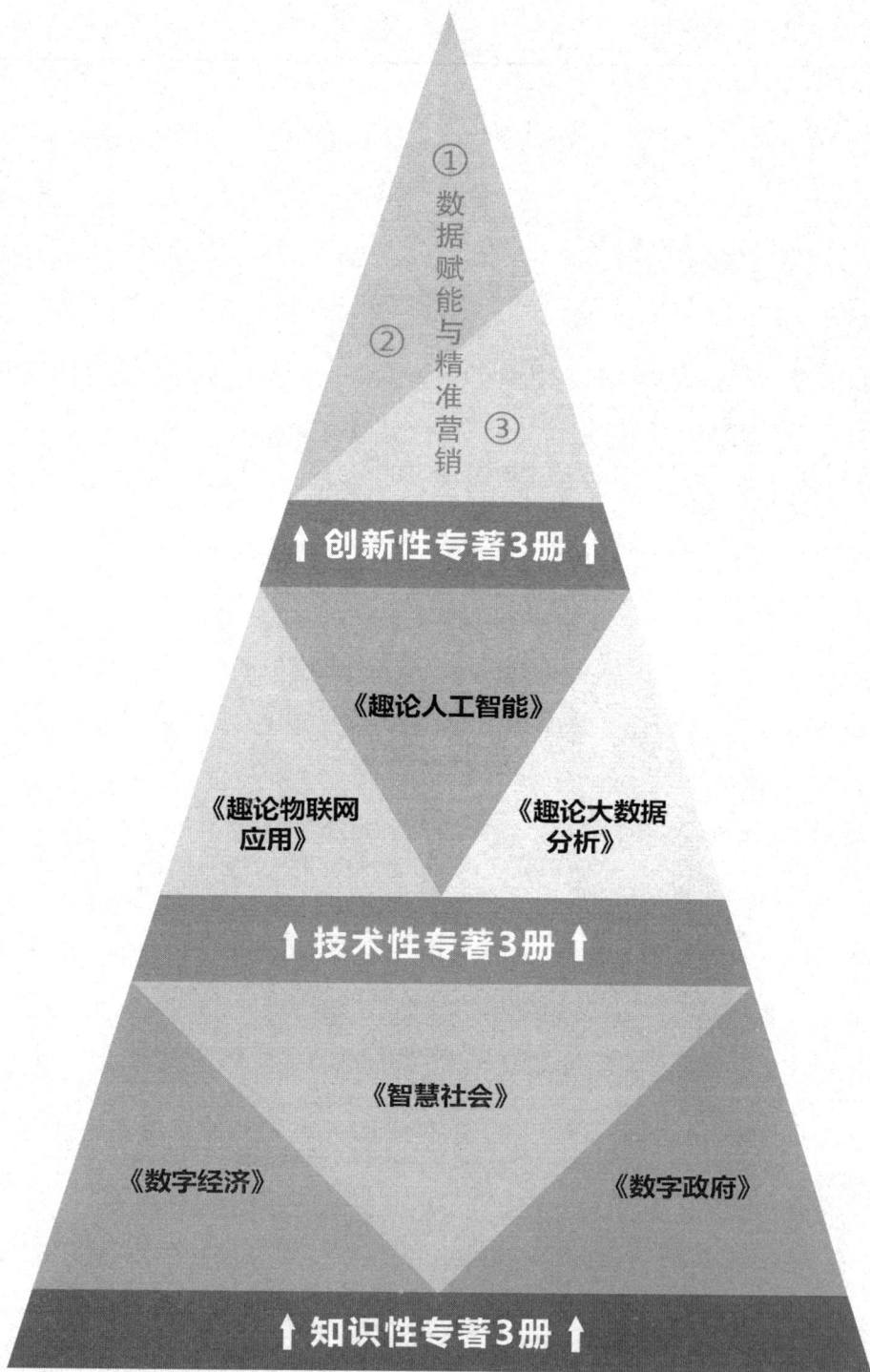

严谨的网络科技系列专著示意图